U0676835

本书得到以下项目的资助：

2019 年度新疆高校科研计划重点项目"新疆红色文化资源调查整理、保护传承与实践研究"（XJEDU2019SI004）

中国博士后第八批特别资助项目（2015T81072）

手种集

SHOU ZHONG JI

主编○邹赞　安凌　何菲菲

暨南大学出版社
JINAN UNIVERSITY PRESS

中国·广州

图书在版编目（CIP）数据

手种集/邹赞，安凌，何菲菲主编．—广州：暨南大学出版社，2020.12
ISBN 978 - 7 - 5668 - 3050 - 0

Ⅰ.①手⋯ Ⅱ.①邹⋯②安⋯③何⋯ Ⅲ.①剧本—作品综合集—中国—当代 Ⅳ.①I230

中国版本图书馆 CIP 数据核字（2020）第 220207 号

手种集
SHOU ZHONG JI
主　编：邹　赞　安　凌　何菲菲
· ·

出　版　人：张晋升
策划编辑：杜小陆
责任编辑：黄志波　武颖华
责任校对：苏　洁　陈皓琳
责任印制：周一丹　郑玉婷

出版发行：暨南大学出版社（510630）
电　　话：总编室（8620）85221601
　　　　　营销部（8620）85225284　85228291　85228292　85226712
传　　真：（8620）85221583（办公室）　85223774（营销部）
网　　址：http：//www.jnupress.com
排　　版：广州良弓广告有限公司
印　　刷：佛山市浩文彩色印刷有限公司
开　　本：787mm×1092mm　1/16
印　　张：17.5
字　　数：290 千
版　　次：2020 年 12 月第 1 版
印　　次：2020 年 12 月第 1 次
定　　价：69.80 元

（暨大版图书如有印装质量问题，请与出版社总编室联系调换）

目录

序 一
邹 赞

2018 年，教育部高等学校教学指导委员会发布的《普通高等学校本科专业类教学质量国家标准》（以下简称《标准》）以专业大类为划分依据，从专业范围、培养目标、培养规格、师资队伍、教学条件、质量保障等层面对本科人才培养提出了清晰具体的要求。根据《标准》制定的专业目录，中国语言文学类本科专业包括"汉语言文学、汉语言、汉语国际教育、中国少数民族语言文学、古典文献学"[1]。《标准》明确指出中国语言文学类本科专业的人才培养目标是"坚持以马克思主义为指导，培养学生具有坚定正确的政治方向、扎实的中国语言文字基础和较高的文学修养，系统掌握中国语言文学的基本知识，具有较强的文学感悟能力、文献典籍阅读能力、审美鉴评能力和运用母语进行书面、口语表达的能力"[2]。与此同时，《标准》以专业大类为依据设置评价体系，为高等院校按照专业大类招生培养的试点改革提供了政策指南。2001 年，为了密切配合国家高考招生制度改革，北京大学开风气之先，率先按照专业大类模式实施"元培计划"，随即清华大学、北京师范大学、复旦大学等学校纷纷紧跟大类招生的潮流，宁波大学等地方高校也开始启动大类招生试点工作。十几年过去了，大类招生培养模式经历了教学评估、学生求职、用人单位评价等各个层面的检验，一方面显现出传统招生培养模式所不具备的显著优势，充分释放了高等教育大众化背景下本科人才培养重视通识教育和综合素质能力的红利；另一方面在教育管理制度、课程体系建设、学风建设等方面遭遇挑战，亟待解决新问题。

---

[1] 教育部高等学校教学指导委员会：《普通高等学校本科专业类教学质量国家标准》（上），北京：高等教育出版社 2018 年版，第 85 页。

[2] 同上引。

　　中国语言文学类专业是各高校人文社科院系开设的传统专业，普遍具有办学历史较长、学术积淀深厚等特点，因此也常常作为大类招生培养的试点专业。事实上，大类招生培养模式对传统中文专业人才培养提出了挑战，主要表现为：第一，作为一个基础性长线专业，中国语言文学类专业如何在保持传统优势的同时，主动调整人才培养模式，以适应新时代对高素质复合型人才的需求？第二，如何有效实现从以专业方向招生培养的传统模式向大类招生培养模式转型，不断优化教学管理制度、人才培养方案、课程体系、"产学研"实践教学基地、特色校园文化建设等，以便与互联网＋、人工智能时代的高校"新文科"建设对接？第三，面对传统人文学科越来越"边缘化"的现实语境，中国语言文学类专业应当如何妥善处理文化传承、知识传输与技能训练之间的协同关系，培养出兼具良好人文素养、批判精神和新媒介操作技能的高素质人才？第四，如何聚焦"立德树人"育人宗旨，发扬中国语言文学类专业厚植家国情怀的传统优势，将思政元素潜移默化地融入各门课程当中，打造一批具有典范效应的"课程思政"金课？我们尝试以新疆大学文学院中国语言文学类专业为例，进行大类招生培养模式下"课程思政"建设的探索与实践。

一

　　自党的十八大以来，党中央高度重视教育事业，明确指示中国特色社会主义教育必须紧紧围绕"培养什么样的人、如何培养人、为谁培养人"这个根本任务，刻不容缓地推进学校德育工作。2016 年 12 月，习近平总书记在全国高校思想政治工作会议上发表的重要讲话指出："如何加强和改善党对高校的领导，如何巩固马克思主义在高校意识形态领域的指导地位，如何履行好立德树人的职责，如何更好把高校师生凝聚在党的周围，如何发挥高校对全社会思想文化建设的促进作用，都需要做好高校思想政治工作。"① 2018 年 9 月，习近平总书记在全国教育大会上阐明中国特色社会主义教育事业的根本原则、目的和方针："在党的坚强领导下，全面贯彻党的教育方针，坚持马克思主义指导地位，坚持中国特色社会主义教育发展道路，坚持社会主义办学方向，立足基本国情，遵循教育规律，坚持改革创新，以凝聚人心、完善人格、开发人力、培育人才、造福人民为工

---

　　① 中共中央文献研究室编：《习近平关于社会主义文化建设论述摘编》，北京：中央文献出版社 2017 年版，第 54 - 55 页。

作目标，培养德智体美劳全面发展的社会主义建设者和接班人，加快推进教育现代化、建设教育强国、办好人民满意的教育。"① 总书记的系列重要讲话精神为当下教育事业的发展提供了根本遵循。在实现"三全育人"的教育过程中，除了要求传统的思政课程加大改革力度，继续发挥思政教育的引领作用以外，还与时俱进提出"课程思政"教育理念，要求所有课程都必须有机融入德育环节，以一种科学合理的方式引导"课程思政"与"思政课程"协同发展。

"课程思政"教育理念给高等教育提出了新的要求。基于特定地缘政治位置，新疆高校处于意识形态领域反分裂反渗透斗争的前沿阵地，这就要求我们在学科建设、专业建设和教学科研的各个环节中必须筑牢阵地意识，确保教育教学全过程的意识形态安全。在这样的背景下，以"课程思政"建设推进本科人才培养，将"立德树人"切实贯彻到课堂教学、实践教学、创新创业和校园文化建设等具体环节中，是培养社会主义事业合格建设者和接班人的必然要求。

众所周知，科学合理的培养方案是人才培养质量水平的前提和基础，高校实施大类招生培养模式既是顺应时代发展的需要，也为新形势下思考何为"高素质人才"等教育核心议题提供了契机。相较传统培养模式而言，大类招生培养一般采取"2＋2"或"1.5＋2.5"学制，前半段不分专业方向，两年或一年半之后再遵循具体规则实施分流。因此，前半段课程设置侧重通识教育课程和学科通修课程，通识教育课程包括"马克思主义基本原理""心理健康教育""安全稳定教育""美育"等必修课程模块和学校统一开设的公共选修课程，学科通修课程则严格遵循《标准》的相关规定，课程设置充分体现出"重基础、宽口径、学科交叉融合"的基本原则。我们在制订新疆大学中国语言文学类专业大类招生人才培养方案时，密切聚焦新疆社会稳定和长治久安总目标，坚持以培养复合型、应用型具有创新精神和实践能力人才为目标，强化学生中心主体地位，凸显以立德树人为根本任务的人才培养原则；科学构建通识、大类、专业三位一体的课程体系，体现基础知识宽广、交叉和专业知识精、深、通的特点；通过构建"三个平台＋三个模块"的人才培养框架，将马克思主义理论贯穿教学和研究的全过程，深入发掘各类课程的思想政治元素，从战略高度构建思想政治理论课、综合素养课程、专业教育课程三位一体的"大思政"课

① 《习近平在全国教育大会上强调 坚持中国特色社会主义教育发展道路 培养德智体美劳全面发展的社会主义建设者和接班人》，《党建》，2018年第10期，第4页。

程体系；强化创新创业融合的实践教学，主动服务新疆经济与社会发展需要。①

就修订本科培养方案而言，我们采取一级学科模式，课程设置严格遵循教育部中文学科指导委员会的意见执行，开宗明义凸显社会主义办学方向和马克思主义的思想指导地位，课程与课程之间纵横交叉，形成若干特色模块（通识必修课程、通识选修课程、学科通修课程、专业发展课程、开放选修课程、实习实践训练课程等）；同时，立足新疆区域社会发展实际，以中华优秀传统文化、经典文学文本和红色文化为载体，凸显爱国主义教育和民族团结教育，尝试打造立体化、多层面的"大思政"教育体系，逐步构建一种有机融合普遍性与特殊性的中国语言文学类专业创新人才培养模式。

课程体系是人才培养方案的核心要素。如果要切实推动专业课程与思政课程同向同行，构建"大思政"背景下的教育共同体，就必须充分结合专业实际情况，分类分层建设"课程思政"群。马克思主义文艺理论是指导中国语言文学类专业课程建设的思想指南，因此在课程设置时必须予以特别重视。首先，秉着打造边疆高校马克思主义文艺理论教学和研究高地的宗旨，《新疆大学中国语言文学类专业大类招生培养方案》除了在学科通修课程模块开设"马列文论"以外，还在开放选修课程专门开设"马克思主义文艺理论原典精读"②。此外，学院专门成立"马列文论"教研组，不定期组织"马克思主义经典文艺理论原著研读工作坊"，邀请国内马列文论教研知名学者莅临指导，与高等教育出版社合作召开"马克思主义理论研究和建设工程重点教材"研讨会，打造新疆高校文学院（中文系）教研联盟，实现"马列文论"教研资源共享，构建"马克思主义文艺理论在新疆的传播与发展实践"特色科研平台。再者，通过经典文本细读，全面提升学生对马克思主义经典文艺理论发展脉络和理论精华的掌握，高扬马克思主义的思想旗帜。

其次，厚植家国情怀，凸显中华优秀传统文化的重要地位，构建起以中国通史、中国思想史为基础和底蕴，以"中华文化典籍导读""中国古代文学史""中国古代文学作品选读""中国古代文论选读""文献目录

---

① 详见《新疆大学中国语言文学类专业 2019 版本科人才培养方案》。
② 新疆大学中国语言文学学科已经建立最为完备的"马列文论"课程体系，本科阶段开设"马列文论"（32 学时）和"马克思主义文艺理论原著精读"（32 学时），硕士研究生阶段开设"马克思主义文艺理论专题研究"（36 学时，各二级学科方向均需修读），博士研究生阶段开设"马列文论经典著作研读"（36 学时，各二级学科方向均需修读）。

学"为专业发展必修课程，同时涵盖"中国古代诗词鉴赏""中国文学批评史"等开放选修课程的传统文化课程群。对边疆多民族地区高校而言，在中国语言文学类专业加大中华优秀传统文化课程所占比重显得尤为重要，一方面有助于引导师生在教学科研中牢固树立"中国历史、中华文化、中国文学"的整体视野，铸牢中华民族共同体意识，另一方面是立足新时代坚持"文化自信"的必然要求。此外，还在实习实践训练环节开设"经典背诵与评论写作"课程，由学院教学指导委员会制定必读书目，学生在实践教学小组的指导下细读经典文学文本与理论文献，在夯实中外文化素养的同时，提升审美鉴赏能力，培养自觉的批判意识。

最后，人才培养方案重在执行，否则就如"镜中花、水中月"，流于形式且起不到实际效果。这就需要从教学管理制度上做好顶层设计，为保障人才培养方案各个环节的真正落地提供政策支持。为了切实推进思政元素与专业课程的高度融合，指导任课教师遵循教育教学规律和专业课程自身的特点，在授业、解惑的同时履行好"传道"职责，我们专门制定了《新疆大学文学院中国语言文学类专业思想政治工作指南（试行）》（以下简称《指南》），从"教材建设及使用""教师教学能力提升""课堂教学纪律监督""将思政教学融入实践教学之中""特色校园文化品牌建设"等方面做了翔实具体的规划，既传达、部署了学校本科教学改革的规定程式，又结合本专业大类招生培养实际情况做了一些创新探索。该指南提纲挈领地规范了"思政"的内涵与实质，阐明思想政治融入专业课教学的基本路径、载体和方法，具有较强的可操作性。为了确保《指南》贯彻执行，除了严格遵循学校教务处、学工部颁布的规章制度以外，还从实际出发制定了《本科教学督导管理办法》《本科教学教材使用管理规定》《特色教材建设实施办法》《大类招生培养分流办法》《精品课程建设实施办法》《教学名师与教学能手孵化工程实施办法》等院级教学管理制度，在本科教学阵地筑起了一道坚固的意识形态防火墙。

二

课堂教学是"课程思政"开展的主阵地，课堂教学的具体效果将直接影响"课程思政"的推进程度和践行效果。从这一意义上说，课堂教学必须充分调动师生的能动性和积极性，借助现代传播技术和"翻转课堂"等新型教学方法，恰到好处地运用"雨课堂""云班课"等智慧教学平台，以鲜活的个案、贴近生活的语言、文字、音视频相结合的教学手段，将思政内容以"润物细无声"的方式传授给学生，激发他们对中华优秀传统文化、红色革命文化和社会主义先进文化的学习热情，塑造正确的世界观、人生观和价值观。

作为"课程思政"最具典范意义的规定环节，"开学第一课"广受社会各界关注，并通过中央电视台等权威媒体的宣传报道，成为"课程思政"建设的一张靓丽名片。新疆大学中国语言文学类专业在"开学第一课"教研教改方面也取得了丰硕成果，主要表现为以下三方面：

一是聚焦国学文化精粹，密切结合课程教学大纲，将思政内容巧妙融入到课程导学或"绪论"之中。比如"文献目录学"课程的"开学第一课"并没有直入主题介绍"何为文献""怎样学习文献目录学"等知识点，而是从刚刚获得"文物保护杰出贡献者"国家荣誉的樊锦诗的人生故事讲起，任课教师声情并茂地讲述文博界杰出人物樊锦诗坚守大漠、为敦煌文献的保护与研究奉献毕生心血的感人事迹，一方面引导学生认识到文献整理与文献研究对传承中华优秀传统文化的重要意义，初步形成对本课程教学目的和教学内容的了解；另一方面尝试以"敦煌的女儿"樊锦诗的人生故事为榜样，启发学生深刻理解生命的意义，自觉抵制"娱乐至死"与消费主义意识形态的侵蚀，以实际行动践行"奋斗的青春最美丽"。

二是视野宏阔，旨在帮助学生在思考问题和阐释文本时具备"世界"的坐标。比如"比较文学"课程的"开学第一课"每轮讲授都会更换议题，及时纳入国际跨文化研究的热点前沿信息。毋庸置疑，"一带一路"是2018年的一个最为核心的文化关键词，各类聚焦"一带一路"倡议提出五周年的学术交流应接不暇。因此，我们在"开学第一课"环节特别准备了"'一带一路'与跨文化交流"主题讲座，通过系统研读习近平总书记提出的"人类命运共同体""生命共同体""亚洲命运共同体"等重要理念，介绍"一带一路"倡议提出的历史语境及其基本内涵，启发学生准确把握跨文化对话在促进丝路沿线国家民心相通所发挥的桥梁作用，从而理解比较文学对于推动不同文化之间"互识、互证、互补"的重要意义。这种讲授方式既能迅速抓住学生的兴趣点，激发学生对于热点资讯的认知热情，又可紧贴课程教学目标，有效杜绝了思政教育与专业教学"两张皮"的脱节现象。在新学期"比较文学"课程的"开学第一课"上，我们将关注视点聚焦到暑假热映影片《红星照耀中国》，通过专题介绍埃德加·斯诺（Edgar Snow）笔下的红色中国形象，一方面激活红色历史记忆，带领学生重温中国共产党在延安时期的建设与发展历程；另一方面借助问题导向，引导学生积极思考"埃德加·斯诺视角的特殊性""他者眼中的中国形象"等议题，这样就自然而然与课程教学内容相串接。

三是接地气，将思政教育与区域社会发展、城市史、校史乃至学科发展史密切结合，提升学生的身份意识与家国情怀。例如，"中国现当代文学史"课程的"开学第一课"系统介绍了新疆大学的红色文化基因，重点讲述林基路等革命烈士在新疆学院的革命斗争经历，呈现马克思主义文艺理论在新疆的传播轨迹，令人信服地阐明新疆红色文艺的发展脉络，强调马克思主义是指引新疆现代文化发展的根本指导思想。这种讲授方式不仅可以帮助学生准确理解校史，为学校拥有的深厚红色基因倍感自豪，以"爱校如家"的心态迅速转换身份，切实增强担当精神和使命意识，还可以引导学生认识到红色文艺是新疆现当代文学的重要组成部分，对于在边疆多民族地区构建中华民族共有精神家园发挥着重要作用。

课堂教学资源和教学方式的选择将直接影响到教学效果，也是关系到"课程思政"开展成效的关键因素。新疆大学中国语言文学类专业因地制宜发挥大类招生培养模式下生源渠道多元化（文理兼收）的优势，除了积极引入智慧教学资源外，还尝试在"中国古代文学作品选读""中国现当代文学作品选读""外国文学"等专业必修课程中推行"教育戏剧"（Drama in Education）教学改革。这里提到的"教育戏剧"不同于"戏剧教育"，其主要目的并非要求学生具有多么高的戏剧方面的艺术素养，而是创造性地将戏剧的某些元素移到课堂教学中，彰显学生参与课堂的主体性。学生在教师的指导下领悟文本的基本内涵，厘清其中的重要情节或人物关系，发挥想象力对其进行编创，以表演的形式表达学生对文本的理解把握程度，变"被动学习"为"主动学习"，真正体现"以学生为中心"的教学理念。"教育戏剧"对推进"课程思政"建设的意义体现在两方面：一是深度发掘课程教学内容蕴含的思政意味，教师以提问的方式督促学生细读教材文本，通过师生间的交流对话，形成对文本主题思想的准确把握。二是可以将"教育戏剧"用于其他德育环节或班主任日常管理之中。我们还成功运用"教育戏剧"来大力宣传国家通用语言文字法律法规，积极宣介"民族团结一家亲""三进两联一交友"活动中涌现出来的典型范例。在进行高校教学改革尝试的同时，切实增强各民族大学生的现代公民意识。

作为一个持续性过程，课堂教学不仅仅局限在传统的教室，更应当延伸到教室之外。这种延伸式教学也属于"课程思政"的运作空间，主要表现形式包括：第一，科研反哺教学，教学与科研协同共进。教师可以邀请学生加入科研项目组，让学生亲身体验从项目申报、文献搜集、田野调研、论文撰写到结题验收的全过程。笔者曾邀请四名本科生参与由本人主持的"南疆往事：新疆军垦第一代口述史"以及"新疆红色文化资源调查整理、传承创新与发展研究"等科研项目，通过耐心指导学生设计"文献树"，完成对核心文献及拓展文献的选取与整理，构建以课题组为基础的"知识共同体"，极大地提升了学生的团队协作意识和创新创业精神。在田野调研环节，笔者带领学生奔赴散落在天山南北的兵团农场，补充完善红色文化资源名录，采录整理军垦老战士口述史。为了顺利完成调研任务，学生需要制定项目任务书，科学分工，在正式采访之前自主完成背景资料查询、人物事件梳理、提问设计等准备工作，通过参与上述科研活动，学生既得到了科研能力的锻炼，也在自主学习和田野调研中触摸历史，增强对红色历史文化资源的深入把握，完成了一次生动有效的思政教育。第二，鼓励有主持科研项目经历的专家教授担任指导教师，凝聚团队力量积极申报国家级、省（自治区、直辖市）级及校级大学生创新创业项目，帮助学生立足当下实际提炼问题意识，探寻经济全球化背景下的思想创新与文化交流，为推动构建中国特色知识体系贡献智慧。

三

2016 年 12 月 7 日，习近平总书记在全国高校思想政治工作会议上的讲话中指出："要按照立足中国、借鉴国外，挖掘历史、把握当代，关怀人类、面向未来的思路，体现继承性、民族性、原创性、时代性、系统性、专业性，努力构建全方位、全领域、全要素的哲学社会科学体系，在学科体系、学术体系、话语体系等方面体现中国特色、中国风格、中国气派。"[①] 青年大学生是构建中国特色哲学社会科学体系的后备力量，其对马克思主义文艺理论、中华优秀传统文化、中外文化比较等知识领域的掌握程度将直接关系到中国话语的创构。就中国语言文学类专业大类招生培养的本科生而言，前三个学期主要遵循国家标准修读通识课程，第三学期结束后进行分流，学院综合考虑学生的专业兴趣、学习成绩等因素，将学生分流到汉语言文学、汉语言、中国少数民族语言文学等专业方向，第四至第六学期主要修读专业核心课程和实习实践课程，凸显专业优势特色，第六、七学期开设专业任选课，课程设置呈现出鲜明的跨学科特性，比如"人工智能与科幻文学"就是为了回应人工智能时代文学生产

---

① 中共中央文献研究室编：《习近平关于社会主义文化建设论述摘编》，北京：中央文献出版社 2017 年版，第 101 页。

的新样态。

新疆大学中国语言文学类专业培养方案在"专业任选课"环节形成了若干课程模块，既有"中国古代诗词鉴赏""中国文学批评史"等传统文化课程，也包括以训练学生创新思维能力为目标的"中国语言文学前沿问题讲座""中国语言文学论文写作讲座""文化产业经营与管理"课程群。这些专业任选课与学科通识课、专业必修课形成了良好的互补关联。在实习实训环节，我们专门开设了"经典背诵与评论写作""学术讲座"等课程。"经典背诵与评论写作"由学院教学指导委员会提供"必读书目"，学生在任课教师的指导下诵读中华优秀传统文化名篇，对核心篇目要求背诵并撰写文艺评论，通过为期三个学期的训练，学生普遍反映较为熟练地掌握了古典诗词诵读技巧，能够自主运用文艺学与美学理论关键词开展批评实践，阐释诗词的意境之美及其蕴含的家国情怀。"学术讲座"也是特色实践课程，我们充分利用国家重点学科"中国少数民族语言文学"和新疆维吾尔自治区"十三五"高峰学科"中国语言文学"的优势平台，密集邀请国内文史哲领域的知名学者开展系列学术讲座，或者定期主办小型高峰论坛，要求本科生在大学期间必须参加至少十五场讲座（论坛）才能获得本课程要求的学分。2018年，我们与高等教育出版社合作主办"新疆高校中文专业'马克思主义理论研究和建设工程重点教材'研讨会"；2019年，我们特邀来自比较文学、文艺学、生态学等学科领域的学者主办"风景文学、植物美学与文化旅游"高峰论坛。这些论坛或专题介绍马克思主义文艺理论前沿动态，或解读中外经典文学文本，或自觉对接新疆旅游文化产业大发展，充分体现出理论学习与社会实践相结合的人才培养模式，是"课程思政"建设的有效实践。

此外，值得一提的是，"课程思政"建设要求我们将课堂内外有机连接起来，依托课堂教学环节，稳步推进特色校园文化品牌建设。我们依托新疆大学中国语言文学类专业打造"清明诗会""新疆大学林基路艺术剧社""兰亭国学社"等经典校园文化品牌，其中"清明诗会"自1987年创办，三十余载从未间断，各民族师生利用课堂所学古诗词知识，在清明时节撰写、诵读诗篇，深情缅怀革命先烈，传承中华优秀传统文化与红色文化，成为边城一道靓丽的风景。"清明诗会"于2016年成功入选教育部"礼敬中华优秀传统文化"十大示范项目。① "新疆大学林基路艺术剧社"以编创排演红色校园话剧为己任，指导教师由拥有丰富戏剧教研经验的中

---

① 王瑟：《青春与诗歌相伴——记新疆大学清明诗会》，《光明日报》，2018年4月18日第11版。

国现当代文学教研组安凌教授担任，组成以中国语言文学类专业学生为主的多个创作团队，在指导教师的带领下，对中国共产党人及革命烈士在新疆的革命活动史料进行深入调研，研读他们的日记、书信、回忆录，指导学生编创剧本，克服重重困难将话剧搬上舞台。2018 年，"新疆大学林基路艺术剧社"编排的大型红色校园话剧《我们正青春年少》获批自治区艺术基金重点支持项目，成功巡演并入选"学习强国"平台，被《光明日报》、新华网等权威媒体重点报道。通过编创排演红色话剧，可以引导学生将课堂理论教学与科技文化创新活动相结合，接受"文献整理＋文本细读＋田野调查"三位一体语言文学训练模式，既帮助学生全面掌握文学史、文学理论和语言交际理论，又使他们具备初步的跨学科理论储备和研究视野，进而将这种教学训练与校园文化建设结合起来，有助于激活"抗大第二"红色历史记忆，帮助学生树立积极健康的公民意识，深入探析红色文化资源所蕴含的社会主义核心价值观，成为红色校园文化的生产者和传播者。

四

本书收录的原创剧本，是我们尝试将"教育戏剧"方法运用于"课程思政"建设的具体实践。全书共分为"独幕剧""原创多幕剧""改编多幕剧""改编电影文学剧本""《我们正青春年少》演出专辑"五部分，各部分均有一个相对聚焦的主题，比如第一编"独幕剧"涉及"红色记忆""'访惠聚'暨民族团结一家亲""多彩校园"三个板块，形成一幅色彩斑斓的文化拼图。

"红色记忆"板块具有浓厚的革命历史意味，由古丽孜帕热·阿布都热西提等人创作完成的新编诗剧《永恒的中国》通过搜集整理烈士诗作，选取富有革命英雄主义情怀的诗句，依循"反抗黑暗—奋起革命—坚定的革命激情—无悔的信念—壮烈的永生"情感逻辑，编排出一曲气势磅礴、慷慨昂扬的革命诗篇，为新时代背景下深入开展理想信念教育提供了生动素材。柳逸和赞丹其木格的《改嫁》改编自林基路烈士的两篇主题关联密切的小说：《改嫁》《寿衣》，通过巧妙整合小说叙事构架与人物关系，对鲁迅先生曾深刻批判过的"麻木看客"形象进行反思，以艺术形式传达出思想启蒙的意味。作为近年来新疆工作的重要组成部分，"访惠聚"和"民族团结一家亲"成为学生创作剧本的热门素材。夏扑海提·帕力哈提等人创作的《"一家人"餐厅》以家庭内部矛盾为线索，通过丰富生动的细节反映驻村工作队妥善处理日常矛盾，与当地老百姓心连心的务实作风。王云鹤的《萨塔尔》以基层党组织建设的真实事件为素材，多角度表现老人萨塔尔在失去党员身份多年后想要重新入党的迫切心情，鲜明体现出各族群众对中国共产党的衷心拥护和爱戴。古丽孜帕热·阿布都热西提和郁浩合作完成的《圆梦》关注南疆乡村的教育议题，反映驻村工作队帮助村民转变思想，将"教育改变命运"的观念普及到各族群众的努力。苏麦娅·艾尔肯和赵付路的《情成一家》聚焦"访惠聚"工作队和农村基层干部的"脱贫攻坚"专项工作。在"多彩校园系列"，关龙龙的《拍照》关注"三进两联一交友"活动过程中涌现出的师生情谊。杨明昊的《相识》关注大学校园里因语言和文化差异引起的误会，以轻喜剧的方式展示当代大学生的精神风貌。此外，"原创多幕剧"《学工办的故事》、"改编多幕剧"《急转直下》、"改编电影文学剧本"《云雨初晴晚来秋》都充分展现出学生对日常生活的细致观察、对时代命题的深刻思考、对未来前程的美好憧憬，这既是一份"教育戏剧"教学改革成果的满意答卷，也是一次师生协同创新的有效实践，更是一场人文学科想象力的尽情释放！

　　尚需一提的是，本书收录的所有剧本后面均附有"演出指导建议"，反映出既重视以文艺为载体实现思政教育的宗旨，又凸显对戏剧艺术舞台性的专业诉求。基于此，本书的价值不仅表现在"课程思政"面向，而且关乎校园剧本创作的选题、构思、演出指导与实操路径。阅读本书，读者将会感受到扑面而来的担当精神与青春气息，那般心境让人情不自禁想起新疆大学的校歌《我们正青春年少》：

巍峨天山，环绕着戈壁无边

在这大自然之间

陶冶着新社会的青年

民族的命运担在双肩

努力莫迟延

团结、紧张、质朴、活泼

争当抗战教育的模范

锻炼建设新新疆的骨干

时代的青年

勇敢向前，勇敢向前

胜利就在前面！

序 二 / 安 凌

　　在退休之前，出版一本学生原创的剧本集，曾经是我的奢望。从南京大学戏剧专业博士毕业后，我抱着这样的梦想，满怀希望、不计得失地投入到这项教学工作中，十二年磨一剑，今天居然实现了，心情复杂到理不清道不明。

　　教育戏剧（Drama in Education）的理论和实践最早源于语言教学，后来被广泛运用于人格教育、心理疏导、社会教育等各个领域，它能最大限度地调动教育者和受教育者的主观能动性，以他们主动参与、乐于接受的方式使其获得身心的纾解并领悟一些重要的人生道理。将教育戏剧的理论和实践与高校课堂教学改革和思政教育方式改革相结合，新疆大学中国语言文学学院是走在国内高校前列的。我作为这项改革的参与者，与有荣焉。我同时也是这项改革的受益者，在十二年的实践中，有机会深入理解自己的专业、提升自己的教学能力。我所收获的实在远远超过了我的付出，更超过了我对自己能力的认知——对于给我提供机会的学校，对于无条件信任我的学院，我充满感激。其实，中国语言文学学院几乎所有的教师都投入到这项改革中，并都取得了既独属于自己，又足以与国内外同行交流的教学经验，这一点，这本学生剧本集可以证明。

　　最初的实践和一次次理论总结，都是围绕着课程教学本身进行的。为了激发学生阅读作品、发现问题、解决问题的积极性，让学生对专业课教学内容有自己独特的创见，包括我所讲授的专业课在内的学院的很多教师的课堂教学，都会利用戏剧的方式教学。例如，语言课教学中读剧本对台词，中国古代文学教学中由学生建立学习小组查阅文献将长诗改为剧本，比较文学课程教学中对经典文本的跨文化跨媒介改编等，还有坚持了数十年的观看经典话剧、戏曲演出、名作改编的电影……作为教学手段，这些做法逐渐成为我院教学的优秀传统，取得了极好的教学效果。学院还积极主办新疆高校中文专业教学研讨高峰论坛，把我们取得的成果和面对的困惑拿出来与兄弟院校老师分享。我在专业课"中国现当代文学史"的课程教学中曾尝试带领学生把鲁迅小说改为独幕剧、对鲁迅小说的结尾进行开放式戏剧结尾改写、把曹禺戏剧名作中隐藏的情节补写成其中一幕，这些做法不仅为学生所喜爱，而且加深了学生对中国现当代文学的理解。我后来又在高年级专业选修课"中国通俗文学研究"上尝试让学生把"中国古代文学史"和"外国文学史"课程中学习过的作品改编成现代中国都市戏剧剧本，以期他们能在写作中复习，并在写作中理解中国传统文化经典的魅力、中西文化的差异和价值。前者代表作即本书收录的《急转直下》和《云雨初晴晚来秋》，后者有学生根据布莱希特剧作《四川好人》改编的电影文学剧本以及汉语言文学 2017 级本科生根据加缪小说《鼠疫》改编正在创作中的反映 2020 年中国抗疫壮举的剧本集。

全院教师的努力，已经及时转化为《镜与灯：新疆大学中国语言文学教学论集》中的一部分，该书由社会科学文献出版社于 2018 年推出，主编是邹赞教授、孙良同教授和我本人。该书广受好评，社会反响热烈。论文集中收录了学生原创的三篇剧作以及 2008 级至 2016 级学生的多篇学习感言。国内同行和社会的关注，成为我们继续努力的动力。

戏剧不同于其他文体，剧本只有经过了舞台的检验，被证明是"合演"的，才能真正发挥其文学艺术感染力，也才能真正做到服务于社会。出于对戏剧本质即剧场性的理解，以及服务新疆社会稳定和长治久安总目标的社会责任感，新疆大学党委组织部和中国语言文学学院选择了建立红色教育剧团，演出原创红色戏剧，通过红色戏剧文化的形式进行思政教学改革和实现社会文化服务。这一理念在当时和现在的中国高校教学中是极其先进和极具创新性的——但其实，从新疆大学作为百年高校的教育传统来看，这种选择又是对新疆大学红色历史传统的再阐扬。因为新疆大学是一所在 20 世纪 30 年代，由中国共产党人奠定了教育理念并有"抗大第二"美誉的高校。林基路在担任教务长期间，亲自指导学生排演抗战戏剧，带领学生走上街头，宣传抗战，宣传中国共产党的抗日民族统一战线思想，实现男女合演，通过动员新疆学院学生赴南北疆演剧，把在延安所学习到的教育思想和文化精神传播到天山南北。中国共产党人还通过歌咏活动把《义勇军进行曲》《太行山上》等歌曲唱响天山南北；以延安的戏剧活动为榜样，北疆普遍开始了戏曲改革，而担任戏曲改革主力的则是由共产党人从事教学活动的各大中小学。林基路在这个过程中提出了"教用合一"的教育思想，同样成为新疆大学坚持了80余年的教育理念和社会服务理念。所以，由新疆大学党委组织部牵头，新疆大学中国语言文学学院负责组织带动实施，于2017年9月成立了新疆大学林基路艺术剧社。这是中国高校中唯一以烈士命名的大学生红色教育戏剧剧团，创作和演出学生原创红色戏剧和戏剧小品，配合新疆红色历史教育和服务总目标的现实文化目标。

为圆满完成大型红色历史剧《我们正青春年少》的创作，2015—2017级汉语言文学本科生组成了多个编剧组，和教师们一起对红色史料进行调研，对烈士子弟进行访谈。这个过程，本为创作而设定，但学生们在其中受到的思想教育是非常鲜活有力的：听人讲和自己解读史料、看人演和自己把灵魂投入角色，这是完全不同的体验，带来的人生感悟以及最终确立的信仰和理想，也具有完全不同的意义。新疆大学林基路艺术剧社很快成为全国高校第二个建立学生党支部的剧团；《我们正青春年少》迄今公演了12场，其中有一场是受自治区党委组织部委托，在新疆干部学院演出的。《光明日报》、新华网等国内权威媒体专文报道过这部剧的创演，演出片段荣登"学习强国"平台。

有这样的一个场景深深触动了我：剧团的排练是非常辛苦的，自成立至今每周排练3~4次，疫情期间"云排练"从未中断过。最早排练休息的时候，学生都忙着玩手机，后来突然有一天，学生集中起来，开始朗诵《囚徒歌》，唱《太行山上》——红色剧团的灵魂已经铸就，它首先教育了教育者，然后才能由这些教育者去教育那些受教育者。

从创作方面也能看出这种积极主动的人格养成——剧团所有的剧本都是原创，都需要进行广泛的历史文献调研或者社会调研。因此，写作往往是在假期完成的。为进行《我们正青春年少》的精修和新剧《共产党人在新疆（1935—1945）》的剧本创作，以及"访惠聚""去极端化""脱贫攻坚""民族团结一家亲"等题材戏剧小品的剧本创作，学生在假期几乎没有休息。他们积极调研，每隔3~5天以小组为单位进行研讨。我参加了每一次研讨，春节期间也不曾中断；疫情期间受到全中国人民"壮士断腕"的精神激励，学生更是创作热情高涨。三年每个假期都如此。其间，因对林基路遗作《囚徒歌》的喜爱，2017级学生编剧提出要创作一部以革命烈士诗作为内容的诗剧，他们共同朗读了数百首诗歌，从中选择35位革命烈士的99句诗歌，并配以红色歌曲，这便是本书中诗剧《永恒的中国》。诗剧以全新的形式重读、重新演绎了红色经典。柳逸和赞丹其木格同学则将林基路烈士在 18 岁时创作的小说改编成了剧本，以此去探寻烈士何以放弃优渥的生活和美好的未来，要为被压迫和被凌辱的劳苦大众牺牲生命。这便是本书中《改嫁》剧本的由来。2018 级的夏扑海提·帕力哈提、阿格江·赛里克博勒、库尔兰·努尔波力松以及苏麦娅·艾尔肯、赵付路则深入社会和农村，与驻村干部交谈，不但真正理解了"脱贫攻坚"的意义，而且理解了数十万投身于新疆基层扶贫的共产党人的初心和使命，感动于新疆社会正在发生的历史性巨变，这便有了本书中《"一家人"餐厅》和《情成一家》的剧本。学生在创作伊始就坚定了一个信念：要让自己的剧本被更多的人演出，被更多的人观看，让所有观、演的各族群众都能领会他们在调研中领会的一切。有趣的是，库尔兰·努尔波力松和阿格江·赛里克博勒两位哈萨克族学生，在大二一开学，就受邀去一家国企帮助创作剧本和指导演出，在这个反映当代共产党员艰苦奋斗精神的戏剧小品中，两位学生非常巧妙地把红军长征精神在当代的影响和现实中共产党员的奋斗结合在一起，编写并指导演出了一个让人感动的轻喜剧小品。

一个人演不了剧，也成就不了一个剧团。这一点是那些过去认为通过刻苦学习就能获得美好未来的年轻学子们在剧团首先领悟到的。大学生社团的意义就是让学生不要死读书读死书、不要"宅"到百无一用，而剧团则把这种意义发挥到了近乎极致。不仅在调研、创作、排练、演出中要有团队精神和服务意识，而且每个人都必须尽力挖掘自己，学习更多的技能、学会与不同的人交流，演出才能完成。所以，剧团学生热衷于当志愿者，通过"浸入"去观察社会和人情，去理解政策和法规；同时，服装、化妆、舞台和节目单设计、道具设计和制作、外联、音效甚至灯光，都是由剧团学生负责的，并没有专职，学生尽己所能，根据剧目和演出需要，把自己变成多面手。剧团学生最后基本都至少具备三重身份：编剧、剧务、演员，他们自己独立完成了每场演出。

自 2019 年 6 月开始，新疆大学林基路艺术剧社的全体编剧又投身于大型红色原创历史剧《共产党人在新疆（1935—1945）》的创作中，目前，剧本创作已经完成，即将进入排练阶段。此剧是首次在话剧舞台上展现 80 年前共产党人在新疆奋斗、牺牲的历史全画卷的多幕剧，它将以独特的艺术魅力讲好这一段波澜壮阔的故事。

我们的教学改革、我们的教育戏剧还在探索中，未来还会带来更多的惊喜，在此，首先感谢新疆大学，建立了全国高校最优秀的红色教育剧团，使我的专业理想有用武之地；其次感谢文学院历任领导无私的无条件的支持和信任，他们对我的信任超过了我的自信；再次，感谢主编团队的精诚合作，给学生以极大的激励（我真的还没有看到其他综合类高校给学生出剧本集的）；最后，感谢所有参与教学改革的同事，学生正是在他们长期的专业指导下才能完成所有剧本的创作。

　　"手种集"，意为学生是教师亲手种下的树苗，本书收录的剧本是学生为社会文化种下的树苗，而我们的未来，是连绵不绝、郁郁葱葱的希望山脉。

第一编 ┃ 独幕剧

新疆大学中国语言文学学院"三进两联一交友·民族团结一家亲"原创戏剧小品展演，从左到右依次为杨佳昕、特列克·哈米提、陈哲（2019年12月22日）

新编诗剧《永恒的中国》

杨明昊 张 引 孙伟光 林晓栋 郁 浩 胡 婕 古丽孜帕热·阿布都热西提 柳 逸 赞丹其木格①

┃ 人 物

甲、乙、丙、丁、戊、己、庚、辛、壬——男，青年

囚犯甲、囚犯乙——男，青年，受过拷打的犯人

工 人——男，青年，常年受压迫的工人

农 民——男，中年，常年受剥削的农民

先 生——男，中年，对社会现状有一些认识的教书先生

学生男——男，青年，血气方刚的青年学生

子、丑、寅、卯、辰、巳——女，青年

母 亲——女，中年，常年受压迫的妇女

学生女——女，青年，学生男的同学

---

① 作者均来自新疆大学林基路艺术剧社，均为新疆大学中国语言文学学院汉语言文学专业本科生。

子　　　（左侧出场，至舞台中间而止，声音悲痛）我用残损的手掌摸索这广大的土地，这一角已变成灰烬，那一角只是血和泥。（戴望舒《我用残损的手掌》）

囚犯甲　囚犯乙　（右侧出场，与子平齐，位置略偏右，情绪激动）地上鲜血流成渠，狱中冤囚挤破壁。（贺锦斋《澧沅歌》）

丙　　　（左侧出场，悲伤）火花如流电。（柔石《战》）

丁　　　（右侧出场，悲伤）血泛如洪泉。（柔石《战》）

丑　　　（左侧出场，咬牙切齿）骨堆成了山。（柔石《战》）

寅　　　（右侧出场，咬牙切齿）肉腐成肥田。（柔石《战》）

戊　　　（左侧出场，情绪低沉）中国一团黑，悲嚎不忍闻。（欧阳梅生《试笔诗》）

卯　　　（右侧出场，怨恨）故乡匪势太凶顽，害得人民苦不堪。（贺锦斋《随常兄回桑植原笺有感（其二）》）

母　亲　（左侧出场，愤恨）民家黑森森，官家一片灯。民家锅朝天，官家吃汤丸。（夏明翰《童谣》）

己　　　（右侧出场，略带绝望）黑地又昏天，压迫数千年。忍劳苦，忍饥寒，历尽难中难，才到打谷关。（周逸群《农民联合起来》）

庚　　　（左侧出场，悲叹）狗狐当权乱纷纭，山河处处有啼痕。蛇蝎咬人胜狼虎，生灵涂炭泣鬼神。（张傲寒《诗一首》）干戈遍野有鸿哀，浩劫沉沉挽不回。（欧阳梅生《和〈城南留别〉》）

工　人　（右侧出场，跑上台，气喘吁吁）北风呼呼声怒嚎，手提饭篮往外跑，（张望）望一望（摇头叹息）工厂未到，（哀怨）马路跑过两三条，两只腿脚都酸了，去迟了厂门关了，（面露苦色）今天工钱罚掉了。（黄励《工人苦》）

农　民　（左侧出场，左手举起遮阳）日光当头晒，汗如雨下注，（右手捶腰，来回踱步）风吹暴雨淋，正在田间做。官衙差警来，催粮太紧促，团丁作威福，（冷笑）难免将被捉。（许瑞芳《农人的叹声》）

〔工人、农民同步后退。

先　生　（右侧出场，沉痛）这是一沟绝望的死水，清风吹不起半点漪沦。不如多扔些破铜烂铁，爽性泼你的剩菜残羹。（带有希望）也许铜的要绿成翡翠，铁罐上绣出几瓣桃花；再让油

腻织一层罗绮，霉菌给他蒸出些云霞。（闻一多《死水》）

学生女 （左侧出场，带有希望）那么一沟绝望的死水，也就夸得上几分鲜明。如果青蛙耐不住寂寞，又算死水叫出了歌声。（闻一多《死水》）

先　生　学生女　学生男 （男学生从右侧出场，齐声慷慨）这是一沟绝望的死水，这里断不是美的所在，不如让给丑恶来开垦，看他造出个什么世界。（闻一多《死水》）

辛 （左侧出场，义正词严）为了消弭灾难，只有拼死搏战。（贺锦斋《西江月》）

合 （台上全体齐声）失败膏黄土，成功济苍生。（周从化《五言诗》）

戊 （左侧出场）大江一把狂浪起，（占谷堂《感军阀混战民不聊生口占一首》）革命声势如浪涌。（刘绍南《答敌人审问》）

庚　壬 （壬左侧出场，庚上前与壬并立）神州遍地风雷起，投身革命有作为。（何叔衡《赠夏明翰同志》）

丙　甲 （甲左侧出场，丙上前与甲并立）为党为民何惧死，宝刀要向贼头挥。（贺锦斋《无题》）

乙 （上前，拍拍甲，慷慨）蹈火归来又赴汤，只身亡命是家常。（熊亨瀚《亡命》）

女　合 （辰、巳左侧出场，全体女生齐声）山河欲裂。（杨靖宇《中朝民族联合抗日歌》）

全　男 （全体男生齐声）万里隆隆。（杨靖宇《中朝民族联合抗日歌》）

合 （台上全体齐声）斩尽妖魔济众生。（占谷堂《感军阀混战民不聊生口占一首》）

工人　农民 （工人、农民同步上前，对视一眼）自食其力，何须要人可怜！前进！前进！冲破黎明前的黑暗，胜利就在明天！（田位东《诗一首》）

学生男 （上前至工人右侧）君不见，武王伐纣汤伐桀，革命功劳名赫赫。（蔡和森《诗一首》）

学生男　学生女 （学生女上前，至农民左侧）民气伸张除暴君，古今中外率如此。（蔡和森《诗一首》）颔首流泪非丈夫，（金方昌《答敌人问》）莫学冬烘迂夫子。（蔡和森《诗一首》）

先　生 （缓步上前，工人、农民闻声后退，待其退去，两学生向先生靠拢）不患不能柔，惟患不能刚。将肩挑日月，天地等尘埃。何言乎富贵，赤胆为将来。（罗学瓒《自勉》）

子 （语气坚定）起来！饥寒交迫的奴隶！（柔石《血在沸——纪念一个在南京被杀的小同志》）

合 （台上全体）全国的工农劳苦群众呀！一齐起来，解放我们自己！（柔石《血在沸——纪念一个在南京被杀的小同志》）

〔集体后退，然后囚犯甲上前，在舞台偏右侧。

囚犯甲 （抒情）满天风雪满天愁，革命何须怕断头。（杨超《就义诗》）

丙 （上前，在舞台偏左侧，坚定）壮士头颅为党落，好汉身躯为群裂。（周文雍《绝笔诗》）

囚犯乙 （上前，在囚犯甲左侧，硬气）党人骨比钢还硬，不怕层层铁网铺。（贺锦斋《西行纪事（其九）》）

甲 （上前，在丙左侧）流血身死何所惧，刀剑丛中斩豺狼。（贺锦斋《诗一首》）

辛 （上前，拍甲肩膀，豪迈）男儿志在安天下，破旧山河再造新。（杨超《男儿志在安天下》）

〔全体退后，辰上前，在舞台左侧。

辰 （担忧并且不舍）我要与你永别了，我的孩子。满街狼犬，（蓝蒂裕《示儿》）这前途满站着危崖荆棘，又有的是黑的死，和白的骨。（殷夫《别了，哥哥》）

乙 （作辰的爱人上前，在辰左侧，手搭左肩，宽慰辰）
磊落生平事，临刑无点愁。壮怀犹未折，热血拚将流。慷慨为新鬼，从容做死囚。多情惟此月，（回头看辰一眼，转而坚定）再照雄心酬。（陈法轼《狱中诗》）

合 （台上全体齐声）敌人只能砍下我们的头颅，决不能动摇我们的信仰！因为我们信仰的主义，乃是宇宙的真理！（方志敏《诗一首》）死气沉沉的黑暗世界，要用我们的热血染它个鲜红！（陈毅安《答未婚妻》）

己 （上前，愤怒）黑夜阻着黎明，只影吊着单形，镣铐锁着手胫，怒火烧着赤心。（何斌《狱中歌声》）

囚犯甲　囚犯乙 （上前，至己身边，声音低沉）蚊成雷，鼠成群，灯光暗，暑气蒸。（何斌《狱中歌声》）

学生女　（来到己和二囚犯身边）在没太阳的角落里，谁给我们同情慰问？谁抚我痛苦的伤痕？（何斌《狱中歌声》）

庚　　　（上前，坚定）我热血似潮水的奔腾，心志似铁石的坚贞，我只要一息尚存，誓为保卫真理而抗争。别离为了战斗，再会待胜利来临。（何斌《狱中歌声》）

合　　　愿你同千千万万的人们，踏着我们的血迹前进！（何斌《狱中歌声》）谨记住，那惨痛的教训，打碎这些枷锁，（吴建业《勇敢地去吧》）重建此乾坤。（罗学瓒《咏怀·龙蛇争大地》）

甲　　　大丈夫，要革命，立志创造新社会，为工农，谋幸福，百折不挠气不馁。你们杀了我一人，好像明灯暂被狂风吹。革命少了我一人，好比大海丢了一滴水。（刘绍南《答敌人审问》）

丑　寅　（扶着子上前）白旗倒了红旗飘，走上前来不下跪。（刘绍南《答敌人审问》）

子　　　（平静）竹签子是竹做的，共产党人的意志是钢铁铸就。（江竹筠）

合　　　（台上全体齐声）为了免除下一代的苦难，我们愿——愿把这牢底坐穿。（何敬平《把牢底坐穿》）

丑　　　（与子对视一眼）我们生在革命的烽火里。（殷夫《我们是青年的布尔塞维克》）

寅　　　（与子对视一眼）我们生在斗争的律动里。（殷夫《我们是青年的布尔塞维克》）

丁　　　（在胸前握拳）我们是时代的儿子。（殷夫《我们是青年的布尔塞维克》）

辛　　　（张开双臂）我们是群众的兄弟。（殷夫《我们是青年的布尔塞维克》）

丑　寅　丁　辛　（坚定）我们的身旁是世界革命的血波，我们的前面是世界共产主义。（殷夫《我们是青年的布尔塞维克》）
〔全体后退，已上前，在舞台左侧。

巳　　　（上前，略带遗憾，同时又充满希望）也许吧，我的歌声明天不幸停止，我的生命被敌人撕碎，然而，我的血肉呵，它将化作芬芳的花朵，开在你的路上。（陈辉《献诗——为伊甸园而歌》）

卯　　　（上前，在舞台右侧，向往）当我抬起头来，瞧见了你，我

的祖国的——那高蓝的天空，那辽阔的原野，那天边的白云，悠悠地飘过。（陈辉《为祖国而歌》）

戊　（上前，在舞台左侧）乌云遮不住太阳，冰雪锁不住春天，荆棘满山，怎比得，革命的烈焰。用什么来迎接我们的胜利？用我们不屈的意志，坚贞的信念！（何雪松《迎接胜利》）

合　（台上全体齐声，女生在舞台中部偏右站定，列三队；男生在舞台右侧站定，列三队，学生男、农民、乙、壬在舞台底幕中间处展开党旗）我宣誓——

女　合　（台上全体女生）爱那些穷苦的、流浪的、无家可归的、衣单被薄的人民。（古承铄《宣誓》）

男　合　（台上全体男生）恨那些贪馋的、骄横的、压榨人民的、杀戮真理的强盗。（古承铄《宣誓》）

合　（台上全体齐声）我宣誓——我是真理的信徒，我是正义的战士，我要永远永远——为人类的自由幸福而战！（古承铄《宣誓》）

甲　（上前一步，慷慨）哪有打不死的豺虎？哪有推不翻的山岳？你只须奋斗着。（邓中夏《胜利》）

学生女　（上前一步，坚定）猛勇的奋斗着；（邓中夏《胜利》）

辛　（上前一步，激动）持续着，（邓中夏《胜利》）

辰　（上前一步，更加激动）永远的持续着。（邓中夏《胜利》）

戊　（上前一步，激昂）胜利就是你的了！（邓中夏《胜利》）

合　（台上全体）胜利就是你的了！（邓中夏《胜利》）

（全体边说边后退）我把全部的力量运在手掌，贴在上面，寄与爱和一切希望。因为只有那里是太阳，是春，将驱逐阴暗，带来苏生，因为只有那里我们不像牲口一样活，蝼蚁一样死……那里，永恒的中国！（戴望舒《我用残损的手掌》）

〔停一秒，全体转身注视党旗，三秒后转回，鞠躬，男左女右下台。

后 记

　　该剧的创作思路来自编剧组在进行红色戏剧创作过程中为寻找史料，多次集体诵读革命烈士诗抄所形成的创作愿望。其间，我们搜集整理了数百首革命烈士的诗作，被其中的理想与信仰、勇毅与牺牲深深感动，因此想尝试通过一种全新的舞台艺术形式来展现作为英雄群体的烈士为大众、为革命、为中华人民共和国投身革命事业、艰苦斗争、流血牺牲的人生轨迹。

　　虽然每首诗都凝聚着烈士生命的闪光，每句遗言都洒满中华人民共和国的朝阳，但是最终我们不得不作出选择，在35位革命烈士的诗作中选择了99句诗，按照"反抗黑暗—奋起革命—坚定的革命激情—无悔的信念—壮烈的永生"的剧情，安排了学生、工农、革命知识分子、革命者、不屈的革命伴侣、江姐等特定角色，以交错上前的方式朗诵自己扮演角色的诗剧，并最终以面向党旗的永生结束全剧。

　　全剧使用五首广为人知的红色电影插曲作为配乐。

　　为了表达对革命烈士的敬仰，文本中准确标示了烈士姓名和诗句出处；剧中所有的舞台表演动作指导均由编剧组集体完成。

　　这部诗剧，是我们通过朗诵烈士诗歌、查找烈士生平在创作和演出中首先实现了自我教育，之后把自己所有的心得和情感都灌铸在舞台表演中，并在每一次的表演中都做到了教育观众，与观众共同沉浸在对烈士的崇敬、缅怀中，体会到烈士们的"初心"，实现了与烈士们在精神上的共情。

（孙伟光）

革命烈士诗新编
《永恒的中国》

联合出品：新疆大学党委组织（人事）部
新疆大学人文学院（中国语言文学学院）
新疆大学林基路艺术剧社

《永恒的中国》演出节目单 1

诗剧《永恒的中国》

以三十五位革命烈士的九十九句诗编排而成，剧情表现的是革命者带领劳苦大众反抗黑暗、为拯救祖国于危亡、为解放天下受苦人、为子孙后代幸福生活献身革命，最终献出了自己的生命，换来了中华民族光明的未来。

编剧的灵感来自于爱国诗人戴望舒在受尽严刑拷打之后，用指甲在监狱的墙壁上刻下的《我用残损的手掌》；来自于女共产党员江竹筠被竹签无数次扎入指尖，却道："竹签子是竹做的，共产党人的意志是钢铁铸就！"我们相信，这些故事不仅感动我们，也会永远流传。

在清明节来临之际，新疆大学林基路艺术剧社重新将革命烈士诗句编排成剧，并从五部红色影片中选曲配乐，用这样的创作和演出方式告慰革命先烈，向他们致以崇高的敬意。

编剧组：杨明昊、张引、孙伟光、林晓栋、郁浩、胡婕、古丽孜帕热·阿布都热西提、柳逸、赞丹其木格

《永恒的中国》演出节目单2

《永恒的中国》演出剧照

《永恒的中国》于 2019 年清明节在新疆人民广播电台做专题节目
并通过广播之声向全疆人民放送

演出指导建议

具体的舞台走位、肢体动作和面部表情，在剧本中已经有了非常详细的指导意见。这个剧的演出需要很多演员，他们既要专注于对自己诗句的朗诵和表演，又要作为"革命者群像"出现在舞台上，所以舞台造型非常重要。也就是说，除去每位表演的演员随时上前之外，其他每一位演员不仅需要关注自己下一步上前朗诵的走位，还需要随时关注自己的移动是否符合整体造型的整齐、错落有致的要求。从观众的角度，应该能看到每一位演员的表情和形态，所以演员在台上要比平时更加严格地管理自己的表情，绝不能因为任何细微的动作破坏了革命者群体造型。

在排练中，导演和场记要随时关注每一帧画面，保证这些画面既庄重肃穆又充满活力，洋溢着革命浪漫主义的青春激情；还需要提示所有演员在站位和移动时，要保证自己背部挺直、步伐沉稳坚定、气质上要有内在的傲骨；女演员可以适度地表现温柔纯真，但要做到柔中带刚。

（孙伟光）

首演演职员表

演员（按出场先后）：胡婕、特列克·哈米提、牙克甫江·买海木、林晓栋、阿布都拉木·吐尔逊、杨佳昕、柳逸、赞丹其木格、新格丽、嘉娜·那乃、库尔兰·努尔波力松、郁浩、孙伟光、赵付路、张引、阿彦·马合沙提、杨明昊、夏扑海提·帕力哈提、曹文洁、阿格江·赛里克博勒、彭程、王云鹤、古丽孜帕热·阿布都热西提

舞台音效：魏健

道　具：孙伟光

化　妆：古丽孜帕热·阿布都热西提、胡婕、柳逸、赞丹其木格

剧本指导教师：安凌、邹赞、唐彦临

演出指导教师：何菲菲、杨华（石河子大学，特邀）、陈鑫
舞台监督：陈建平、郭沅鑫、阿布都瓦依提·尼亚孜

特别说明：本剧于 2019 年清明节首演，并在当日即受邀在新疆人民广播电台《新疆好故事》栏目做节目专访，并通过广播之声传递到全疆。

改 嫁

柳 逸[①] 赞丹其木格[②]

| 人 物

双兰伯母——五十岁，守寡多年的农村妇女

尧 哥——双兰伯母儿子，二十八岁

瑞 娣——双兰伯母儿媳妇，二十五岁

媒婆三——村里的媒婆，四十岁

村民甲、乙、丙、丁、戊五人

路人甲、乙、丙三人

① 柳逸，新疆大学林基路艺术剧社编剧、剧务、演员；新疆大学中国语言文学学院汉语言文学专业 2017 级本科生。

② 赞丹其木格，新疆大学林基路艺术剧社编剧、剧务、演员；新疆大学中国语言文学学院汉语言文学专业 2017 级本科生。

第一场

时　间　1925年闷热的7月

地　点　双兰伯母家中

布　景　舞台正中间放一张方桌，桌上放一本撕了一半的老旧日历、一个搪瓷杯，桌旁放三把椅子。在舞台左后方放一个柜子，柜子里放一些衣服，最深处藏瑞娣的金手镯。柜子顶上有一个包袱，里面放着双兰伯母的寿衣。

〔开幕时双兰伯母在桌子旁坐着，突然想起来什么似的，走到柜子旁准备拿包袱，顿一下，又急切地找来一块布擦手，慢慢地拿出装寿衣的包袱，放在桌子上。此时背对舞台右侧，侧对观众，准备打开包袱，神情满意贪婪。

〔尧哥由右侧上，尧哥的动作整体是快的，眼神是狡猾贪婪的，不放过一切细微之处，像为寻找猎物狡猾求全的猛兽。

尧　哥　（急匆匆地上）妈！家里还有值钱的东西没有？我急着用钱！（不停地翻着家里的东西，眼神贪婪犀利）

双兰伯母　（被说话声惊动，慌忙系紧还未打开的包袱，将包袱放回衣柜顶。走向尧哥，手不自然地抓着围裙）尧哥呀！你终于回来了，这几天你上哪儿去了，都不见你回来，你那个媳妇呀……

尧　哥　妈！我有个好消息！你猜，我刚才碰见了谁？（顿一下，双兰伯母略带微笑）你见过的！咱们村里的（停顿）媒婆！（激动地，快速地搓着手）

双兰伯母　（怔怔地后退半步）媒……她跟你说了……我是说……

尧　哥　（打断）说啦说啦，妈，这是多好的机会呀，咱家少了一个人的口粮，人家还能给聘礼！（其间不住地四处寻找）

双兰伯母　（失望）我的儿呀……妈只想安安生生地过这一辈子，穷点也就罢了，这么多年不都挺过来了吗？你小时候生病了……

尧　哥　（不耐烦地）行啦，行啦！你都念叨多少遍了。（面向观众）你不是总说，是死是活都不在乎了，就留着件寿衣就行啦，你虽说不想给我们添麻烦，但事情也没那么简单！你在家里，又不是桌子、凳子，也是要吃饭的。这样下去不是办法。那人要是不嫌弃你，你就去吧。这一家子不都好过了？
（不耐烦）你只当是替我考虑考虑吧！（脸阴沉下来）你要是
不嫁，那我们可都没活路啦！妈，你就再帮帮儿子吧，（威
胁）行吗？

双兰伯母　（伤心绝望地）你就这么急着赶我走？

尧　哥　（顿一下，调整神情，缓和、挤出笑容，哄骗地）妈，你放
心吧，等儿子把钱赢回来……不，我是说，等我把钱赚回
来，就去接你回来享福！这样多好呀！你在那边，我们在这
边，都能过上好日子！

双兰伯母　（恨恨地）好日子？

尧　哥　（拿起杯子将水一饮而尽）哎呀，妈，别说那么多啦！你儿
子都要饿死啦！瑞娣呢？（向舞台左侧）瑞娣！瑞娣！
〔瑞娣由左侧上。

尧　哥　（继续翻）拿吃的来。

瑞　娣　吃什么吃！家里都没米了，你都多久没回家了，从没赚过一
分钱回来。（坐椅子上）

尧　哥　（打断）行了行了，真啰唆。婆娘家的知道什么！

双兰伯母　尧哥呀，你也该干点正事儿了。这个家都支撑不下去了。

尧　哥　（拖开椅子，坐在瑞娣对面，朝观众）哎呀，你们就再给我
点钱！我很快就能赚钱回来了。（略带思索，狡猾）诶，瑞
娣，我刚想起来，那天晚上你偷偷摸摸的，在柜子里藏了
什么？

瑞　娣　（慌张地看向别处）你说什么呢，没有……没什么东西。

尧　哥　那我倒要去找找看。（突然站起）

瑞　娣　（快步走到柜子跟前）没有，什么都没有。（相比之下，瑞娣
的动作是慢的，纠缠的，尧哥的动作是不留情面的，大幅
度的）

尧　哥　（一把推开瑞娣）让开，让开！（打开柜子，匆忙地翻找，甚
至揪出几件衣服扔在地上）

瑞　娣　（一边阻止尧哥，一边对双兰伯母）妈！你快拦着尧哥！

双兰伯母　（向前一步）尧哥！

尧　哥　（扑在衣柜上贪婪地翻找）诶，找到了！（双手拿着镯子，看
向双兰伯母和瑞娣，喜悦）这是什么东西？

瑞　娣　（上前抢夺）这是我的……

尧　哥　（绕过瑞娣，用牙咬一下，得意地）真金的！这得值多少钱呀！（开心地来回踱步，欣喜若狂）没想到还藏了这么个好东西，你怎么不早说！好啊，你可真是我的好媳妇儿呀！你们等着，我晚上就给你们带米回来！这回钱有着落了！太好了，太好了呀！（准备由左侧下台）

瑞　娣　（颤抖地伸出手，上前走两步，不小心摔倒）尧哥！（向前爬两步，跪起来）尧哥，你别走，你不能把它拿走，家里什么都没有了。（求助地看向双兰伯母）妈！

尧　哥　（回头）怕什么！今晚我就能赢一大笔钱！

双兰伯母　赢？尧哥，你又要去赌钱？你真的要把家败光吗？（失望地）

瑞　娣　（悲戚地）这是我妈妈生前留给我最后的东西了，求你把它还给我吧。

尧　哥　哎呀！婆婆妈妈的，废什么话！（从左侧下）真是的，有好东西还不早点拿出来。等我挣了钱，赎回来给你就是了。

双兰伯母　尧哥！你这样真是要了娘的命啊！（上前追到舞台边缘）
〔瑞娣在原地呆住。

双兰伯母　（折返）瑞娣啊……

瑞　娣　（突然从地上站起，面部狰狞，指着双兰伯母）这就是你生出来的好儿子！你把我的金镯子还给我！当初我嫁过来的时候，你们是怎么说的！这尧哥，一天天地懒散起来，到现在，竟是一点儿也不装了。别说我那点嫁妆了，这个家早就被掏空了！（看向双兰伯母）就顾着你那件寿衣，你儿子对我怎么样，你都看不见的？

双兰伯母　（警觉地看向柜子，回头看一眼瑞娣，而后目光移向别处，逃避却坚定）那是你自己的事。嫁到了什么样的人家，就注定要过什么样的日子，这就是我们做女人的命。

瑞　娣　（愤怒地上前两步）你！
〔瑞娣哭泣着由右侧下。

双兰伯母　（怔怔地坐回椅子上，突然想起来）寿衣……（回柜子顶上小心翼翼地拿下包袱，再次擦手，将包袱拿到桌子上慢慢打开，表情由欣喜变为震惊，发现寿衣被替换成了白布，拿起白布，对观众）这是什么？（快速向前两步）这不是我的！（转身回到桌子前）我的寿衣呢？（重新翻包袄，包袱里的白布掉到地上）我的寿衣呢？（走到柜子跟前，慌乱地翻着柜子）我是不怕死的，我只要体体面面的。可没了这寿衣，我这辈子还能有什么指望呢？（突然转身，看向观众）尧哥儿啊，儿啊，你这不是要了娘的命吗！（眼神空洞地瘫坐在地上）

媒婆三　（由左侧上，媒婆三站在舞台前）人人都说我媒婆三能说会道，在我手里呀，就没有成不了的姻缘。（得意地向前迈一步）（神秘地）但偏偏就有这么一个双兰嫂，守了二十五年寡，就是不肯再嫁！这要让外人说起我来，像什么话！（撇嘴）我得促成了她这一段姻缘，才不枉他们叫我一声媒婆三。（换上假笑，走近，张望着，口中热情又亲切地说道）双兰嫂？你在家吗，那天咱们说的事，你考虑得怎么样了？

〔双兰伯母听到后警觉地望一眼，起身，回避地擦擦眼泪。

媒婆三　哟，双兰嫂呀，（看看地上的杂物，嫌弃地捡起来）你家这是咋啦，招贼啦！

双兰伯母　媒婆三，你来啦。（手不自然地擦着围裙）

媒婆三　（拉住双兰伯母共同向前走两步）双兰嫂，那事，你想得怎么样啦？（停顿，转换语气，劝说地）不是都跟你说了，那老爷子说啦，你只管过去住，什么都置办得好好的！

双兰伯母　（表情麻木地）我都这么大年纪的人了……

媒婆三　（拉着双兰伯母，两人一同在凳子上坐下）哎呀，怕什么，我媒婆三保过的媒你是知道的。前些年你总说你家尧哥儿还没媳妇，错过了不少好的。（正经地，四处张望而后说）这个我可谁都没告诉，就来跟你说了。

双兰伯母　（直勾勾地望着观众）也对，我如今也没什么指望了，（侧过身走两步）一点儿盼头都没了。

媒婆三　双兰嫂，你就听我一句劝！什么没指望？等嫁过去啦，以后还多一家人给你养老呐！

〔双兰伯母失神不作声。

媒婆三　（起身）我就知道你不情愿。我都说了，没人知道你改嫁，你就悄悄地过去。那老爷子就想找个伴儿，你去了这不就享清福了吗？况且那尧哥你也清楚，要是能嫁了，他以后和媳妇儿也没什么可愁的了！（一拍大腿）这笔账怎么都划算，要不，你再想想？（停顿，未得到回应）算了算了，我去看看林家的媳妇。

双兰伯母 （媒婆三话音未落时接话，语气阴冷无感情）我去吧。

媒婆三 （想想，觉得无利可图）哎哟，你可真是好心啊！也对，你不是一直给林家接生？她生了两个闺女，婆家很嫌弃她。（转身后又不甘心，又走到双兰伯母身边）这老爷子，条件也不赖，我说啦，你吃饭是不用愁的，你就是不信……

双兰伯母 （快接）我去他家吧。

媒婆三 （转眼珠，鄙夷的表情）他家？

双兰伯母 我（停顿）嫁过去。

媒婆三 嗯？答应啦？

〔双兰伯母面无表情，漠然。

媒婆三 （对观众，低声）哎呀！太好啦！这可了却我一桩心事。（观察双兰伯母脸色，又收敛地）总之，您放心吧，少不了好的。（得不到双兰伯母的回应，略尴尬）那，我去（加重）那家，给他们说你答应了？（对观众，喜不自胜）还等我信儿呢，（对双兰伯母）你先忙？

〔媒婆三左侧下。

双兰伯母 （神态颓然）人活着的时候，被人指指点点，便盼着死了得一份体面。二十五年！自从他们把那烧得焦黑的双兰伯送回来，我就再没有过安生日子。我给自己买了件寿衣。不盼着尧哥能孝顺我，只要他找个好媳妇，我这么不明不白地去了，这辈子也就够了。我就这么一个念想，就这一个……（目光收回，神情由绝望渐渐呆滞）可把我这辈子搭上了，还不够！笑话我守寡，还要让我改嫁！（后退，自嘲地）罢了，罢了，我只盼着尧哥干干净净地活着，能生个大胖小子，这也算对得起双兰伯了……（由右侧下）

第二场

时　间　一个月之后

地　点　村头大树旁

布　景　场上仅有一棵树

〔村民甲、村民乙由左侧上。

村民甲 哎，你猜，媒婆三这阵子又给谁家说媒去了。

村民乙　嗨，媒婆说媒，天经地义，这有什么好猜的。

〔村民丙由右侧上，在一边观望。

村民甲　这可不一样，这回她说的媒可不一般。我说了你一定会惊讶的，（顿一下，神秘地）是——双兰伯母。

村民乙　（突然立住，看看甲，讪笑）怎么可能，你可别开玩笑了。

〔村民丁、村民戊由右侧上。

村民丙　（听到消息后回头，向村民丁、村民戊招手）过来过来，这回可有好戏看了！（说完后跑向村民甲、村民乙）

〔村民丁、村民戊跑向村民甲、村民乙。

村民甲　（面向众人）媒婆三都去双兰伯母家撮合了好几趟，她家媳妇儿也说撞见过。

村民乙　嘿！这个媒婆三，果真是名不虚传。

村民丁　（拉过村民丙，悄声说）双兰伯母？

村民戊　（走上前一步）我怎么听说，今天她一大早神色慌张，不知道从哪里跑回来，谁都不搭理。

村民丁　哼，可能是又在哪个场子里找到了尧哥，欠了一屁股债，吓得跑回来了吧！（言语中满是戏谑）

〔众人起哄。

〔媒婆三由右侧上。

媒婆三　（拿一把扇子）呦，这么热闹，聊什么呢。

〔众人见是媒婆三，纷纷围向媒婆三。

村民甲　媒婆三呀，你给双兰伯母说的那门亲事怎么样了？

媒婆三　（气愤地）再别提了，那老婆子不争气。瞧着她儿子四处去赌，媳妇儿又与人怨天怨地的，我好心好意地给她寻了门亲事，她一再地矫情。也不想想，一把年纪了，谁非要她（加重）呀。还不是那边的老爷子，上了年纪，又瘫了，请不来一个年纪轻的打理，要找个老妈子伺候，倒给了她一个便宜。我媒婆三也不是那样没耐性的人！我只好一趟趟地劝呦，好容易答应了。我盼望着她到那边好好伺候着，能过两天好日子。可刚到那没几天，那老爷子，死啦！那家人不敢留她这个扫把星，当天就赶出来了！

村民丁　死了？刚嫁过去做小？这也太晦气了！

媒婆三　可不是嘛！嗨，我这往后的麻烦，还多得很！（嫌弃、怨恨）她可真是个扫把星！

村民丙　怪不得昨天听尧哥说，自从他娘走了，手气都变好了，合着过去总是输钱，是有一个这样的扫把星在家里！

〔众人恍然，随声附和。

媒婆三　（更加起劲）哎，我就说啊，以后得擦亮了眼，不然枉费我这一片好心，还白白叫人连累！

村民戊　（随意瞄一眼舞台左侧，而后定睛，手拍一下村民甲）哎哎哎，双兰伯母来了！

村民甲　（顺着方向看一眼）那我得先走了！可别把晦气沾到我身上！

〔双兰伯母由左侧上，面色惨白，衣衫褴褛，步伐缓慢，眼神空洞，右手挂着一根木棍，左手紧紧攥着寿衣包袱的布。

村民乙　（看着双兰伯母）那，那，那我也走了！

村民戊　（悄声）走吧，走吧。

媒婆三　（见状，提高音量）哎，大家都急着去哪儿啊，刚来的戏班子，听说是今年最好的，不去怪可惜的！（媒婆三由右侧下）

〔众人附和：嗯，走吧走吧，村民甲、村民乙、村民丙、村民丁、村民戊右侧下。

双兰伯母　我活了大半辈子，穷日子还怕过吗？人再怎么不干不净也苟且地活着，死了也总是干净的。（突然狰狞地）可我终究是个扫把星的命！（语气转缓）那老爷子说了，不干我的事，我什么都做得很好，是他自己到了时候……（看向媒婆三等人离开的方向，停顿后爆发）可他们都不信。他们说我是克星。克死了一个丈夫，又克死另一个丈夫。（语速放慢）他们说，（狰狞地）我活该守一辈子寡，早当初就不该嫁人！

〔村民丙、村民丁由右侧上。

村民丙　快点快点，已经开始了，你再磨蹭，好戏都要错过了。

村民丁　（拽一下村民丙，指向双兰伯母）你瞧，那不是……

村民丙　（看一眼）快走！你就不怕染上病？

村民丁　（走上前半步，试探地，双兰伯母转过头后又迅速后退一步）双兰伯母，今天来了个戏班子，家家都去，热闹极了。你也快来吧！

双兰伯母　（犹豫，向前一步）你看见尧哥了吗？他说了，他不舍得让我受委屈，等发了财就来接我的。

村民丙　（拉住村民丁）咱们走吧，走吧！

〔村民甲、村民乙由右侧上。

〔村民丙、村民丁由左侧快步走下。

双兰伯母　（转头看见村民甲、村民乙，快步走上前）你们看见尧哥
　　　　　了吗？我回去了，家里总是没有人应的。

〔村民甲、村民乙看了一眼继续向前走。

双兰伯母　尧哥还存着我的寿衣吧，那是我回头要穿的……尧哥说
　　　　　了，等发了财，就来接我……

村民甲　（看向村民乙，嘲讽地）这又抽的什么风。

双兰伯母　是真的，尧哥要来接我过好日子的。

村民乙　双兰伯母，你就别想啦！要是有寿衣，也早就让尧哥卖了！

〔双兰伯母撕扯着手中的布。

村民甲　哎呀，走吧走吧，跟她说那么多干什么。

〔村民甲、村民乙由左侧下。

〔村民戊由右侧上。

双兰伯母　（转头望见村民戊，跑向他，急促地）你看见尧哥了吗？
　　　　　你知道我的寿衣吗？那是我去那边，见双兰伯的时候一定
　　　　　要穿的……

村民戊　（看了她一眼）双兰伯母，我回来再跟你说！那边戏要开始
　　　　　了，我再不去就看不到开场了！

双兰伯母　（抓住村民戊胳膊）你别走，你看见尧哥了吗，（语气加
　　　　　快）你知道我的寿衣……

村民戊　（打断，甩开双兰伯母的手）哎呀！你缠着我问这么多干嘛？
　　　　　（向前走，自言自语）说话就说话，动手动脚的，真晦气。
　　　　　（甩了甩手）

双兰伯母　（双手紧紧地攥着布，失落地，缓缓转头看向观众）你看
　　　　　见尧哥了吗？他是我自己的儿子，是不会骗我的。（向舞
　　　　　台左侧走）

〔路人甲、路人乙由左侧上。

路人甲　（端详过后）双兰伯母？你怎么还在这，不去看戏吗？

双兰伯母　（哽咽地）嗯……你看见尧哥了吗？

路人乙　尧哥？你还不知道，他不知怎的赢了好些钱！（对路人甲，
　　　　　音量降低）都传开了！你去问，还有哪个不知道的？

路人甲　（碰一下胳膊，打断路人乙）是呀，双兰伯母，赶快回家换
　　　　　了衣裳来看戏吧！（对路人乙说，小声）哎，这老婆子，疯

了吧？

〔路人甲、路人乙由左侧下。

〔背景声为戏班子演唱与观众的欢呼声。

双兰伯母 （表情空洞而狰狞）我让人说了一辈子，他们叫我（双兰伯母学作他人亲切语气）"双兰伯母"，让我怎么也得记着，我有过一个丈夫。终于，那孩子一天天长大了，却偏偏也是他带走了那件寿衣。（绝望地后退一步，踉跄地站住）他们笑我是个寡妇，他们笑我改嫁！他们明知道我每天都害怕，等我死了要有厉鬼来追的，还要看我的笑话！（语气转为自嘲）让我立一座牌坊，像瘟神一样躲着我。

〔瑞娣由右侧上，手中嗑着瓜子，瞭了一眼双兰伯母，并没有认出，又走了几步才定睛，惊愕。

双兰伯母 （转身，猛地走过去）尧哥呢？我不是扫把星……为什么，为什么他们都说……瑞娣，你好好地跟我说，你去哪里了？

瑞　娣 妈……（刚要叫出口，又略带尴尬地用语气词掩过，别过头去，而后冷漠）家里过不下去了，我只能走了。

双兰伯母 怎么可能呢……那人家还给了聘礼！不说有多少，也够你两口子吃好些天了。（顿一下）我不是都交代了，那钱是让你管的。（突然恶狠狠地）他们都说，你又找了好的。是不是你！你拿了钱去过好日子了！

瑞　娣 （欲言又止，而后说）算了。说这些做什么，还不如看场戏痛快。（瑞娣作势由左侧下）

双兰伯母 （一把拉住）果然是你！我真心地以为你能和尧哥好好地过日子！他们说什么我都不信的，可没想到……

瑞　娣 （打断，用力甩开双兰伯母的手，把双兰伯母挣得踉跄）妈！（停顿，静场3秒）我想要好日子的……（悲伤地）我还盼着他把我的镯子挣回来，那是我从娘家唯一带出来的东西了。可他烟瘾一日一日地犯了起来，没几天，一句话都听不进去了。（自嘲）家……那还能叫个家吗！桌子、凳子、铲子、锅子，那能值几个钱！（看向双兰伯母，悲戚地）静悄悄的，我睡了一晚上，什么都没了。（继续注视着双兰伯母，语气转向阴森却带一丝笑意，双兰伯母后退两步）第二天早晨他说什么呢？（学作尧哥语气）"妈都能嫁过去，你为什么不行？等我赢了钱就接你回来！"（目光转向观众）妈，你说，尧哥能接我回来吗？

双兰伯母　（接连后退）我……我……

瑞　娣　（逼近双兰伯母，但是始终没有肢体接触）这就是你拼命护着的好儿子！自从你走了他也不必装了！猛兽一般地扑在鸦片上！（慢）什么都没了，（突然爆发）什么都没了！我还留着等什么呢？等他把我卖去什么地方，暗无天日地盼着好日子吗？

　　　〔双兰伯母在瑞娣说话的过程中眼睛睁得越来越大，眼神却越来越空洞，逃避瑞娣的目光，最后跌坐在地上。

瑞　娣　（看向观众，自嘲地，又恶狠狠地，说着走向舞台左侧，此时位于舞台左前方）呵，也算我倒霉。走的第二天，尧哥就赌赢了钱。看他那样子也活不长了，要是我没走，也许钱还能给我剩点儿。

媒婆三　（由左侧上，同一出场时为双兰伯母说媒时一样殷勤活力）瑞娣丫头！怎么在这呢？哎呀，找你半天了，来来来，（神秘地）你要的亲事我给你找着啦！

瑞　娣　（看向媒婆三，略侧头向双兰伯母方向）是吗？

媒婆三　（突然看到双兰伯母，转而大声解释）哎呀，瑞娣呀，我刚听他们看了戏的说，那窦娥的命可惨了，年纪轻轻的只让人心疼。咱们现在赶过去，说不定还能看到收尾。（说着话拉着瑞娣朝舞台左侧走去）

　　　〔瑞娣、媒婆三由左侧下。

双兰伯母　（愣愣地盯着她们离开的方向，转而看向观众，突然略带温情笑容）那尧哥呀，是个听话的孩子。但不知怎么，一遇着阴天就害起病来，（担忧地）浑身滚烫还容易起些小疹子，总让我怕得很呢。那时候我就想，（笑容幸福而期待）什么时候尧哥儿长大了，也娶媳妇儿了，再生个大胖小子，我就能安安心心地去了。等再见着双兰伯，我也能告诉他"我没白过这一辈子"。（停顿，由回忆里出来，此时表情也转向凝重，空洞地不知所措地瘫坐在地上）

　　　〔路人甲、路人乙两人抬着裹着尸体的草席从右侧上。

　　　〔在表现效果上双兰伯母在舞台前侧，三人在舞台后侧，有一定的空间距离。双兰伯母与二人没有直接对话，也没有眼神、肢体接触。但双兰伯母的动作、神态始终跟随二人的对话而变化。

路人甲 真晦气，又死了一个。

路人乙 抽大烟嘛，能有什么好下场。

〔路人丙从左侧上。

路人丙 哎，这谁呀？

路人甲 好像是靠村口第几家的来着。

〔双兰伯母突然抬头，注视着观众。

路人乙 管他是谁，看样子也没人管了，草席子裹了就得了。

路人丙 这大烟能抽死人啊！那我下次碰见尧哥，可要好好跟他说说。

〔双兰伯母听到"尧哥"，不转过头去，但更仔细地听三人的对话，此刻的表情是更加狰狞的。

路人甲 尧哥是你村里的哪一个，我见过吗？

路人乙 你管得还真宽，赶紧弄完走了。

路人丙 哎呀，他家就在那边不远。（指向舞台右侧）

路人甲 （看向乙，指着草席）哎，他不就是从那边捡来的？

〔双兰伯母猛地站起来，朝他们大跨步走两步，又猛地停住。

路人丙 你们说的该不是那边第三家，就是家里破破烂烂的……

双兰伯母 （定定地盯着观众，突然）尧哥！

路人乙 哎呀，谁知道，走啦走啦！（路人甲、乙抬起草席由左侧下）

路人丙 这可了不得，我得赶紧告诉他们。（匆匆由右侧下）

双兰伯母 （停顿几秒，忽然转身定定地看着他们离开的方向，猛地跑起来，却摔倒，趴在地上。挣扎着站起来，面对观众）是我！是我克死了自己的儿子！

〔双兰伯母眼神空洞地望向观众，话音落3秒后打雷声起，打雷声响起的同时双兰伯母瘫跪在舞台上，雷声持续4秒。

〔幕急落。

〔戏班子演出及观众嘈杂声与打雷声同时停。

后 记

该剧改编自林基路烈士创作于 1935 年的短篇小说《改嫁》《寿衣》，我们在研读烈士生平史料的过程中，重新发现了这两篇小说，认为小说为我们理解林基路烈士参加革命的初心提供了重要的信息。小说创作于烈士 18 岁时，在改编过程中，我们试图回到历史现场，作为烈士的同龄人也作为女性去体会小说主题中渗透着的烈士对受压迫妇女的深切同情，对麻木不仁的百姓的"怒其不争"，尽可能还原小说描绘的时空和人物；同时作为剧本创作，我们对主题关联的两篇小说进行了情节的合并处理，在再现原作精神的基础上，对情节、人物都做了原创性改写，使剧本更符合年轻作者所要灌铸的"揭出病苦引起疗救的注意"（鲁迅语）的斗争精神。

剧本中群戏的创作思路来自鲁迅先生在其小说中对"无主名无意识杀人团"的看客形象的塑造，本来同命运的村民和妇女们对于双兰伯母的凄惨遭遇冷漠、麻木、缺乏同情心，甚至将她的痛苦作为看热闹的材料，毫无同情和内省。看客形象对作品主旨具有强烈的烘托作用。我们理解，林基路烈士作为中国共产党早期杰出的活动家，将其短暂的一生数次投入到对群众进行革命性的启蒙和组织发动中，所以我们在剧中安排了两个写作重点，一是女性的受迫害不自知，二是民众受到精神毒害不自知。这两个写作重点成为结构该剧剧情的主副线，对整个戏剧氛围起到相辅相成的作用。

我们以这样的形式致敬林基路烈士，同时希望他的作品能在当代舞台上复活，希望我们的这种创作思路对于当代青年作者写作红色戏剧文化起到抛砖引玉的作用。林基路烈士以及那个时代很多革命者的文学创作理念在当今时代仍然具有榜样的力量，值得我们去研究与探寻。

《改嫁》演出剧照 1

《改嫁》演出剧照 2

演出指导建议

双兰伯母——双兰伯母所受到的打击是沉痛的，毁灭性的，但同时一定是有层次的：第一层是生活的贫苦、守寡的人生经历，以及在诸多因素的压迫下最终妥协的改嫁。第二层是寿衣。寿衣作为精神寄托的符号，是双兰伯母忍受现实灾难、幻想死后体面的唯一寄托，其作用相当于《祝福》中"门槛"对于祥林嫂的意义。对于"寿衣"的反应，她一定是夸张、敏锐、谨慎又害怕的。第三层是尧哥的死。双兰伯母的人生以尧哥为中心，却也是尧哥做了最后的"推手"，他自我人生的覆灭把双兰伯母推向了更为悲惨的境地。

尧哥——尧哥在外形上是消瘦的身材，惨白的脸色以及暗沉的眼窝；在动作上一定要浮夸，由于吸食鸦片步伐不稳当。在正常对话中尧哥是蛮横但气短的，面部表情是狡猾虚伪的。当提及"钱"时，他的贪婪应带有一点"兽性"，像猛兽获取猎物，愉悦而激动。

瑞娣——瑞娣是相对正常的。受到欺骗使她愤怒，饱受贫困使她不平，尧哥吸食鸦片后她要表现出十足的恐惧。第二场瑞娣与双兰伯母的对话中，她一开始尴尬，再到掩饰，最后恼怒，应具有明显的层次。不管是尧哥赌博还是吸食鸦片，都是有时间长度的。在这之中瑞娣也必定在痛苦和忍耐之中。她的痛苦一定是有深度、有过程的，所以她的放弃必定是撕心裂肺的。

群演——民众对于双兰伯母的凄惨遭遇是假意关心，实际上是出于无聊中的"嗜血"欲，因此这种"嗜血"欲的表现要达到令观众厌恶的程度。

二、"访惠聚"暨民族团结一家亲系列

"一家人"餐厅

阿格江·赛里克博勒① 库尔兰·努尔波力松② 夏扑海提·帕力哈提③

│ 人　物

热孜亚——当地一所高中的学生，成绩优异，被评为优秀共青团员

赛买提——热孜亚的父亲，身体状况不好，无业

米热班——热孜亚的母亲，厨艺非常好，家庭经济收入由其承担

王大爷——热心的空巢老人

何阿姨——米热班一家要好的邻居

赵　丹——新调来的党员干部，社区工作队主要负责人

阿　力——哈萨克族，大学毕业到社区工作的青年党员

---

① 阿格江·赛里克博勒，新疆大学林基路艺术剧社编剧、剧务、演员；新疆大学中国语言文学学院汉语言文学专业 2018 级本科生。

② 库尔兰·努尔波力松，新疆大学林基路艺术剧社编剧、剧务、演员；新疆大学中国语言文学学院汉语言文学专业 2018 级本科生。

③ 夏扑海提·帕力哈提，新疆大学林基路艺术剧社编剧、剧务、演员；新疆大学中国语言文学学院汉语言文学专业 2018 级本科生。

时　间　春季某个傍晚
地　点　县城的一家廉租房
布　景　房间很小，但是布置得很整齐干净，黑色长沙发上铺着一张
　　　　颜色褪去的印花布，舞台中间的茶几上铺着一张带有葡萄印
　　　　花的白色布，白布垂下来的部分刚好遮住茶几四条腿四分之
　　　　一的位置，茶几的四条腿漆面有明显的脱落。茶几中间摆放
　　　　着黄色的茶壶，表面干净得发亮，把手漆面有点脱落，茶壶
　　　　左侧有一碟自制饼干，饼干被很整齐地摆放，茶壶右侧放着
　　　　五个茶杯，最底层三个，中间两个，上面一个。
　　　　〔幕打开时，赛买提靠在家里的椅子上闭眼养神。

赛买提　米热班，你这 polo① 的味都飘到隔壁去了，（稍微抬眼看看窗
　　　　外）咱丫头怎么还没有回来啊，要不我出去看看？

米热班　（场外音）急什么急，这么大个娃娃，马上就回来了！

赛买提　（稍微提起精神）我这饿着肚子闻饭香可不好受啊……

米热班　（端着一个大碗上）你就急着吃，先把 polo 给王大爷送过去。
　　　　〔赛买提端着饭自舞台左下。

热孜亚　（自舞台左上）阿帕②，我回来了！（卖弄地）我们上次考试
　　　　的成绩出来了。

米热班　（解围裙）可算回来了，来，我看看，（低头认真地看了热孜
　　　　亚手里的卷子，抬头疼爱地看热孜亚）我们家丫头考得可真
　　　　不错。

热孜亚　（迟疑）阿帕，学校让我们买些学习材料，可是有点……贵。

米热班　（稍顿，扶着热孜亚肩膀）先不说这个，等你哒哒③回来，咱
　　　　们先吃了饭再说。
　　　　〔赛买提自舞台左上。

赛买提　（心情很好）热孜亚，你不回来你妈可是饭都不给我吃啊！

米热班　（示意茶几）这不，饭马上端上来了吗，都快来吃饭吧。

热孜亚　（有点儿撒娇地拉住赛买提胳膊）哒哒，学校让我们买些学
　　　　习材料，可是有点儿贵，要两百多块钱。

赛买提　（不以为然）怎么又要花钱啊，不是义务教育不用花钱吗？
　　　　怎么这学上得一年比一年贵！

---

① 抓饭，维吾尔语词汇。
② 妈妈，维吾尔语词汇。
③ 爸爸，维吾尔语词汇。

米热班　（对热孜亚，有点犹豫）这教材确实有点贵啊——

赛买提　（哄劝的口气）丫头，听爸的，这……咱家的情况你也很清楚啊，我这身体是越来越不如以前，（喘）这病啊够我受的，你先听我们的好不好？

米热班　（对着热孜亚露出讨好的笑容）你哒哒说得对啊，家里如果有钱，我们巴不得你上最好的学校，给你买最好的资料，（长出一口气，有点儿泄气地）你也长大了热孜亚，有些事情你也该懂了。

赛买提　（回到沙发边坐下）要不先和同学一起看一本教材，等手头有钱了，再给你买。

热孜亚　（跟过去，站在沙发一侧）阿帕，跟同学一起看一本资料，人家看完了我再看，时间会来不及啊，大部分时间还是在放学后用，我总不能把人家的教材带回家看吧。（对米热班）我们班只有学习差的同学没买，而且也不想努力，他们自己放弃自己了，难道我要和他们一样吗？（米热班赶紧摇头）

赛买提　（语气稍重）你不明白我们的意思吗，我们靠着低保过日子，那么贵的资料费，（米热班对着热孜亚频频点头，同时示意赛买提不要再说下去了）还不如把我拿出去卖了，换点钱你们娘俩踏实过日子！（对着米热班，语气转硬）

米热班　（赶到沙发另外一侧）赛买提你少在这里说风凉话！热孜亚就快高考了，（对热孜亚）我得在家照顾你给你们做饭，但是一直这样我也没法儿再靠给人家做饭挣钱了，所以……

〔三人逐渐沉默，静场三秒。

赛买提　（躺下）行了行了，不要再说了，要是（停顿一下）热孜亚还坚持要这个钱的话，（米热班与热孜亚眼里满是焦灼）我们也实在是没有办法，你……你干脆（侧转，回避母女俩的目光）就别上学了，早点儿出去找工作，赶紧找个人嫁了，家里负担也能少一点儿。

热孜亚　（难以置信，语带哭腔）哒哒，你这是什么意思，我不上学，以后我能干什么，谁来给你们养老啊？（米热班过去搂着热孜亚肩膀，热孜亚稍稍平静）如果我现在就辍学，我怎么实现理想？

赛买提　（自知没理，仍然强说）你上学还不是要花钱，这钱我没有，（挥手）理想能当饭吃吗？（长出一口气，转身背对观众）

热孜亚　（气急，往舞台前方走几步，面对观众）哒哒，你关心过我的学习吗，尊重过我的想法吗？我……（米热班追过来安慰）

赛买提　（猛然坐起来，一阵头晕，自弃地）我要是能看懂你们学的东西是什么，我早就是大官了，你反正将来就是要嫁人生孩子，这个学，（稍顿）上不上都一样。

米热班　（忍无可忍，侧转身对着赛买提）你这是要干啥，（以下台词配合不同的手部动作）是我在为这个家拼死拼活地挣钱，天天到别人家做饭，一个月就2 000块钱，全都用在家里，我这么辛苦，是因为热孜亚是我们的希望！（热孜亚感动，拉住米热班的手）嫁人嫁人，难道我的丫头将来也要像我一样？（语带哭腔）

赛买提　（大怒，站起来走到舞台另外一侧前方）好啊，你就是说我养不了家，今天你们娘俩是合起伙来气我是不是，行，行，（侧转向母女）热孜亚，你这个学（加重语气）我……不让你上了！

热孜亚　（安慰米热班，冷静地转向赛买提）哒哒，你冷静冷静好不好，你不能不让我上学，我们老师说过这……是违法的。（语调渐弱）

赛买提　（愣了一下）行啊你，什么违法不违法，我不管，我自己的丫头我想怎么着我就怎么着，难不成这家里的事情还要别人来瞎掺和！

米热班　（带着恳求的语气，边说边走至赛买提身边）赛买提，我们大半辈子已经过去了，人生不管怎么样也都不会有改变了，咱丫头在学校成绩是非常好，我们不应该阻碍她的未来，咱让她放心地学习好不好？你也不要整天待在家里无所事事，重活干不了干轻活还不行吗？你干点儿轻活儿，也算是锻炼锻炼身体嘛。

赛买提　（默然，声音转低）要干你自己干去，我才不会为了这个学校白白花钱，（心虚）那就是个坑钱的地方，交了那么多钱，到头来还照样找不到工作，有什么用？丫头上了大学谁来养活，（摊开手数数）吃的穿的住的这些都需要钱的啊。

热孜亚　（在赛买提说话时慢慢平静下来，耐心地）哒哒，我上大学后，可以不用你们给我钱，我自己……

米热班	（打断）热孜亚，你少说话，（语气转缓，带着恳求）别气你哒哒了。
赛买提	（伤心）哎，这丫头大了，就是不好管，话也当耳旁风了。
热孜亚	（委屈，对米热班）我……
米热班	（小声恳求）好了，热孜亚，先别说了，（带着哄孩子的语气）赛买提，咱走一步看一步，现在国家给我们的政策这么好，丫头上大学肯定也会有很多补助的啊，你看楼上那家孩子就……
赛买提	（不想听下去，打断）我倒是还没有感受过什么好的政策呢，国家这么有钱，还不如给上个三四万元，这个啊，就算是对我们最大的帮助了。（又回到沙发边躺下）
热孜亚	（大声）老师说，国家有钱，但是扶贫不扶（声音变低）懒。（看着赛买提盯着她，不忍）
米热班	（撇嘴）哎，你真的是糊涂啊，你现在住的这个廉租房是你自己花钱买下来的吗？
赛买提	（泄气，理不直气不壮）你这是什么话，我又不是没有交房租。
米热班	（下决心地）算了，跟你说话，真的是太费劲了，不管怎么样，热孜亚的学一定得上！
赛买提	（不理睬母女）要上你自己想办法，我反正也挣不了几个钱。
米热班	（拉热孜亚的手）哎，好了，热孜亚，不要难过，你放心，你学校的事情我去跟你老师商量商量！
热孜亚	阿帕！（抱住米热班）
米热班	（心疼）你不能因为家里的这些事情影响学习，你在学校的表现我也是听说了，（给热孜亚理了理头发）你们老师说你最近状态不太好，你调整好自己，把心思放到学习上。
热孜亚	（感动，语带哽咽）我知道，但是有时候我也想怎么能帮您分担一些……
米热班	孩子，你不用承担任何东西，只需要对自己负责，那才是你的生活。
热孜亚	（重重点头）
赛买提	（对米热班）你就知道惯着她！（对热孜亚）你高中毕业就嫁人，那就是替我们承担了！
热孜亚　米热班	不行！

〔敲门声，何阿姨，赵丹，阿力上。

何阿姨　米热班，米热班。

米热班　（擦擦眼睛）何姐，你怎么来了，这些人是谁呀？先进来吧，我给你们倒杯茶。

何阿姨　（把米热班拉到一侧，低声）米热班，我刚才从外面回来，听到你们家在吵架，还是因为热孜亚上学的事情，说什么不让孩子上学。我就把社区的负责人请了过来，（转向另外二人）这位是新调过来的党员干部赵丹，是工作队的主要负责人。

赵　丹　大姐，您好！

米热班　（有点儿尴尬）你好你好。

何阿姨　这位是刚毕业的大学生，也是我们社区工作队的党员干部。

阿　力　（活泼、自来熟）您好姐姐，我叫阿力。

米热班　你好，（对何阿姨）这小伙子年轻帅气啊。

阿　力　（得意）谢谢姐姐。

赛买提　（感觉被冷淡了，拖长声），谁啊——这都是。（慢慢坐起）

阿　力　（热情洋溢走过去）大哥您好，我们是社区工作队的负责人，我是……

赛买提　（打断阿力）干啥来了？

米热班　赛买提，你干什么，（对三人）你们不要理他！（把赛买提拉起来推开，请三人坐下，赛买提走开）

热孜亚　何阿姨好，哥哥姐姐好。（略带哭腔）

赵　丹　（把热孜亚拉到自己身边）大姐，您给我们讲一讲你们家现在的状况吧，（对赛买提）我们也是刚来，对好多家庭不是很了解，顺便借此机会了解了解，对我们以后的工作也是很有帮助的。

赛买提　（准备走向舞台另一侧）你们娘俩说吧，我反正是个一点儿用没有只会花钱的病人。

米热班　（更加尴尬）你在这儿偏什么呢，你们不要听他胡说，我们家里是有些困难，但是我们会想办法渡过难关的。

阿　力　姐姐，有什么困难您尽管说出来，我们会想办法帮你们解决的。（走到赛买提身边）这是我们的工作，也是我们的责任啊！（赛买提看看他，走开几步）

赵　丹　是啊，姐姐，我们社区干部就是来解决问题的。

何阿姨　（大嗓门）赛买提，人家可是听了你们家有困难，一会儿都没耽搁，直奔你们家来的。（赛买提瞥了一眼，转过去不看）
〔米热班邀请他们坐下，热孜亚端上茶来，并且端上了一碟自制饼干，做出邀请的姿势，众人吃饼干喝茶。其间阿力和赵丹分别以不同的方式表演被饼干吸引注意力，阿力活泼，赵丹矜持，但都非常明显。

米热班　我们家赛买提前些年得了病，我们辛辛苦苦攒下来让丫头上学的钱都砸到医院里了，现在他也没有收入，也干不了什么活儿，只能吃低保。我一个月忙死忙活只能挣两千块钱，用在家里吃喝上都有些紧张，倒是丫头的学习很认真，经常拿到全班第一，今天丫头的学校让买什么复习资料，（悲伤）我们都不知道该去哪里找这个钱出来。

阿　力　没有加入新农合吗？（米热班看着赛买提，带着埋怨的表情摇摇头）哎呀，为啥不加入啊，如果加入了，那就不会因病致贫了，大姐，这个因病致贫啊，它……（赵丹拍拍他的肩膀，示意他喝茶，他领悟）

赛买提　（在众人的另外一端独自歪坐着，即舞台上众人在一侧，他一个人在另外一侧）考第一有什么用，能来钱吗？还不如早点儿出去工作，早点儿嫁人，省了张吃饭的嘴，孩子自己也少受些罪。（有气无力）

赵　丹　（看阿力已经准备反驳，示意他不要说话，阿力暗瞪了赛买提一眼，赵丹语气尽量和缓）赛买提大哥，话不能这么说，孩子上高中是国家的义务教育，上大学才有个人前途，您强行让您的孩子出来打工挣钱，她没有技能挣不上钱啊！她这么小去嫁人是不合法的。

赛买提　（转向舞台台口，不耐烦地）我就知道上学什么用都没有，天天除了花钱还是花钱，她马上就十八岁了，嫁人有什么不合法的？

米热班　（有点儿声嘶力竭）你能不能少说两句，你一辈子都没什么文化，你还要害了你的孩子吗？

何阿姨　（大声）赛买提，你家姑娘学习好，有望考个好大学，你还要断了你们家这份希望吗？

阿　力　（对米热班）姐姐，这资料是个小问题，我们社区干部能帮您拿出这个钱来，复习资料很重要，而且热孜亚的学习还那

么好，资料就更得买了，再好好学习考上个好大学，那多
好啊。

赵　丹　是啊，再亏不能亏孩子啊，不能让孩子在学习的路上因为钱
而绊倒。大姐您放心，没有跨不过去的坎！

赛买提　（自尊心受伤）我不要你们的钱！热孜亚也快成年了，不需
要继续上学花钱了！

阿　力　（愤然立起）大哥您这是不讲道理啊！
〔米热班指责赛买提，赛买提对阿力吼，何阿姨劝说米热班，
热孜亚擦眼泪，赵丹劝说热孜亚。

王大爷　（好奇，手里端着空碗）你们家里头咋回事儿啊？整个楼里
都能听到你们的声音，出了什么事儿啊？（赛买提上来接过
碗，再扶着王大爷走到舞台中间）

何阿姨　王大爷，你可得来评评理，赛买提非不让他的孩子上学啊。

赵　丹　来，热孜亚，你好好念书，其他事不用你操心，这个复习资
料姐姐给你买。

赛买提　（对王大爷诉说，明显语气好了很多）我自己的丫头我自己
养，我们家丫头要花的钱怎么能让外人拿，不行，没条件上
这个学咱就不上了，出去打工早早嫁人就行了。（对其他人）
你们都回去吧，这是我们家自己的事儿，外人不要管！

王大爷　（像批评自己的孩子）赛买提你真是个糊涂蛋，你家丫头要的
钱你拿不出来，别人帮你解决困难，你还在这里扯东扯西，现
在都是什么时代了，你家孩子不上学，再走你们夫妻的老路，
怎么才能脱贫致富，过上宽裕的日子，你的女儿就这么嫁人
了，以后有了孩子还要这样穷一辈子吗？（赛买提默然）

阿　力　（真诚自然地）大哥，我们不是外人，我们是共产党员，是
家人。（赛买提看着他，被触动）

赵　丹　（对王大爷）大爷您先不要激动，问题是可以解决的嘛。（对
赛买提，耐心地）赛买提大哥，热孜亚的学是必须要上的，
钱只是一时的问题，这文化水平（对米热班）可是一辈子
的事。

米热班　是啊，我没有文化，做不了其他工作，一天到晚累死累活地
去给别人做饭、打扫卫生，有时候还照顾不上他们父女俩，
日子过得是一天比一天难啊。

赵　丹　大姐，您给别人做饭挣钱吗？（发现问题的突破口，看阿力，

　　　　　　　阿力点头表示明白）

米热班　是啊，我给两户人家做饭，一天两顿饭，一个月一共才两千
　　　　　块钱，热孜亚现在上了高中，学习更紧张了，我还得做家里
　　　　　的饭，经常来不及给自家孩子做饭，到热孜亚快考试的时
　　　　　候，我这份工作怕是也做不下去了。（绝望捂脸）

何阿姨　我之前还劝说米热班开个饭馆，结果，钱也凑不够，米热班
　　　　　给别家做饭也不能说不干就不干了，这事儿就不了了之了。

阿　力　（兴奋起来）开个饭馆啊，这确实是个办法。这周围有好多
　　　　　老人孩子都可以在饭馆吃饭，生意肯定差不了。

赵　丹　（边想边说）如果真的开了个饭馆，那厨师和（看何阿姨，
　　　　　何阿姨热心点头，看赛买提，赛买提不明所以）服务员的问
　　　　　题不都解决了吗，赛买提大哥干不了重活，端端盘子还是可
　　　　　以的啊。热孜亚也可以直接来这里吃饭。

何阿姨　可是，这钱确实是个问题，而且还得有个门面房。

阿　力　钱，我们向领导汇报一下，看看能不能申请一个小项目。
　　　　　（看赵丹，赵丹点头）重要的是得在附近找个门面房啊。
　　　　　（苦恼）
　　　　　〔静场，大家面面相觑。

王大爷　门面儿我有啊，（对赵丹）前阵子租我门面儿卖凉皮的老马
　　　　　回老家去了，店就一直放着，桌椅和厨房都是有的，（对阿
　　　　　力）再稍微装修一下就行了。

赵　丹　（高兴）大爷，您可真是咱的救星啊，这房租怎么算啊？

王大爷　什么钱不钱租不租的，咱这邻里十几年，我一个人住，米热
　　　　　班经常给我这个老头子送饭啊，赛买提也经常过来看看我，
　　　　　他们自家困难的时候也从来没有给我开过口。生意有起色了
　　　　　再开始商量租金也不迟，这门面儿闲着也是闲着，再说了，
　　　　　我还能在饭馆里吃吃饭，何乐而不为啊。

米热班　（激动地哭泣）你们真是比亲人还亲啊，要是没你们帮我们
　　　　　家，孩子的学都上不成了，真是太谢谢你们了！
　　　　　〔社区干部与何阿姨、王大爷聊着天下台。

赛买提　（似乎刚刚想明白）米热班，他们说的这事儿是真是假，谁
　　　　　会无缘无故掏钱给你开饭馆啊，反正我觉得不靠谱。

米热班　（自信地）那你就等着看吧，反正我相信他们。孩子，走，
　　　　　晚饭都凉了！

〔搂着热孜亚自舞台右侧下，赛买提犹豫了一下，跟下。

〔暗幕。

第二场

时　间　十天后的傍晚

地　点　布景同第一场

阿　力　（由舞台左侧跑上，做敲门动作，赵丹笑着跟上）米热班大姐，快开门，我给你带了好消息！（激动）

米热班　（由右侧急上）来了来了，什么事啊急成这样。（邀请赵丹、阿力进屋）

赵　丹　（给米热班看项目批准书）米热班大姐，我们上次申报的饭馆装修钱批下来了。咱这饭馆能开起来了。

米热班　（喜极而泣，对右侧喊）赛买提，你快过来，咱们的日子有希望了。

赛买提　（由右侧上）什么希望啊，天上掉钱了吗？（走上前站定）

阿　力　（一点也没受影响，照样兴高采烈）不是掉钱，是我们批下来开饭馆的钱了！

赛买提　（怀疑地接过项目书）你们真免费给我们家开个饭馆吗？（看着项目书，惊讶）

赵　丹　（笑）不是给你们家开，我们联系了其余六户家庭情况不太好的人家一起开这个饭馆，这样大家的生活也都有了保障。

赛买提　（仍然怀疑）这么多人能分几个钱啊，不会还没我老婆给别人做饭挣的钱多吧。

米热班　你有手有脚的天天让我挣钱养你，开了饭馆事儿可多呢，你也得去帮忙，咱们每个人少分点，我们都去干活，肯定能挣够过日子的钱。

赵　丹　我们社区干部的饭已经打算包给你们餐厅，周围学生也多，大家上下班也来不及做饭，饭馆的生意差不了，您就放心吧。（对着赛买提，语气和蔼）

〔赛买提尴尬地转过头。

阿　力　（继续开心）米热班大姐，您给咱这餐厅起个名字吧，咱大伙儿商量商量。

米热班　（点头，不满地对赛买提）看到没，赛买提，我有时候真怀疑咱们是不是一家人！

赛买提　行行行，我信还不行吗？我先去把王大爷叫来，商量商量这饭馆的名字。

〔赛买提由舞台左侧下。

赵　丹　大姐，热孜亚的学习怎么样啊？

米热班　小赵啊，你给她买了教材后，她这学习是一天比一天用功啊，唉，我们这做父母的连孩子的书都买不起，真是委屈了孩子。

阿　力　姐姐，您可别这么说，谁家都有本难念的经，一时的困难总会被解决的，这饭馆一开起来，经济收入也稳定了，日子一定会好起来的。

〔赛买提扶着王大爷进屋。

王大爷　你们还要我这老头子帮忙起名字，我这辈子也就只给我儿子起过名字，可真是难为我啊。

米热班　来来，王大爷，咱们大家一起商量着起名字。

赵　丹　王大爷，多亏了您的门面房啊，不然我们这项工作和米热班大姐一家的日子都成了问题啊。

王大爷　你这么说话我就不乐意了。米热班和赛买提可是像照顾亲人一样照顾我啊，他们家的事就是我的事，他们家日子过不下去，我这心里也难受啊。

赵　丹　（对阿力）到底说是远亲不如近邻啊。

赛买提　（有精神头儿）大爷，我这以后也得去饭馆帮忙了，您老人家得多费点脚步去饭馆里吃饭了。

热孜亚　（由舞台左侧上）哒哒、阿帕我回来啦！（看到屋内众人，站定）爷爷好，哥哥姐姐好。

赛买提　丫头你来得正好，我们正商量给饭馆取个名字呢，你也来想想。

米热班　都别站着了，都快坐下喝碗奶茶，名字肯定能想出来，咱这一大家子人呢。

〔大家围坐，米热班端上点心，招呼大家喝茶，热孜亚感动地看着这一切。

热孜亚　（面向众人）要不就叫一家人餐厅吧，这些天来，（对赵丹、阿力、王大爷）大家都帮了我们家不少忙，我们就像一个大家庭一样互帮互助。不只我们这一家三口是一家人，而且每

一位奉献一己之力的人、社区干部，我们都是一家人。（展露笑容）

王大爷 这名字好啊，我们就是一家人开起来的饭馆啊。（欣慰）

众 人 不错、可以。

阿 力 这些天赵丹姐带着我东跑西跑，碰到了不少麻烦事儿呢，还是赵丹姐聪明，又联系了其他几户经济状况不太好的人家一起开这个饭馆，这项目就这么顺利立项了。

赵 丹 这些都不是事儿，热孜亚你以后可得好好学习，你可是你们家的希望啊，只有好好学习才有追求梦想的资本。

热孜亚 （对观众）国家给了我们这么多帮助，我一定要考上一所好大学，我要加入中国共产党，像姐姐哥哥一样把希望带给更多的家庭，让每一个孩子都不会失去读书的机会。

赛买提 丫头啊，之前是哒哒糊涂（惭愧地说道），现在日子有了希望，你就安心读书，其他的事我们来做。（语气坚定地）

阿 力 （急性子，搓手）那我们下午就开始搞餐厅的装修吧！

众 人 好！

〔暗场，幕落。

《一家人餐厅》演出剧照

演出指导建议

　　《"一家人"餐厅》这部剧反映了父母与热孜亚之间的矛盾及父母之间的矛盾因为学校的资料费而不断被激化，父亲赛买提无法为家里的经济担负起责任，也无法为女儿上学提供很好的保障而自卑，甚至把自卑表现成愤怒。在一家人无法解决这件事情的时候，正好社区工作人员和王大爷提出对策，为这一家人及像这一家人一样为生计而烦恼的家庭提供了经济保障。

　　在具体演出中，第一段，父亲赛买提的戏份中动作表演多，大部分台词戏份需要动作来烘托感情，台词中情绪的转变较大，从开始的期待着自己的女儿回家到因自己无能为力而愤怒，再到最后一家人的生活开始有了好转而兴奋。热孜亚跟米热班的台词戏份较多，动作戏份需与父亲赛买提相对应，从最初的害怕、担心一步步到之后的无法忍受、开始抱怨，结合着人物的神情、动作、说话的力度和情感展现出来。工作队角色的戏份以台词戏份为主，动作少且比较犹豫，动作需要相对平稳且符合角色设定。

首演演职员表

编　剧：阿格江·赛里克博勒、库尔兰·努尔波力松、夏扑海提·帕
　　　　力哈提
导　演：阿格江·赛里克博勒、库尔兰·努尔波力松
演　员：嘉娜·那乃　　　　　　　　饰　热孜亚
　　　　古丽孜帕热·阿不都热西提　饰　米热班
　　　　陆云泽　　　　　　　　　　饰　赛买提
　　　　张广宇　　　　　　　　　　饰　赵丹
　　　　陈哲　　　　　　　　　　　饰　王大爷
　　　　库尔兰·努尔波力松　　　　饰　阿力
　　　　于亦潇　　　　　　　　　　饰　何阿姨
场　记：武雪
舞台音效：林晓栋

服装道具：孙伟光

化　妆：古丽孜帕热·阿布都热西提、胡婕、柳逸、赞丹其木格

剧本审阅：单宏军、邹赞

监　制：顾光海、范镇

剧本指导教师：安凌

演出指导教师：何菲菲、杨华（石河子大学，特邀）、陈鑫

萨塔尔

王云鹤[①]

[本剧根据真实事件改编]

| 人　物

萨塔尔——村民，七十八岁，男，维吾尔族

郭　志——驻村工作队员，二十四岁，男，汉族

阿迪力——萨塔尔之子，五十一岁，男，维吾尔族

何组长——驻村工作队组长，四十五岁，男，汉族

艾力江——村党支部书记，三十五岁，男，维吾尔族

吐尔洪——前任村党支部书记，六十二岁，男，维吾尔族

年轻干部甲——村干部，二十七岁，男，维吾尔族

年轻干部乙——村干部，三十岁，男，维吾尔族

年轻干部丙——村干部，二十九岁，男，维吾尔族

年轻干部丁——村干部，三十二岁，男，维吾尔族

① 王云鹤，新疆大学林基路艺术剧社编剧、剧务、演员；新疆大学中国语言文学学院汉语言文学专业2017级本科生。

第一场

时　间	夏季某天
地　点	村委会会议室
布　景	房间比较宽敞，背景是墙，上面有两个窗户，舞台靠后侧摆着一些课桌椅，正对着观众，比较乱。

〔舞台上有两个二十几岁的年轻小伙子，包括郭志在内，两人忙忙碌碌地在摆放课桌椅，郭志穿着灰色的工作服。萨塔尔背着手从舞台左侧上台，七八十岁，非常精神，穿着朴素整齐，戴着花帽，一边四处看看，一边向舞台中间走，进了门走到舞台左三分之一处。舞台左前方是房间门口。

郭　志　哎，萨塔尔爷爷，您这升完国旗还没回去呢？（放下手里的活走到萨塔尔身边）

萨塔尔　哎呀，我嘛，我就看一看。（普通话标准，情绪有些不自在）

郭　志　（热情）您还没进来过咱们新建好的村委会吧？（扶着萨塔尔走到舞台中间）这两天收拾好了，就要给大家开夜校，建活动室，（指向窗外）还有这后面要建个小花园呢，您以后可以来这散步。

萨塔尔　这好得很，太好了这个，自从你们驻村工作队来了以后嘛，不说别的，就这村里的气氛都不一样了，搞了这么多的活动，每天都热闹得很！

郭　志　（不好意思，挠头）您别夸我们了，这都是我们应该的，大伙能认同我们的工作，我们很开心。

〔年轻干部甲把桌椅摆放整齐后，走到门口，招呼郭志。

郭　志　（看向年轻干部甲）好……（话音未落）

萨塔尔　（打断）哎，（找话题）你们这是在布置啥东西呢，要这么多桌子、椅子的？

郭　志　这是打算布置成会议室，以后村里开会、上党课都在这里，咱们这新一批的村委班子和村民们有好多年轻人都积极入党呢。还有我，我也要入党。（不好意思）

萨塔尔　都是年轻人啊？（失望，看见郭志看向他又掩饰语气）入党好啊，入党好，年轻人有这个思想觉悟好得很。

〔年轻干部甲搬着椅子上台，把椅子放在萨塔尔身后一米处，和舞台后面的桌椅连成一片。

郭　志　（看见年轻干部甲，准备帮忙）好了，萨塔尔爷爷，我先不和您说了，我过去帮忙了。

萨塔尔　（赶紧拦住）哎，别走，别走。（着急）

郭　志　萨塔尔爷爷，您要是有事就说吧！

萨塔尔　就是，就是……（犹豫）

郭　志　怎么了？（担心，扶着萨塔尔的胳膊）您这吞吞吐吐的，可急死我了。

萨塔尔　就是……你们要是上党课能把我带上一下吗？我也想上党课！

郭　志　（有些好笑）爷爷，您这是也想入党？

萨塔尔　（着急否认，强调）没有，没有！老头子我四十多年前嘛，就入党了。

郭　志　您这么厉害呀！

萨塔尔　那可是，当年我可是在部队入党的……（自豪）

郭　志　是吗，您还当过兵！（惊讶）

萨塔尔　是啊，（开心地笑了笑，然后想起）那我这个情况能跟着你们一起上党课吗？

郭　志　（为难）这，这党课还早呢，而且这次是准备培养村里的年轻人的，（看着萨塔尔脸色变得不好看，赶紧安抚）您都入党这么多年了，您的思想境界比我们高多了，您不用。

萨塔尔　你这小伙子怎么说了也不听呢，（气恼）这年纪大了的就不能上了嘛？我们村开党课，我这还不能上了呀！

郭　志　哎呀，不是，不是，我可没这个意思。（着急解释）您，这不是考虑到……（斟酌语气小心翼翼地安慰）这党课学习任务重，您太辛苦了嘛。

年轻干部甲　（看到情况到萨塔尔身边来）是呀，是呀，您要是想参与这些个嘛，等我们党日活动的时候一定叫上您，那个有趣。

萨塔尔　（生气要赖）行了，行了，（摆手）这个事情找你们说没用，我找你们书记去！（向门口走去）

〔郭志和年轻干部甲把萨塔尔拉了回来。

郭　志　哎哎哎，书记他们这会儿开工作例会呢，您先别着急。

〔萨塔尔长长地叹口气，后退坐到了后面的椅子上，弯着腰，

〔郭志和年轻干部甲想扶，却被萨塔尔摆手拒绝。

萨塔尔 我知道人老了，干啥啥都不行，参加升旗仪式你们都要给我摆把椅子，老了，老了，人家都嫌我麻烦。（难过低落的语气比较夸张）

年轻干部甲 哎，您怎么这样子想呢，（安慰）我要八十岁了还像您一样精神……

〔萨塔尔抬头看看年轻干部甲，脸色很不好，郭志用胳膊肘戳了他一下，给年轻干部甲使眼色。

郭　志 （赶忙补充）啊，他的意思就是，我们都很尊敬您！（看萨塔尔脸色还不好）那您在这坐会儿，我们去帮您找书记，看看他开完会了没。（安慰）

萨塔尔 那我这个老头子就在这个地方等你们！（固执）

〔郭志拉着年轻干部甲从左侧下场，萨塔尔看见他们出去，站起来，向前走几步，完全不见情绪低落，动作灵活。

萨塔尔 （气恼）喊，你才八十岁了呢！（对着左边年轻干部甲下场方向）

〔手机铃声响，萨塔尔接通电话。萨塔尔的儿子阿迪力从左侧上台，拿着一根拐杖，拎着一个塑料袋，站在门口外张望，手里拿着手机。

萨塔尔 （接电话）喂，这么长时间了，这个路程你都能来一遍再回去一遍了，你怎么还不到啊？

阿迪力 （打电话）我在村委会门口了，没看见您啊？

萨塔尔 （向左走了两步，又想起来站住）你进来吧，我在一楼会议室呢，你进来以后就能看见我了。（挂了电话）

〔阿迪力进门，萨塔尔看到他赶紧走了过去。

萨塔尔 （着急）东西你给我带来了没有！

阿迪力 （赶紧把盒子从袋子里拿出来递给萨塔尔）带了带了，爸，您一天拐杖也不拿，（把拐杖递给萨塔尔，萨塔尔拒绝）这升完旗了也不回去，一个人在这溜达啥啊，（见萨塔尔不回答，停顿）爸，您这会儿要这个东西干啥？

萨塔尔 （小心翼翼地把盒子捧在怀里）你就拿这个破袋子给我拎过来，万一磕了碰了再给我丢了！嘱咐你点啥事你都办不好。

阿迪力 爸，这里面到底是啥东西？看您宝贵的。（好奇）

萨塔尔 （摆手赶阿迪力）行了，行了，你回去吧，我还有事呢。

阿迪力　（停顿一下，犹豫）爸，您一天也别到处跑了，您这每周一大早跑到村委会来就为升个旗，您说您这都八十了，一把年纪，这身体受得了吗？我妈在家可担心了！（劝说）

萨塔尔　什么叫八十了，我还没到八十呢，升国旗怎么了，升国旗这么重要的事我当然要来，你们这个思想觉悟真的是……啧啧啧。

阿迪力　爸，这不是思想觉悟的事，这是担心您身体……

萨塔尔　行了，行了，啰里啰唆的，我不要你担心，你快走。（不耐烦）

〔郭志和驻村工作队何组长从左侧上台。何组长穿着和郭志一样的灰色工作服。

郭　志　（进门后招呼）萨塔尔爷爷？我把我们组长给您带过来了！（看到阿迪力也在）阿迪力大叔也在啊。

萨塔尔　（走到阿迪力左边）哎，小伙子你来了！何组长好！你好！你好！

〔阿迪力笑着和两人打招呼，何组长和萨塔尔、阿迪力握手。

何组长　您好！您好！（热情）我听郭志说您是想申请上党课？

萨塔尔　（看了儿子一眼）哎，是啊，咱村开党课班，我想参加嘛。（郑重）

阿迪力　爸！（着急）

〔萨塔尔眼神警告阿迪力。

何组长　（看了看萨塔尔和阿迪力，想了一会儿）萨塔尔大叔，您要是这么想参加，这样吧，等我们开党课、开夜校了，我哪天请您过来给他们讲讲课，传授一些经验，怎么样？

萨塔尔　我哪能教啥课呀！（摆手拒绝）

郭　志　您别谦虚，我们都很想知道您当年当兵的经历呢！

萨塔尔　不行，不行，这个我教不了，我嘛就是想来上党课的！何组长，反正就多我一人也没事，（急切期待）我……我可以自备桌椅。

〔阿迪力一直担忧地看着父亲。

何组长　不是这些小问题，您看，这一批上课的都是些年轻人，到时候课程任务很重的，而且这党课不是，（停顿犹豫一下）您这……（劝慰）

萨塔尔　（打断）年轻人咋样子学，我也咋样子学，您放心我一定非常严格地要求自己！

阿迪力 （着急担心）爸！您让我们省点儿心吧！（激动）您这八十岁，（停顿）七十八岁的人了，我知道您这一辈子都念叨着党和军队，但身体吃不消啊，家里离村委会不近，您这每周一早上跑一次，都要有人偷偷跟着您，实在忙得离不开了，都担心得不行。何况这党课，爸，您这个年纪回村里不就是为了享享清福吗？

萨塔尔 我不是不让你们跟着吗！（愧疚失落）我身体好得很呢，你看我都不用拄拐棍。年轻的时候在城里忙，现在年纪大回村了，正好村里有这样的机会，我才可以来参加活动……

〔何组长拍拍老人的肩，安慰。

阿迪力 爸，我知道，我们都知道，但我们担心啊，（担忧）您这去年刚摔了一跤，住了好久的院，都吓死我们了，这才恢复了多久，可不能让您一个人在外面跑，我们害怕啊……（难过得说不下去）

〔郭志走到阿迪力身边拍拍阿迪力的肩，萨塔尔低下头不说话，叹了口气。

萨塔尔 唉，（沉重）我都到这个年纪了，总要把该做的事做完啊，孩子。

〔前任村党支部书记吐尔洪和现任村党支部书记艾力江从左侧上台走到舞台左前侧。吐尔洪，戴着小花帽，穿着黑马甲，艾力江穿着简单的短袖长裤。

艾力江 吐尔洪书记，走，我们现在去看看会议室布置得怎么样了，何组长正好也在那呢！

吐尔洪 这以后啊，就不要再叫我书记了，现在我们村的书记是你呀。（开玩笑的语气）

艾力江 哎，我习惯了嘛！（笑）

〔两人从左侧门口进。

艾力江 何组长！（大声招呼）我和吐尔洪（停顿）大叔来找您了。

吐尔洪 何组长好，哎，萨塔尔大叔、阿迪力你们也在这，咋样啊最近？

〔吐尔洪和每个人挨个握手打招呼。萨塔尔在看到吐尔洪后，躲闪不自在。

何组长 您参观得怎么样？新村委会建得不错吧！

吐尔洪 好得很了。（感叹）萨塔尔大叔您这也是来看新村委会的？（面带笑意打招呼）

萨塔尔 是，是呢。（笑容尴尬勉强）

阿迪力 吐尔洪书记，您快劝劝我爸，他这么大年纪了，身体也没恢复多久，一听说要给村里年轻人开党课，非要来上，我们劝都劝不住。

〔萨塔尔着急地瞪了阿迪力一眼。

吐尔洪 （疑惑地看看萨塔尔）上党课？萨塔尔大叔（思考一会儿，试探的语气）您是想重新入党？

郭 志 （惊讶）重新入党？萨塔尔爷爷不是几十年的党员了吗？

吐尔洪 （犹豫疑惑）早些年萨塔尔大叔不在村里，党组织关系也没转出去，在村里几年没交党费也没参加党组织生活，就自行脱党了。

萨塔尔 （犹豫挣扎一会儿，下定决心）我就是想重新入党！（停顿，语气失落）早些年，为了生计去内地打工，到处奔波的，组织关系也没转出去，好几年都没能回来，这个党费也没能及时交上，就自动脱离了党籍。这件事在我心里头惦记了好多年了。（难过）我今天早上听说这村里又开始培养新党员了，我就想能不能借这次机会让我重新入党。

吐尔洪 唉，您这是何必。

阿迪力 是呀，爸，您这也都好几十年了，咋现在又想起来了！

萨塔尔 其实这件事在我心里存了很久了，到现在也放不下啊。（犹豫挣扎）这些年我一直不敢让大家知道，我觉得丢人得很啊，别人知道了还以为我犯了什么错误才没了党员这个身份，所以我谁都没给讲，也不敢说，就悄悄瞒着。但是年前我摔了一跤，我就想，不行，我要重新入党，（坚定的语气，并叹息）再耽误的话我就怕我来不及了。我是被党培养，受党教育的一名退伍军人，这是我一辈子最光荣的事情，我不能丢了它。（坚定）

阿迪力 爸，您这说的是什么话！（难过）

萨塔尔 （内疚）小伙子，对不起，我对你说了谎话，我害怕你们不要我这个年纪的，我就想着先上上这党课，再一步步来。

何组长 这是哪的话，（和郭志对视一眼）我们都很敬佩您！

〔大家都很感动。萨塔尔打开一直抱在怀里的盒子，拿出一

个党员证，一个比较厚的信封和一份厚厚的申请书，然后把
盒子递给阿迪力。

萨塔尔　这党员证我一直留着，之前脱离了党籍我都不敢把它拿出
来，只能自己偷偷地看一下。还有，这是我写的入党申请
书，这些年的党费我都准备着呢，何组长，书记，你们都来
看看，这能不能批准我入党啊？（期盼急切）
〔场上一片沉默，吐尔洪摇头。

艾力江　何组长您看，有没有什么办法……

何组长　（思考了一会儿）我们要打个报告，去向县、市上的党委反
映，（思考）您这种情况特殊，我们要仔细了解一下情况，
递交上级党委重新审核考查……如果上面审核批准了，咱们
才能重新走入党程序，这很复杂的。

萨塔尔　（握住何组长的手）复杂不要紧，只要能……（激动）谢谢
您，太谢谢你们了！

阿迪力　（沉默一会儿）何组长，我爸这毕竟也……

何组长　（从后面拍了拍阿迪力的肩膀）如果上面批准了的话，这些
都是可以调整的。

萨塔尔　太感谢您了，何组长。（双手把入党申请书郑重地递给何组
长）那今天我再提交一次入党申请书，希望能再次加入中国
共产党。无论组织是否批准，我的心永远跟着党走！

何组长　（犹豫了一下接了过来）那我先替您拿着。
〔暗场。

第二场

时　间　6月30日下午上完党课后

地　点　村委会会议室

布　景　与第一场一致，但桌椅已摆放整齐。
〔郭志坐在舞台中间的椅子上，收拾包，萨塔尔背着包站在
他旁边等，还有四个年轻干部三三两两地聚在一起聊天，年
轻干部甲站着，年轻干部乙坐着，年轻干部丙和丁在收拾笔
记和包。

郭　志　萨塔尔爷爷您坐着等一下我，我马上就收拾好了。

萨塔尔　不着急，不着急，我走回去也行，这些日子真的麻烦你了，
每次上党课都要你接送我。

郭　志　不麻烦，我答应了何组长和阿迪力大叔，一定要把您送到家里，骑电瓶车很方便的。（说着站起来，把包背上，把一个笔记本递给萨塔尔）您笔记记得可真详细，字也写得这么好看！

年轻干部甲　（走到郭志身边）哎，是呀，您这些日子上党课学习这么认真，我们大家都以您为榜样，半点儿都不敢偷懒了。（笑）

年轻干部乙　萨塔尔爷爷党课成绩比我们都要高，普通话比我还标准呢，这么长时间还一直帮我们纠正语调。（站起来走到课桌前）萨塔尔爷爷，我爸让我请您去家里吃饭，谢谢您！

萨塔尔　不用，不用，这是应该的嘛。（笑呵呵的）

郭　志　那你们还不知道，爷爷还是我们工作队的好帮手，他有个小本子，上面总结了党和政府在农村的多项惠民政策，都是帮助村民们脱贫致富的"干货"！前两天咱村的夜校开起来了，爷爷还拿着笔记去做宣讲呢，可受欢迎了！

年轻干部丙　可不是，我爸爸回家跟我夸呢，说萨塔尔爷爷有文化，要我好好跟着您学！

萨塔尔　哎，这些都是平时读报纸看新闻记下来的，老了记性不好，记下来给大家出出主意，也算宣传宣传咱们党和国家的好政策嘛！反正我是闲不住的。

年轻干部乙　萨塔尔爷爷一直这样爱学习还是个热心肠。前些年经常去村里的小学送书送文具。

萨塔尔　这有什么好拿出来说的，去看孩子们总要带点礼物嘛！（不好意思）

　　　　〔大家夸奖萨塔尔，萨塔尔笑得很开心，萨塔尔把笔记放在包里，把包背在身上。艾力江拿着一个文件夹从左侧上台。

年轻干部甲　（看到艾力江）艾力江书记，您咋来了，明天可就是入党仪式，您的主持稿背好了吗？（开玩笑起哄）

年轻干部乙　是呀，别像上回一样磕磕绊绊的，还要何组长给您解围！（开玩笑）

　　　　〔其余人也起哄笑闹腾。

艾力江　（有些羞恼）行了，行了，有本事你们也主持一下子嘛，当着全村那么多人，我看你们腿软不软！（看到萨塔尔）萨塔尔大叔，还没回去呢，您可太辛苦了！（握手打招呼）

萨塔尔　和大家说笑呢嘛，怎么样，稿子背好了？（开玩笑）

艾力江　您怎么也这样！

〔大家一阵哄笑。

艾力江　（不好意思）我这不是害怕明天出岔子，这会儿来彩排一下子嘛！正好，大家都先别走了。

年轻干部甲　艾力江书记，您说吧我们听着。（随意）

艾力江　（招手）大家都到前面来，咱们认真来一遍。

年轻干部乙　这都下课了，人走得也差不多了，就剩咱们几个，您算了吧。（不在意）

艾力江　几个人也行，大家到前面来配合我一下嘛！（走到舞台左前侧）

萨塔尔　大家都来彩排一遍吧，明天就要入党了，我真是期待得很！（感叹）

〔萨塔尔和郭志站到了舞台前侧，其余人松松散散地站到了萨塔尔和郭志身后，大家都面向艾力江。

艾力江　（打开文件夹，站得笔直）嗯，开始了（声音颤抖）……

年轻干部丁　您不要抖啊！（笑着）

艾力江　（尽量平静）今天在七一建党节之际，我们在这里隆重集会，为我村新发展的 13 名预备党员举行入党宣誓仪式……

年轻干部丙　艾力江书记，没必要这么详细，您挑重要程序过一下就行了。（还在说笑）

艾力江　行，那第二项是奏《国际歌》，然后我们到宣誓这儿。（很紧张）下面进行第三项议程，预备党员宣誓。全体起立，由艾力江同志领读宣誓词。（大家悄悄地笑）（给大家讲）我明天说到宣誓的时候大家和我一样把右手握拳举过肩，跟着我说，知道嘛！

年轻干部甲　知道了，您不要紧张。

萨塔尔　好了，好了，大家认真听嘛！（大家安静下来）

艾力江　那我念一下我最后的总结词，大家认真听一下。（清嗓子）希望同志们践行入党誓言，牢记全心全意为人民服务的宗旨，为建设阔苏拉村贡献力量。无愧于信仰，无愧于共产党员的称号！（一边说大家一边站直了身体，由松松垮垮的姿态变得严肃认真）

〔全场灯光慢慢变暗，萨塔尔和郭志有追光。

萨塔尔　明天我就能重新入党了，我又是一名中国共产党党员了。（感叹恍惚）

郭　志　您从来都以党员的标准严格要求自己，萨塔尔爷爷，在大家心里，您一直都是党员。（停顿）反倒是我们，遇到了您才明白怎样才算真正入党，您是我们的领路人。（停顿，看了看萨塔尔）明天是个好日子，我们该高兴啊！

萨塔尔　我一直都是党员？我一直都是党员。（自言自语）（停顿一会儿回过神来）是啊，是啊，我该高兴！看到这么多年轻人加入党组织，我该高兴！（从包里拿出一张包裹整齐的毛主席照片）这张毛主席的照片我带了几十年了，一直贴身放着，就没离开过，（停顿）现在我把它交给你。（停顿一下）谢谢你们给村里带来了这么多变化，谢谢你们又让我重新获得了这个荣誉。

郭　志　（接过照片，很感动）我……（沉默一会儿）马上就正式入党了，萨塔尔同志，我给您戴上党徽！

〔郭志转身，严肃地给萨塔尔戴上党徽，萨塔尔摸了摸党徽，利落地给郭志敬了一个军礼，郭志也站直回了一个军礼。

〔暗场。

演出指导建议

该剧以基层党组织建设为主题。剧中老人萨塔尔在失去党员身份多年后想要重新入党。在这过程中，萨塔尔有一个从犹豫到自信的变化。所以第一场他的台词要么带有迟钝停顿、要么急躁而突兀。萨塔尔需要强调性格的不同面，在儿子面前是固执好强的，语调是强硬命令的，肢体步态要灵活一点。而在大家面前坦露真相时，要用缓慢的语速和停顿迟缓的动作步态展现诚恳期盼和犹豫不自信。第二场萨塔尔应该是坦然自信的，所以语速平稳有力。背挺得比第一场直，步速不快，但步态不迟疑了。

萨塔尔是经历过艰难岁月的退伍军人，郭志和干部们是准备入党的青年人，要用肢体动作幅度大和语速快来展现年轻人的活力和对工作的新鲜热情，与萨塔尔形成对比。年轻干部们要注意有所区别。全剧在萨塔尔重新递交入党申请书和萨塔尔与郭志互相敬礼的时候感情最为丰富，要把握好台词的节奏，注意敬礼时的动作配合。

圆 梦

郁 浩②古丽孜帕热·阿布都热西提①

| 人　物

李叔叔——驻村干部，四十岁

阿米娜——支教大学生，二十四岁

帕提曼——农村妇女，二十四岁

---

① 郁浩，新疆大学林基路艺术剧社编剧、剧务、演员；新疆大学中国语言文学学院汉语言文学专业2017级本科生。

② 古丽孜帕热·阿布都热西提，新疆大学林基路艺术剧社编剧、剧务、演员；新疆大学中国语言文学学院汉语言文学专业2017级本科生。

时　间　夏季

地　点　小学教室

〔舞台左右各有一把椅子，舞台正中间是一张矮木茶几，茶几上有几本图书。

〔一名驻村工作队干部与阿米娜慢走上。干部穿着棕褐色夹克和黑色西裤。阿米娜身穿白色短袖和发白的牛仔裤。

阿米娜　实在是太不好意思了，这里条件一般，也没什么可以招待您的。（恭敬地示意李叔叔坐）您请坐。

李叔叔　（坐下）我来这，是想看一下在幼儿园支教的年轻人在这里生活得怎么样。这里不比大城市，生活条件差，有些姑娘、小伙子来这里支教，待了两三天就走了，最多的也不过个把月。你是为数不多的能真正留下来的老师啊。

阿米娜　（靠着桌子站着，微笑，有些不好意思）这里的学生对老师都特别热情。我非常喜欢他们，我到这里来支教，就是想帮助这些孩子们，让他们学习更多的知识。

李叔叔　感谢你为孩子们做了那么多贡献。如果有什么困难，尽管和我说，我会尽量想办法解决，解决不了也积极向上汇报，请上级来解决。

阿米娜　困难倒是有一些……不过我……

李叔叔　（换了一个姿势，椅子突然散架，摔到地上。阿米娜吓了一跳，去扶他，他自己站起来了，拍一拍裤子上的灰）这桌椅都散架了。阿米娜，你看要不要给你换几张新桌椅？

阿米娜　（带着歉意）啊，是我刚忘了提醒您。（示意他坐在另外一把椅子上，转念，稍显不好意思）您也看到了，教室里的确是需要，孩子们的桌椅高矮不太合适，也不太安全。（干部点头，拿出笔记本记录。阿米娜咬咬嘴唇）叔叔，其实有件事，我想和您说……

李叔叔　（看着天花板）我看还得安个好的节能灯来。村里人说电压不稳，你经常要备课不方便，（对阿米娜）是这样吗？

阿米娜　是的，李叔叔，不过这些问题我自己可以解决。我是想说……

李叔叔　（边写边问）还有什么要求吗？

阿米娜　（走开几步，微微低头）其实，我想要回去了。（停顿）我想要继续学习，准备考研。

（静场一秒）

李叔叔 （走近阿米娜）你是已经决定了吗？

阿米娜 （上前两三步，随意整理桌上的书）嗯，已经决定了。虽然我很想教好这些可爱的孩子们，让他们学习新知识，我也舍不得他们，但是我不可能一直在这里待下去，（转头看着李叔叔，诚恳）我也有自己的未来，我也想有个美好的未来。

李叔叔 （稍停，为难）我明白，不过你能不能再等一等，等我们找到新的支教老师再走。如果你现在就回去，眼下我们也找不到新老师。我今天回去就汇报你的事情，我们尽快发布招聘广告，行吗？就算是为了这些孩子们。

阿米娜 （走到台中）我今年 24 岁了，我已经想好了，我得开始准备考研，我这个年纪不能再往后拖了。我每天清晨看着孩子们蹦着跳着到幼儿园，在课堂上也经常有说有笑。到了中午，吃过午饭，他们就可以睡觉，踏实而又香甜。黄昏时刻，这群孩子们也是边打闹边跑回家。我每天望着这些可爱的面孔，看到的却是我自己，我看到我自己的青春正在流逝啊。

李叔叔 （手伸向左边）可是你的学生们需要你！

阿米娜 您说得没错。可我也需要我自己，我需要为我的将来做打算了。（对李叔叔）您说，我总不能在二十八九岁的时候再去考研吧？那时候，我的知识都忘得差不多了。

李叔叔 （走到舞台右侧）去年你刚来的时候，我就已经听说你很优秀，学习和工作能力都很强，也能吃苦耐劳，家长们对你特别满意。以你的条件，能在这里留下一年已实属不易，如今你选择继续求学也很正常……

阿米娜 （打断李叔叔）在这一年我所做的也只是教孩子们做一些游戏、背一背古诗词罢了，说实话这些工作一个有高中学历的人就可以去完成了。（心里稍微有些安慰）

李叔叔 这你放心，我们当然不会拦着你去任何地方，我们也会尽快想办法找人代替你的位置。

阿米娜 虽然我决定要离开这了，但是我还是想最后再做一点儿什么。叔叔，上次跟您说的，我很想见一个孩子的家长，想让您帮忙联系一下。刚好我这里有不少图书想要送给那个孩子，之前我好几次邀请他，都被家长拒绝了。（对李叔叔）那位家长愿意来吗？

李叔叔 她答应我了，（看表）说是今天天黑后就来，应该快到了。
〔帕提曼自右侧上，穿着淡蓝色的碎花长裙，袖子随意叠了几层。

李叔叔 （快步接帕提曼到舞台右侧 2/3 处）阿依努尔妈妈，刚说到你，你就来了，你和老师好好聊聊。（对阿米娜）阿米娜，（阿米娜点头）那我就不打扰你们俩，先走了。（阿米娜送他，下）
〔帕提曼在阿米娜经过自己身边时，突然怔住，急转身避开阿米娜，躲躲闪闪。

阿米娜 （走向帕提曼）您好，阿依努尔妈妈，我是这里的老师，您叫我阿米娜就可以了。（快步走到跟前准备握手）

帕提曼 （低头，低声）您好。（避开阿米娜的手）
〔两人快靠近时，帕提曼在椅子后方走了几步，与阿米娜绕圈。

阿米娜 （发现帕提曼有些奇怪，稍顿，笑了笑）我给驻村干部说我想和您见一次面，没想到刚说到您，您就来了。（此时帕提曼已经绕到了左边椅子的旁边）要不我们先坐下再说。（坐在右边椅子上）

帕提曼 好。（坐下，却一直用背侧脸对着阿米娜）

阿米娜 您女儿在幼儿园的表现一直很好：礼貌、懂事，学习也很认真。我想这和您的家庭教育是分不开的。阿依努尔这孩子很值得培养，（起身走向矮木茶几，拿起一本书，简单翻看，同时帕提曼也起身向旁边走几步，偷看阿米娜）所以我这有一些图书（对帕提曼，帕提曼转开头）想送给阿依努尔，您可以带回家。（翻开一本）您看，这些书她一定会喜欢，也会对她很有帮助的。（走过去递图书，帕提曼伸手接过但仍然背向她）

帕提曼 （打开书看，脸上露出笑容，当发现阿米娜看自己时，急忙举起书假装看，挡住自己）谢谢您啊，老师。

阿米娜 （笑）不用客气，（对观众）这对我来说不算什么。不过，不瞒您说，不久我就要离开这里去准备考研了，（帕提曼放下书，侧脸对阿米娜）我希望可以和您保持联系，继续帮助阿依努尔，等阿依努尔小学毕业之后，辅导她考内初班，说不定还可以去内地的初中上学。（对帕提曼）不知道您是否愿意女儿去内地读书？

帕提曼 （惊喜，转过头来）真的吗？我当然愿意！

〔静场，二人对视，帕提曼很快转过脸去。

阿米娜 （有些惊讶，向着帕提曼两步）你是……

帕提曼 （往左快走两步，略背向阿米娜）不！我不是！你肯定是认错了。

阿米娜 （疾步转到帕提曼的对面）不，我不会认错，（亲切）帕提曼，一定是你。

帕提曼 （快步躲到右侧椅子后）这……

阿米娜 （高兴）你不记得我了吗，我是阿米娜啊，内高班的同学。（再次转到帕提曼对面，拉她手）咱俩可是在一间宿舍住了三年多呢！帕提曼啊！你忘了我吗？

帕提曼 （叹气）我记得。（面向阿米娜）怎么会这样巧。

阿米娜 （犹自兴奋）你是阿依努尔的妈妈？（帕提曼点头）怪不得阿依努尔那么优秀！我怎么也想不到会在这里遇见你，（拉帕提曼走向台中）读完内高班就再没有和你联系过，听说你考上了名牌大学，我和同学们都以为你早就去国外读博士了。（停顿两秒，上下打量帕提曼的衣着，帕局促，稍微冷静下来）这些年你过得怎么样？

帕提曼 （面向阿米娜）其实我过得……还好，主要就是在家照顾我的孩子。

阿米娜 我还记得当医生是你的梦想，当年你在我们班上那么优秀，穿上白大褂应该是迟早的事吧。你看我，在这做支教，24岁了还没考上研究生。学习没你好，也没你有出息。

帕提曼 （猛摇头）没有没有，我也不见得过得（稍顿）比你好。我只希望（很艰难地喘口气）能让我的孩子有个好的出路。

阿米娜 阿依努尔这孩子很有希望，你就放心吧。诶，对了，你如今在哪儿工作呢？

帕提曼 我……还没有……工作。

阿米娜 也对，哈哈，学医的到30岁还不一定能毕业呢。（突然想到什么）等一下，阿依努尔已经快6岁了，（盯视她）难道说你，在高中毕业之后不久就，生了孩子？

帕提曼 （走开几步）是。我还有另外两个更小的孩子。

阿米娜 （不敢相信）也就是说，你早就……结婚了？

帕提曼　就在高中毕业不久之后。（遗憾）没错，我是考上了名牌大学，我为了高考，比别人付出的都多，（有点儿歇斯底里）每一分都是拼来的。可是，我的家人不同意我去内地上大学，（带哭腔）我求我的父母，我可以勤工俭学，不会向家里要多少生活费，但他们还是没有同意。我和他们说，不论怎么样我都要上大学，可他们连一分钱学费都不给我。而且，他们把我关起来，不让我出门。（静场，语气变冷）那时候，我一点办法也没有。后来，被他们逼着嫁了人。

阿米娜　（心疼）我真想不到你经历了这些。（轻抚帕提曼的后背）可你现在再学，总也是来得及的吧，你有着那么好的天资。你可不能放弃啊。

帕提曼　（用手背擦泪，摇头打断阿米娜）就算我能再捡回以前的知识，也很难再学出来了。（沮丧）再说我已经是三个孩子的母亲了，再没有足够的时间和精力了。（侧头看向另外一边，绝望）也许我的一生就是这样了。

阿米娜　（紧紧搂住帕提曼）你明明有那么好的前途，如果一切顺利的话，你肯定早就过上了想要的生活。我怎么也想不通你的家人会这样对你。

帕提曼　（怨恨）还不是因为落后。当时我家里超生，被村里罚了款，我妈妈工作的时候严重骨折，治疗花了很多钱，家里根本负担不起，我爸就铤而走险去……去做了一些不好的事。再说，村里人都给我父母说，女孩子最重要的是嫁人、生孩子，万一去了内地就不好嫁人了。（阿米娜表示不可置信，帕提曼重重地点头）我父母就让我嫁了人，用彩礼给家里减轻负担。（停顿，失望地）反正都已经成现在这个样子，我已经是三个孩子的妈妈了。我也没有别的希望，只盼着我的孩子们可以将来有个好的未来，不要像我这样。

阿米娜　（安慰）我相信你的孩子一定不会让你失望的，我对她也非常有信心。最初我还奇怪阿依努尔汉语基础怎么这么好，你肯定教了她很多吧。

帕提曼　反正我自己再也没什么机会了，只好把我之前学的知识，趁我还没有忘光，教给我的孩子。除了让他们吃饱穿暖，这是我唯一能做的了。孩子们的爸爸没有什么文化，也教不了他们什么。（勉强打起精神）别看你不满意现状，其实我可羡慕你了，还可以继续求学。

阿米娜　你本可以拥有更光明、更幸福的生活。（两人陷入沉默两秒）
可是你也没有收入来源，又有三个孩子要养，万一（咬咬
牙，忍下心）以后你的家人还是不让他们继续读书呢？到那
时候该怎么办？

〔两人沉默，帕提曼无力，站不稳，阿米娜扶着她坐下。
静场。

阿米娜　如果你当真想把自己的一切都奉献给孩子，成全他们美好的
未来，就不能放弃自己，不能就这样浑浑噩噩下去。你的奋
斗，才是对孩子们最大的激励，你觉得我说的，对吗？

帕提曼　（带着些许希望看向阿米娜）那，我应该做些什么呢？（迫
切）为了他们，我什么都愿意。

阿米娜　（稍停，仿佛想通了什么，坚定）你放心，我会尽我最大的
力量帮助你，不用担心。咱俩一起去看看阿依努尔吧，（把
桌上图书都递给帕提曼）我把书带给她，她一定很高兴。以
后的事情嘛，（展开开朗的笑容）就交给我了。

帕提曼　我相信你（拥抱阿米娜，贴脸，再放开对视）谢谢你。（接
过图书，慢慢地翻着下）

〔阿米娜走到底幕右侧，拿出手机打电话。

阿米娜　（走到台唇右 3/4 处，点头）喂，叔叔，我需要您的帮助。
不，不是，我说的是另一个帮助。我等下去村委会找您！
嗯！（边说边走下）

〔舞台空场五秒。

〔李叔叔坐在舞台右侧椅子上，在纸上写着什么。帕提曼手
里提着装着菜的菜篮自左侧上。

帕提曼　叔叔，麻烦问一下，今天有消息了吗？

李叔叔　（抬头、起身）来，你先坐，喝口水。现在我还没有消息，
有的话，我一定二话不说跑去你家门口告诉你的。你也不用
一天八趟地往我这跑啊，哈哈哈……

〔阿米娜自左侧小跑上，手里拿着一张纸。

阿米娜　（兴奋得脸发红，满头汗）叔叔，我有件重要的事情要跟您
说。（看见帕提曼）帕提曼，你也在啊。

李叔叔　是不是我前两天让你关注的事。

阿米娜　是。（走近李叔叔，耳语，之后把纸给李叔叔）

〔帕提曼迷茫地看向两人。

帕提曼 你们先忙吧，我还要给孩子回家做饭呢，就先走了。

李叔叔 （装作难过表情）诶，别着急走，这件事就和你有关。

帕提曼 是我成绩的事情吗？（看阿米娜）阿米娜，是不是我的高考成绩下来了？（看两人没说话，停顿一秒）没事，你们告诉我吧，分数太差了我明年接着考，我答应过你们，我不会放弃。

阿米娜 （慢慢走向帕提曼，握住帕提曼肩膀）其实，（猛地抱住帕提曼）恭喜你啊！你被新疆大学录取了！

〔李叔叔拿出录取通知书给帕提曼看。

帕提曼 （愣住一秒后接过录取通知书，仔细看，转头向阿米娜）谢谢你们！我可以去上大学了。

〔其余两人带笑点头，又低头看。

阿米娜 （高兴得快哭了）我就说你一定可以做到的，我都忍不住羡慕有你这样一个好头脑了。这下，不知道又有多少人羡慕、崇拜你呢。还记得内高班的时候，就是这样的感觉吧？说不定再让你读个两年，清华北大都让你考上了，哈哈哈……

帕提曼 （把录取通知书捂在怀里）你别拿我开玩笑了，我真的要好好谢谢你们，没有你们，我一定没法走出困境。是你们给我鼓励，给我购买学习资料，给我报名，还给我路费去考试，是你们给我的机会，这对我来说实在是太宝贵了。

李叔叔 （宽慰）我们都替你高兴，不过，难走的路还在后面。但是永远别忘了，要是有什么困难，你背后有组织，有村干部，（指阿米娜）有你的同学，今后，还有你的学校和老师们。学校已经打电话给我们，学费和生活费你都不用担心。你就放心地去上学吧。

帕提曼 （深深鞠一躬）我怎么会忘，（对观众）这份恩情我要记一辈子。我还要带着我的孩子一起去读书，我要和他们一起成长，做他们的榜样。我现在，还不算太晚吧？

阿米娜 （拉住帕提曼的手）永远都不算晚。（朝观众）过往皆序，来日为章。

〔暗场。

《圆梦》演出剧照

演出指导建议

该剧的主题是教育改变命运，根据真实的故事虚构而成。剧中的两位女同学曾经在内高班一起读书，成绩好的帕提曼由于受到落后思想的限制，自己也缺乏独立精神，失去了继续求学成为职业女性的机会；前来支教的同学阿米娜从她的经历中更加坚定了要为改变农村女童命运贡献自己的力量的决心。通过阿米娜和驻村工作队的帮助，帕提曼重新捡起信心参加高考，获得了再一次上大学的机会，也改变了自己的人生态度。

帕提曼是一个非常复杂的人物，演员需要表演出她在过去老同学面前的自卑、失去个人前途的怨愤、作为母亲的焦虑，以及最后获得新生的坚定和坦然。这个过程需要演员通过迟缓沉滞的肢体动作、鲜明的面部表情差异来展现，有很多心理活动的细节需要演员反复揣摩；阿米娜则自信、独立、热情、有行动力，舞台表现倾向于学生气与职业教师之间；驻村干部李叔叔要有长者气度，宽和而关怀。此剧有两次情感的高潮，一次是帕提曼绝望讲述自己的命运；另一次是帕提曼得到录取通知书。前一次演员必须要引起观众的同情，声音带有歇斯底里的情绪，但不能落泪；后一次则在落泪时脸上露出舒展的笑容；与之相配合的，是前一次时阿米娜要带有母亲的坚定，后一次阿米娜则表现出女孩子般的欢喜。

本剧创作受到了真实事件的触动，但剧中所有人物、情节均为虚构，如有雷同纯属巧合。

首演演职员表

编　　剧：郁浩、古丽孜帕热·阿布都热西提
导　　演：古丽孜帕热·阿布都热西提、夏扑海提·帕力哈提
演　　员：张引　　　　　　饰　李叔叔
　　　　　张怡靖　　　　　饰　阿米娜
　　　　　沙达开提·肖开提　饰　帕提曼
场　　记：吾米提·阿里木江
舞台音效：林晓栋
道　　具：孙伟光
化　　妆：古丽孜帕热·阿布都热西提、胡婕、柳逸、赞丹其木格
剧本审阅：单宏军、邹赞
监　　制：顾光海、范镇
剧本指导教师：安凌、唐彦临
演出指导教师：何菲菲 、杨华（石河子大学，特邀）、陈鑫

勿忘我

张 引[①]

｜ 人　物

古丽娜孜——女大学生

文　志——敬老院老人

院　长——敬老院院长

儿　子——文志之子

女　儿——文志之女

---

① 张引，新疆大学林基路艺术剧社编剧、剧务、演员；新疆大学中国语言文学学院汉语言文学专业 2017 级本科生。

幕外戏

时　间　早晨

地　点　福寿敬老院门口

〔舞台前，暖色灯光，古丽娜孜从舞台左侧上台，走到台中，站定。

古丽娜孜　（开心地）这大学生活过得可真是快，校园里的生活也确实很快乐，一转眼我都上大二了，可出来上大学也不能总是闷在学校里啊，大一在学校里闷了一年，感觉这时间真是都虚度了，于是，我就下定决心，出来做兼职，挣不挣钱无所谓，有点实践经验总是好的！我打听了好久，说这里有一个"福寿敬老院"，来这里可以做义工，虽然没有钱，但是很锻炼人，今天正好来试一试，昨天和院长通过电话，说在这里见面，时间差不多了，院长也快到了吧！

〔古丽娜孜说完，停顿1秒，院长从舞台右侧上场。

院　长　（边走边喊，笑着）古丽娜孜同学！真是不好意思了，有失远迎啊！

古丽娜孜　（笑着）您客气了院长！

院　长　那我们就别在这站着了，来来来，进敬老院！

古丽娜孜　好！

〔说完后，院长领着古丽娜孜从舞台右侧下场，灯光渐暗。

幕启

〔舞台上，靠近舞台右侧有一棵树，树旁边是石桌石凳，底幕为"福寿敬老院"的图片。老人文志坐在石凳上，拿着一张报纸认真地看着。古丽娜孜和院长从舞台左侧有说有笑地上场。

院　长　你是不知道啊，现在像你这样肯吃苦的大学生越来越少了！十分感谢你能来我们敬老院服务，你放心，你该有的荣誉证书都会有的。等你回学校肯定能拿到不少学时！

古丽娜孜　（笑着）谢谢院长，那您能给我说说我的工作内容都是什么吗？

院　长　当然可以，不过我们敬老院大部分杂活都有专门的人来干，目前没什么位置，但是你可以当一个贴身护理！

古丽娜孜　（疑惑）贴身护理？是什么？

院　长　贴身护理就是指定一位老人，你只为他一个人服务。

古丽娜孜　（爽快地）好啊！那我负责哪个老人呢？

院　长　（思索）嗯……我想想啊（抬头看见了文志）哦！对了，文志！古丽娜孜啊！你就负责文志吧！

古丽娜孜　（疑惑）啊？谁是文志啊？

院　长　（伸出右手指向石凳上的文志）就是他，他就是文志！

古丽娜孜　（笑着对着院长）好的，院长，您放心，我一定用心去做。

院　长　（点了点头，笑着）好！那你去吧，有什么问题随时找我！

古丽娜孜　好！

〔古丽娜孜说完后，院长点点头然后从舞台左侧下场，古丽娜孜目送院长下场，待院长下场后，古丽娜孜走到文志的身边。

古丽娜孜　（十分开朗地）文志爷爷，您好，我是一名大学生，叫古丽娜孜，来这里当义工，我来负责给您个人护理！

文　志　（冰冷地）你走吧！我不需要个人护理！

古丽娜孜　（凑到文志身边，蹲下仰视着文志）文志爷爷，这个是院长给我分配的任务呀，既然院长给您安排了，那您就答应呗！有个个人护理也没什么不好的呀！

文　志　（急躁地）你这个孩子怎么这么烦人！快走快走快走！别在我眼前晃来晃去！烦死了！

古丽娜孜　（噘了噘嘴）文志爷爷，您别这么说我呀，我也没做什么对不起您的事啊，既然您让我走，也行，至少让我帮您把衣服洗了再走吧，也让我不白来一趟！行吗？

文　志　（瞪了古丽娜孜一眼，没好气，指了指舞台右侧）脏衣服在我屋子里！

古丽娜孜　（喜出望外）哎，好嘞！

〔古丽娜孜转身往舞台右侧走去，下场 2 秒后，文志把眼睛从报纸后面露了出来，往舞台右侧偷偷看了看，松了口气，并慢慢将报纸放下来。

文　志　（无奈）唉！来了义工又有什么用，早晚也要走，也不会长留在这，与其到时候分别难受，倒不如不要义工！今天把她气走就行了!

〔说完,古丽娜孜从舞台右侧上场,一出场,文志又将报纸挡在了自己的脸前,古丽娜孜右手端着一盆衣服,左手拎着一个小板凳,走到舞台中间靠左的位置,把板凳和盆放在地上,自己坐在了板凳上。

古丽娜孜 文志爷爷,您有几件衣服没办法手洗,这几件可以手洗的,我就给您手洗了!

〔文志默不作声,继续装作读报纸。古丽娜孜开始做搓衣服的动作,动作进行 5 秒后,古丽娜孜开始哼唱《阿瓦日古丽》。哼唱与搓衣服动作同时进行。

古丽娜孜 (哼唱)我骑着马儿,唱起歌儿,路过那伊犁。看见了美丽的阿瓦日古丽,天涯海角谁又能比上你,哎呀美丽的阿瓦日古丽。

〔文志在古丽娜孜哼唱的过程中慢慢地颤抖地放下报纸,静静地听着,双手不停地颤抖。古丽娜孜唱完后,扭头发现文志在颤抖,便放下手中的衣服,站起来,跑到文志身边,蹲在文志旁边,询问。

古丽娜孜 (关切地)爷爷!您没事吧!您这是怎么了?需要吃药吗?您把药放哪儿了,我去给您拿!

文 志 (摆了摆手,示意古丽娜孜没事)不用拿药!

古丽娜孜 (看着文志的脸)文志爷爷!您怎么哭了?您是不是心里有什么事?您要是有事,您就说出来,身体是自己的啊,把自己憋坏了,苦的是自己啊!(边说边从口袋里掏出纸巾为文志擦眼泪)

文 志 (伤心地)这首歌,我当年一直对我老伴唱,我们当年来建设新疆,学的第一首新疆歌曲,就是这个!她最喜欢听这个,我就经常对她唱,这一唱就唱了几十年!我老伴一走,这首歌我就再也没唱过,7 年了,我是第一次听到这首歌!又忍不住想起从前的事了!

古丽娜孜 (十分愧疚)爷爷对不起!我不是故意提起您的伤心事的!

文 志 (摇了摇头)这不怪你!今天我对你的态度很凶!你别介意,这不是我的本意,只是……(欲言又止)只是……上一个护工对我不好罢了,我就不想再要护工了!

古丽娜孜 (赶忙安慰)爷爷!您放心,我一定好好照顾您!我和他们可不一样!

文　志　（无奈地点了点头）唉!好吧!（仰望,自言自语小声嘀咕）明知道她最后会走,我却还是同意了,我可真是自讨苦吃啊!

古丽娜孜　（没有听清）啊?爷爷您说什么?

文　志　（回过神来）哦!没什么没什么!

古丽娜孜　（开心地笑着）没事就好!听您刚才讲您过去的故事,您肯定特别喜欢唱歌吧!我也很喜欢唱歌,要不我教您唱我会的一些歌吧!

文　志　（笑着）好啊!我老了,现在这些歌也都不听了,也确实该听一听新歌了!

古丽娜孜　（思索着）嗯……我教您唱《那些花儿》吧!这首歌还是我的一个汉族姐妹教我的呢!

文　志　好!

古丽娜孜　（唱）那片笑声让我想起我的那些花儿,在我生命每个角落静静为我开着,我曾以为我会永远守在她身旁,今天我们已经离去在人海茫茫。

〔古丽娜孜开始唱时,背景音乐播放《那些花儿》原版,声音渐强,慢慢盖住古丽娜孜的声音,原版伴奏响起后,古丽娜孜与文志一同站起来,围绕舞台从右侧到左侧,同时放烟机,在歌曲第二段结束时返回石凳上,盆子板凳等道具下。古丽娜孜和文志分别坐在两个石凳上。

文　志　（激动地）古丽啊,今天我那两个孩子要来看我,你去商店帮我买些点心来!他们来了让他们吃点儿点心!你来的这一段时间啊,也是麻烦你了!（从兜里掏出一些钱递给古丽娜孜）

古丽娜孜　（接过钱）爷爷您客气了,我现在就去!

〔古丽娜孜转身从舞台右侧下场。下场后,文志开始说台词。

文　志　（无奈地）我这一儿一女啊!自打我和我老伴进了敬老院,就再也没见过他们,就连我老伴走了,这两个人都没出现!这次突然过来,谁知道要干什么呢!

〔文志话音一落,大儿子和小女儿便从舞台左侧上场,拎着一些水果。边走边喊。

儿子　女儿　（边走边喊,笑着）爸!爸!我们来看您来啦!

文　志　（颤颤巍巍地站起来，激动地）好啊！快来坐！快来坐！（伸手指向其他几个石凳）

儿　子　好！爸，这几年我们俩太忙了，一直没时间过来看您，这次我们俩有时间，特意来看看您！

女　儿　对呀！爸，只要您开心，我们每月都来看您！

文　志　（含着泪，哽咽）我开心！我咋能不开心！你们都是我的孩子，我看见你们咋能不开心啊！

儿　子　（笑着）爸，这些年，您身体还好吧！

文　志　（和蔼地笑）我身体好着呢，你们俩都还好吧！

女　儿　（赶忙回答）爸，我们俩好着呢，只要您身体好好的，我们就放心了！

文　志　（转念一想，眉头皱了起来）这些年，你们俩都在忙什么啊？七年前你们妈妈走了，你俩咋就不回来呢？
　　　　〔儿子和女儿相互对视了一眼，女儿尴尬地笑了笑。

儿　子　（不知所措）我……我们……我们当然想回来啊！我们俩当时没来是因为……因为我们俩太难受怕看到我妈我们俩控制不住！

女　儿　（赶忙应和）是啊！爸，当时我们俩在家里……（意识到自己说错了，赶忙改口）不是，是在公司都哭得不成样子了！

文　志　（脸上笑容渐渐消失，略显失望）行了，唉！谎言生谎言，谎言世代传（边说边坐到石凳上），你们有话就直说吧，我也看出来了，你们俩根本不是为了看我才来的！（无奈地摇了摇头）

儿　子　（假笑）那爸我也就不跟您绕圈子了！咱家里的那套房子，应该是在您的名下吧！您的那个房子等您走了也还是我们俩的，倒不如现在给我们俩，我们俩公平地分，您百年之后也走得安生！还有您的存款，你得立好遗嘱，不然等我们继承的时候，我们俩不好商量！
　　　　〔文志听后，愣愣地盯着儿子。

文　志　（用手指着儿子，欲言，又被女儿打断）你……

女　儿　（赶忙凑到文志身边）是啊，爸！不过爸你可别忘了您女儿对您的好啊！那年为了能让你们俩住敬老院住得好一些，我跑了多少地方才找到这家的啊！（哭腔）我对您可真是一片苦心啊！只要您能过得好，就算再苦再累我也高兴！（靠在

文志的肩膀上）

〔文志皱起眉头，显得很难堪。

儿　子　（看不过眼，上前反驳）你啥意思？就想让爸多分给你点儿财产呗？我告诉你，就你干的那点儿缺德事你别以为爸心里没点数！高中的时候为了请假回家，你跟学校说妈没了，要赶紧赶回来，结果就在家吃喝玩乐了几天！爸妈为啥要住敬老院？还不都是因为你，哭着喊着要用爸妈的那房子开个小商店，给爸妈逼得没办法才来住的敬老院！

女　儿　（激动，站起来）哎你这个人怎么血口喷人啊！高中时候请假回来还不是因为你和嫂子结婚！而且说妈没了的这个主意不是你出的吗？开小商店我这不是为了多赚点钱好养活爸妈吗！

儿　子　（指着女儿）我血口喷人？你开小商店赚的钱，爸妈拿到过一分吗？全被你自己花没了！（转身对着文志）爸，您女儿刚才说的都是鬼话，您放心，她不养活您，我养着您！

〔文志张嘴准备说话，被女儿的话打断，之后又面色难看地沉默着。

女　儿　（十分生气）我呸！你是个混蛋，咱们家周边谁不知道？爸妈之前住院了，你一次都没去看过，让你过来守两晚你就说请假了就会被公司开除！爸妈吓得都不敢叫你了！你还好意思在外面宣称自己是个孝子？

〔之后二人相互辱骂起来，文志气得浑身颤抖。二人相互辱骂几秒后，文志说话。

文　志　（颤颤巍巍地，大声地）够了！你们俩闹够了没有？你俩现在是盼着我死是吗？

儿　子　不是！爸，我就是让您看看您女儿是个什么样的人！

女　儿　（冷笑）呵！你是个啥人，爸心里清楚！

儿　子　（扑到文志的腿上）爸，您女儿都已经嫁出去了，嫁出去的姑娘，泼出去的水，已经不再是咱家人了，我是您儿子啊，您有什么事不是还得指望着我吗！您一定得想明白啊！

文　志　（一把推开儿子，颤颤巍巍）我……我真的是看错你俩了！我以为你们俩良心发现！特意跑这来看看我，闹了半天，你们俩是惦记着我的财产！我告诉你们，我没有什么财产，存款我都用来交给敬老院了！你们谁给我交过费？房子我也不会给你们俩！我也不会立遗嘱，你们俩死了这条心吧！

〔儿子和女儿相互看了一眼。

儿　子　（冷冷地）爸！您要是这么说的话，可就有点儿太不近人情了吧！

女　儿　（赶忙应和）是啊！爸，我们可是您亲生的啊！您得为我们俩考虑考虑啊！

〔二人说完，古丽娜孜从舞台右侧上场，拎着一袋子点心，看到了儿子和女儿，并笑着走到了文志的身边，把袋子放到石桌上。

古丽娜孜　（笑着）二位您好！我是文志老人的护工！（伸手指着桌上的点心）这是文志爷爷让我去给你们买的点心！（低头看文志，发现他在颤抖）爷爷！您怎么了？身体不舒服吗！用不用去医务室！

〔文志气得说不出来话，女儿就把古丽娜孜拽了过来。

女　儿　（和气）你说说，这老头儿倔得不行！他老了，不还是得靠我们俩吗？我们俩想让他把房子给我们俩，我们俩好分，然后好好照顾老人，这多好，可他呢？（伸手指了指文志）就不把房子给我们俩！你说气人不气人！

〔古丽娜孜听女儿把话说完，转身又看了看文志，看到文志的状态，表情严肃。

古丽娜孜　（严肃）我给文志爷爷当护工也有段时间了，从他口中我也听过一些关于你们俩的事情！所以你们现在无非就是惦记着老人的财产！老人自己心里有一杆秤！你们俩没必要来这里闹！我请你们现在就离开！

女　儿　（把古丽娜孜撇在一边，又凑到文志身边）爸，您是不是被这个护工洗脑了？

儿　子　（恶狠狠地瞪了一眼古丽娜孜）我们家的事，轮得到你这个护工来管？

〔古丽娜孜想反驳，又止住了，文志看不下去。

文　志　（站起来，伸手指着舞台左侧，看着儿子、女儿）滚！给我滚！你们两个给我滚！我再也不想看到你们！给我滚！

〔儿子拽了拽女儿示意离开。

女　儿　（边走边说）你这老头儿，冷静冷静好好想想！老了糊涂了！

文　志　（激动地）我就是把房子卖了我也不会给你们俩！你们两个也有孩子！你们也有老的那一天！

〔儿子、女儿下场，古丽娜孜赶忙扶着老人坐下。

古丽娜孜 （安慰）爷爷，您别生气了！对这种人不值得生气！您身体健健康康的比啥都强！

文　志 （愤恨）养儿防老！就是这么回事儿！老伴也走了，这个世界上我还有什么亲人！

古丽娜孜 爷爷您别这么说！您要是不介意，我就是您的亲人啊！

文　志 （看着古丽娜孜，点了点头）好！你就是我的亲人，能遇到你，也是我的福气啊！

古丽娜孜 （笑着）我也很庆幸能遇到您啊！对了爷爷，以前都是我教您唱歌，今天，您也教我唱歌吧，唱歌能让人心情愉悦！没什么是唱歌解决不了的事情！

文　志 （笑着点点头）好啊！那……我就教你唱一个《在银色的月光下》吧！

古丽娜孜 （蹲在文志身边）好！

文　志 （唱）在那金色沙滩上，洒着银色的月光，寻找往事踪影，往事踪影迷茫，寻找往事踪影，往事踪影已迷茫……

〔文志开始唱后，背景音乐播放《在银色的月光下》原版，灯光渐暗，底幕渐暗，直至全部熄灭，暗场，这个过程进行15秒左右，15秒后，音乐渐渐消失。文志下场。音乐消失后，播放一段手机铃声，随后播放古丽娜孜妈妈的语音："古丽啊！你今年毕业以后啊，就回家，你爸给你找了个工作，月薪8 000元！在办公室里工作，待遇啥的都好着呢！我们等你回来啊！"通话结束，古丽娜孜从石凳处走到舞台左侧，一束追光灯打在古丽娜孜身上，在舞台上踱步。10秒后，舞台灯光与底幕渐亮，追光渐暗。古丽娜孜坐好后，舞台右侧传出文志的呼唤声，声音第一声出来后，文志便从舞台左侧上场。

文　志 （大声地）古丽！古丽！

古丽娜孜 （抬头看向出场后的文志）爷爷！您起得这么早啊！（赶忙过去搀扶，并走向石凳处扶老人坐下）

文　志 人老了嘛！睡不着啊！（叹了口气，忽然想起了什么）诶？你早上吃饭了没有？没吃的话我那里还有些昨天老张他儿子给他拿的馕，奶茶也有！走走走，我带你去吃啊！

古丽娜孜 （赶忙推辞）不了不了，爷爷，我吃过饭了。

〔文志始终都在关注着古丽娜孜的一举一动，古丽娜孜却心不在焉地看着地面。

文　志　（疑惑地）怎么了古丽？你有什么心事吗？

古丽娜孜　（猛地回过神来）啊……没……没有！

文　志　（笑着）那就好，你不是说没有什么是歌声解决不了的事情吗？那你继续教我唱歌吧！

古丽娜孜　（点点头）好，您学得也挺快，之前教您的那些歌您已经都没问题了，那我今天再教您一首新歌吧！

文　志　好！

　　〔文志说完，古丽娜孜缓缓走向台前，坐在地上，放歌曲《儿时》的伴奏，灯光作梦幻效果。古丽娜孜跟伴奏唱歌。文志闭上眼睛，沉浸在歌声之中。

古丽娜孜　（唱）铁道旁赤脚追晚霞，玻璃珠铁盒英雄卡，玩皮筋迷藏石桥下，姥姥又纳鞋坐院坝，铁门前篮筐银杏花，茅草屋可有住人家，放学路打闹嘻嘻哈，田埂间流水哗啦啦，我们就一天天长大，甜梦中大白兔黏牙，也幻想神仙科学家，白墙上泥渍简笔画，我们就一天天长大，四季过老梧桐发芽，沙堆里有宝藏和塔，长板凳搭起一个家……

　　〔古丽娜孜慢慢站起来，缓缓地往舞台右侧走去，舞台灯光渐暗，直至暗场，幕落，落幕过程中，古丽娜孜说："再见！爷爷！"待幕完全落下，音乐停。

幕外戏

　　〔古丽娜孜和院长从舞台左侧上场，慢慢走到舞台中间偏左侧，加追光。

院　长　（沉重地）既然你已经考虑清楚了，那你就去吧！

古丽娜孜　（无奈又痛苦）对不起院长，我真的只能做到这儿了！

院　长　（点了点头）我理解你的苦衷，不管怎么样，谢谢你这段时间对敬老院的付出！

古丽娜孜　（笑着）我永远也不会忘记我在敬老院的这段时光，也不会忘记他，最可爱的文志爷爷！

　　〔古丽娜孜说完后，转身准备从舞台左侧下场，此时文志唱着《那些花儿》从舞台右侧缓缓走出来，古丽娜孜听到歌声后，缓缓转过身。

文　志　（唱）那片笑声让我想起我的那些花儿，在我生命每个角落静静为我开着，我曾以为我会永远守在她身旁，今天我们已经离去在人海茫茫。（唱完后，又慢慢地向前走几步，走到舞台中间靠右，声音颤抖）古丽啊！你教给我的歌，我都记得！我知道，我早就知道！你迟早都会走！你这么长时间对我的照顾，我都记着呢！你来的那天，我之所以赶你走，就是因为我不想出现今天这样的事情，但该来的还是会来啊！我这一辈子啊！能碰上你这么好的孩子，就是值了！你回去之后啊，多注意身体！按时吃饭，再忙也要吃点东西！你只要健健康康的，我就开心！

古丽娜孜　（含着泪，走到文志面前）文志爷爷！我一直都拿您当我的亲人，我……我……（哭了出来）对不起！（扑到文志爷爷的身上）

文　志　（哽咽着）孩子！我没生你的气！我知道你有苦衷！以后有时间了，就回来看看我，我就在这等着你！今后不管你走到哪儿，只要能记起"福寿敬老院"有一个文志爷爷就行了！

古丽娜孜　（大声喊）爷爷！

〔古丽娜孜和文志相拥，院长在一旁偷偷地抹眼泪。《那些花儿》音乐响起，10秒过后，灯光渐暗，音乐声音减弱，暗场后，音乐停。

《勿忘我》演出剧照 1

《勿忘我》演出剧照 2

演出指导建议

　　该剧的创作理念是通过音乐拉近人与人的距离、用关爱治疗伤痛。前者通过由文志爷爷和女学生古丽娜孜演唱的贯穿全剧的不同时代的歌曲表现出来；后者由古丽娜孜与文志爷爷都从对方立场想问题、互相理解和支持表现出来。因此，歌曲既是二人互相沟通的桥梁，也是二人人生观对观众的传递。此剧需要能够演唱民歌的男女演员。

　　全剧由三个不同类型但主旨一致的冲突构成：老人的冷淡和古丽娜孜的不是亲情胜似亲情的耐心关怀、亲人的虚伪冷酷和古丽娜孜的坦荡真诚、古丽娜孜的纠结和老人的理解与无私。这三个情节冲突中，古丽娜孜和老人均表现出性格的不同侧面，并且每次都能形成彼此性格的互补，让戏剧氛围温暖而又带有淡淡的忧伤。相比之下，老人的儿女则要更加类型化、程式化才能起到很好的烘托作用。

首演演职员表

编　　剧：张引
导　　演：张引
演　　员：苏麦娅·艾尔肯　　　　饰　　古丽孜娜
　　　　　杨佳昕　　　　　　　　饰　　文志
　　　　　付松骜　　　　　　　　饰　　院长
　　　　　胡　婕　　　　　　　　饰　　文志之女
　　　　　阿格江·赛里克博勒　　饰　　文志之子
场　　记：吉新格
舞台音效：林晓栋
道　　具：孙伟光
化　　妆：古丽孜帕热·阿布都热西提、胡婕、柳逸、赞丹其木格
剧本审阅：单宏军、邹赞
监　　制：顾光海、范镇
剧本指导教师：安凌、唐彦临
演出指导教师：何菲菲、杨华（石河子大学，特邀）、陈鑫

情成一家

苏麦娅·艾尔肯[①] 赵付路[②]

人 物

艾　力——××电力集团访惠聚工作队队员，二十四岁

迪　丽——脱贫攻坚基层驻村干部，二十五岁

李　明——团结村村主任，五十四岁

阿力木——团结村村民，四十六岁

姆尼热——团结村村民，四十五岁

迪拉热——阿力木夫妻的长女，十七岁

娜迪热——阿力木夫妻的次女，十六岁

---

① 苏麦娅·艾尔肯，新疆大学林基路艺术剧社演员、剧务、编剧；新疆大学中国语言文学学院汉语言文学专业 2018 级本科生。

② 赵付路，新疆大学林基路艺术剧社演员、剧务、编剧；新疆大学中国语言文学学院汉语言文学专业 2018 级本科生。

第一场

时　间　2017 年 11 月某日

地　点　村民阿力木家中

〔从大门到堂屋一条被踩实的土路，颜色明显异于其他地方。路左边靠近围墙是一个破旧的羊圈，栅栏都零零散散，里面堆满了秸秆。路右边有一片葡萄架，葡萄架下有一张老旧的炕，炕上铺着的地毯被厚厚的灰土盖着，看不清地毯的花纹，甚至分不清地毯的颜色，两间小小的新盖好的抗震房挤在院内，整个空间看着凄凉又狭小。

阿力木坐在炕的一边，抽着土烟，脸上的胡茬黑密密一片，头发乱蓬蓬的。他穿着一件棕色破夹克和一件被灰土全方位覆盖的黑色的裤子。姆尼热身穿深红色紧身毛衣，上面套了个黑色棉马夹，黑色半身裙盖住了膝盖，她正坐在炕的另一边。

姆尼热　（下了炕，朝阿力木的方向走两步，为难地叹了口气）我……有件事，想跟你商量商量。

阿力木　（把烟头扔到地上，慢悠悠地抬头）什么事？

姆尼热　这转眼就入冬了，迪拉热和娜迪热住的那间屋子实在是冷得很，每天早上看她们俩冻得缩成一团的样子我实在是心疼得很。

阿力木　唉，（低下头来）我看着也心疼得很，女儿们也都大了，来我们睡觉的屋子里住也不方便。

姆尼热　所以我们买个新火炉放到女儿们的房间吧，女儿们都冻坏了，更何况迪拉热 6 月还要参加高考，高三很重要，得给她一个好一点儿的复习环境才行啊。

阿力木　（从炕上下来）我是真的没钱买啊（看着姆尼热无奈地摊开双手），咱们之前的冬天也是这么过来的，今年再忍忍吧，等有钱了，一定给她们买。

姆尼热　（略带焦急地向前走一步）忍！忍！忍！忍到什么时候才是头啊！这都入冬了啊！

阿力木　（向前走一步，无奈地摊开双手，面向姆尼热）那你说家里也确实出不起这个钱，我能咋办呐？我也没本事给你变个火炉出来呀！

姆尼热　那你想想办法啊！

阿力木　我又能有啥①办法。

姆尼热　（向阿力木的方向走了一步）家里本来就没钱，你天天舍得花钱买饲料把你的鸽子和鸡崽子养得胖乎乎的，如今舍不得给自己的女儿买一个过冬用的火炉吗？

阿力木　（向前走一步，躲避姆尼热的眼神）我们可指望这些鸽子和鸡崽子长大了卖钱呢，要是养得不好可就卖不出去了。

姆尼热　（跟上阿力木的步伐）那你说，你把自己的老婆孩子养好了吗？这个冬天不能再让孩子们受冻了，火炉必须买！你把你的鸽子和鸡崽子卖掉一些，给孩子们的房间添个火炉吧。（头转向另一边）

阿力木　（急忙看着姆尼热）那可不行，这些鸽子和鸡苗都是访惠聚工作队送给我们让我们发展养殖业脱贫致富的！我一直用心照顾了这么久，现在还不能卖！

姆尼热　（走上前离阿力木更近一步）你就不为你自己的女儿考虑考虑吗？你怎么这么狠心啊！

阿力木　你以为我不想让女儿们在温暖的房间过冬吗？（举起自己的右手，因两人距离太近，刚举起手，巴掌就打在了姆尼热的脸上）

姆尼热　（瞬间爆发的眼泪止不住地流，一只手捂住自己被打的那一边脸，愤怒地咆哮）你居然动手打我！

〔迪拉热和娜迪热慌慌张张地由舞台左侧跑上台。

迪拉热　（跑到姆尼热的身边，皱着眉头）怎么回事，哒哒②，你怎么动手打妈妈呢？太过分了！

娜迪热　（扶着姆尼热一边的胳膊）你怎么能这样！你太过分了（搀着姆尼热走向炕，安抚姆尼热坐下）好了，妈妈不要难过了，咱们收拾东西回外婆家去，（恶狠狠地看向阿力木）让爸爸和他的鸽子和鸡崽子们过去吧。

阿力木　（看向妻子的方向，伸出手向前走一步焦急地）哎……别，我刚不小心的。（摇摇头叹了一口气，又走回去）

迪拉热　还说不小心，我跟妹妹在外面就听到你和妈妈争吵的声音

———————————

①　读作"sá"，意为"什么"。

②　维吾尔语，父亲的意思。

了，这巴掌的声音我可是听得清清楚楚的。

〔李明，中年男人，上半身穿着深蓝色羽绒服，下半身穿着黑色的西裤，脚踩一双陈旧的皮鞋，身后紧跟着一个穿黑色羽绒服和黑色运动裤，脚上穿着运动鞋的年轻小伙子，由舞台右侧上场。

李 明 阿力木弟弟！姆尼热妹妹！你们好啊，我来看你们来了。

阿力木 （沉重的表情散去，连忙跑向前去，将手递给李明）李主任，你好！几天没见了，过得怎么样？

李 明 （满面笑容的，紧握着阿力木的手）你好呀，阿力木，确实这两天村里工作太多了，没能来看你们，实在是抱歉。（看向姆尼热，眉头稍皱）今天妹妹是怎么了，怎么还哭上了呢？怎么回事？

姆尼热 （站起身来，看向李明，擦擦脸上的泪水，哽咽）李主任来了，我……我没事。

娜迪热 （看了姆尼热一眼）还没事啊，李叔叔是我们自己的亲人，有什么不能说的，既然李叔叔来了，快给李叔叔说说，让叔叔替你出口气！

迪拉热 是啊，妈妈，刚爸爸都扇了你一巴掌，你怎么能不说呢？

李 明 （眉头紧皱，指着阿力木）什么？你扇了姆尼热妹妹一巴掌？你怎么能这样呢阿力木！村里一直在做的法律讲座白听了吗？打人可是犯法的啊！你瞧瞧你像什么样子，太不像话了。

阿力木 （深深地埋起头来，躲避李明的眼神）大哥……我……真的不是故意的，我恨自己没出息，没忍住自己的脾气，一不小心打在了老婆的脸上，我现在又后悔又心疼。

李 明 弟弟啊，再怎么样都不能打人啊，我可得好好批评批评你，发生了什么事？说来听听，看看有没有什么我们能帮得上忙的？

阿力木 （叹了口气）姆尼热看孩子们的房间没有火炉，想买个新的放进去，可我……实在拿不出钱，然后姆尼热让我把鸽子和鸡崽子卖掉一部分，这可不行的呀，这些家禽是你们送过来让我好好发展养殖业脱贫致富的，它们都没长好，不能卖！卖了这个不行。

李 明 （脸色一变）这个问题也不至于动手啊弟弟，你找我们工作队解决就完了，你何必对弟妹动手。

阿力木　（不好意思地，搓搓手，来回走）我家里大大小小的困难都是你们帮助我的，我不好意思麻烦你们了。

李　明　（走到阿力木身边轻轻拍了一下阿力木的肩膀）哎！你这个想法就不对了，我们的工作就是替你解决困难啊，我们都跟一家人一样了，这你就见外了，这个问题我们替你解决。

阿力木　这多不好意思啊！大哥，你们帮我这个穷人盖这样的抗震的新房子，又免费送我那么多鸽子和鸡崽子，帮扶我开展养殖业！（紧紧握着李明的手）我自己的亲戚都看不起我这个穷人，但是你们一直在帮助我啊！你们对我的好，我这辈子都忘不掉啊。

李　明　（笑了几声）这都是我们应该做的，（走到姆尼热身边）来，快给姆尼热道个歉。

阿力木　（搓搓自己的手，畏畏缩缩地走到姆尼热跟前，低声地）老婆，对不起，我刚不小心打到你了，我发誓（举起手来对着天空，做出发誓的手势）我以后再也不这样了。

艾　力　大姐，您就原谅大哥吧。
　　　　〔姆尼热和阿力木同时抬起头来。

阿力木　这位年轻小伙子是?

李　明　都忘了介绍了！我旁边的这位小伙子啊，是咱们访惠聚工作队的新人员呐，可是咱们工作队的骨干呢，别看他年纪小，可能干着呢。

艾　力　（连忙上去握阿力木的手）阿力木大哥您好，我是艾力，刚刚被分配到咱们团结村的访惠聚工作队，以后您有任何事情都可以找我，我一定第一时间帮您解决问题。

阿力木　哎！小伙子这么年轻就是骨干啦，好好好，访惠聚工作队好呀！帮我们老乡干了多少好事呀！小伙子棒啊，真好！
　　　　〔话音未落，舞台左侧传来一个女子温柔的声音，迪丽从左侧上，她身穿浅色大衣，扎着一条马尾辫，身材娇小，步伐轻快。

迪　丽　（带着笑容，边说边走）阿力木大哥，姆尼热大姐在家吗?

姆尼热　（站起身来，上前迎接迪丽）你好，妹妹，我在家，快进来坐。

迪　丽　（挽起姆尼热的胳膊边走边说）姐姐，身体还好吗?（看向阿力木）大哥你好，（看向迪拉热和娜迪热）妹妹们好啊，（看向李明）李主任好啊，好巧，今天您也在这儿。

李　明　哈哈，你来得正好，迪丽妹妹，你好啊！

迪　丽　（看向艾力）这位是？

李　明　我来给你介绍一下，这位是咱们村新来的访惠聚工作队队员艾力，以后你们可要一起工作了，你们彼此多多帮忙啊。

迪　丽　（走到艾力跟前，伸出右手，甜甜一笑）你好啊，艾力，我是团结村的驻村干部迪丽，以后咱们得互相帮忙啊。

艾　力　（害羞地伸出手）你好啊！（想看又不敢看地偷看迪丽）

迪　丽　（大方地）你畏畏缩缩的干什么啊？

艾　力　（略有羞涩，脸微微泛红）没有没有。

〔众人齐笑。

姆尼热　今天好不容易你们都来了，大家都快坐快坐，我做饭，今天大家都得在我家吃。

阿力木　（双手交叉放在肚子上）哎对对对，今天得在我家吃，不吃，生气呢我，我可爱的老婆大人，还不赶快去厨房给我们尊贵的客人准备准备吃的嘛！

〔众人齐笑。

姆尼热　这就去这就去，你就在这儿招呼招呼客人们啊！（从舞台左侧下）

阿力木　好好好，听老婆的话呢我要，来，丫头们，去厨房给你们妈妈搭把手。

迪拉热　娜迪热　好嘞，哒哒，我们这就去。（从舞台左侧下）

李　明　哎！这怎么好意思呢，阿力木啊，我今天主要是想来看看上次给你送来的鸡崽子们长得咋样了。

阿力木　（激动地）哎李主任，这个长得好得很呐，做大盘鸡香得很呀，今天就让我老婆做个大盘鸡给你们尝尝，走，我带你去看看它们。

李　明　那就好啊，走，咱们去看看。（咳了两声）艾力、迪丽我去看看鸡崽子们长得怎么样了，你们俩好好聊聊。（向艾力使了个眼色）你多跟迪丽交流交流，迪丽对咱们村的情况熟悉得很。

〔李明和阿力木从左侧下。

艾　力　（不知所措地走到炕前坐下）我……今天刚来。

迪　丽　（跟着走过去坐到炕的另一边，忍不住大笑）哈哈哈哈，我知道啊，你不要这么拘谨好不好，那么紧张干什么。

艾　力　我没紧张啊，哪里紧张了。（不敢正眼看迪丽，眼神却一直瞟向迪丽）

迪　丽　（有些害羞地躲避眼神）你这样我都有些不好意思了呢，我给你讲讲村里的事吧，就拿这户人家来说，阿力木大哥家境一直不太好，还要供两个女儿读书，虽然说现在咱们南疆高中也不要学费，甚至住宿费和伙食费都是由国家承担，但阿力木大哥始终觉得有压力，大哥家里也没多少地，种出来作物也就只够自己吃吧。

艾　力　嗯，我也感受到了，不过刚刚李主任和大哥说要去看的鸡崽子是什么情况呢？

迪　丽　这个鸡崽子也是我们在半年多前，为了精准扶贫，发给老乡们让他们发展养殖业的，因为阿力木大哥家里实在过于贫困，除了一家人的低保也没什么收入来源，就给他们家送了20只鸽子和40只鸡崽子。听说大部分都养得很好，现在的数量也很多呢！

艾　力　这也很不错呢，现在养殖市场广阔，销路应该是不用担心的，注意防控疫情的话，风险也小，回本也快，很适合像大叔一样的农户。

迪　丽　理想很丰满。（忽然变了口气）小伙子啊，你还是太年轻了呀，还得要多向迪丽同志学习学习。

艾　力　（不解）那你倒是说说，究竟哪里不对呢？

迪　丽　倒不是不对，只是咱们村离县城实在太远了，你想想农民们要吃鸡肉，自己有，想吃鸡蛋，自家产，谁会特意跑来他们家买鸡肉、鸡蛋呢？这个鸽子也都是肉鸽，也不可能留下来自己吃，运输到县城的话加上运输费，这成本就高了，就没了竞争优势呀！这个问题我一直找合作伙伴推销阿力木大哥家的鸡肉鸡蛋和肉鸽，都快半年了一直没找到合适的买家，再找不到合适的买家怕是要吃亏的呀，真是头疼。

艾　力　（陷入思考）这……确实不好弄啊。

迪　丽　是啊！

艾　力　哎，我有个想法！（激动到站起身来，向舞台前方走去）

迪　丽　（跟着艾力也站起身来）你快说来让我听听！

艾　力　你看，现在阿力木大哥在发展养殖业，养鸡和肉鸽，而且数量都较多，咱们的姆尼热大嫂是不是做饭很好吃？

迪　丽　（面向艾力，向艾力的方向上前一步）是啊，不过这有什么联系呢？

艾　力　我刚来的路上发现大哥家门口堆满了玉米棒子，想必自己家也是种玉米的，大哥家的房子虽然小，但是房子侧面的果园里树的品种还不少，有杏树、苹果树、桃树、巴旦木树，大哥家院子里种的蔬菜种类也挺多的。（双手背后，边说边走）

迪　丽　（有些不耐烦地）哎呀，你到底想说什么呀，你就别卖关子了，你快说吧！

艾　力　（微微一笑，定在舞台正中间）你看你，都急了，哈哈哈，咱们团结村虽然离县城远了些，不过自然风景还是很好看的，尤其是咱们这里的空气特别新鲜，最适合发展农家乐一类的休闲旅游业了。你想想大哥自家就养鸡养鸽子，家里果树品种还挺丰富，自家种的农作物也不少，大姐做饭香，家里的作物都能利用起来，用大哥养的鸡做大盘鸡，用自家种的玉米做烤玉米，或者磨成粉做个苞谷汤面，这肉鸽也能烤，做个烤鸽是不是，开个农家乐最合适不过了！

迪　丽　（有些兴奋）哎，你这个想法好啊！（激动地走向艾力的方向）你这个人看着木木的，想不到还挺聪明的嘛！你这想法也太好了吧！

〔姆尼热手里拿着大盘子，迪拉热和娜迪热两人跟在姆尼热身后，手中端着碗筷，从舞台左侧上。

姆尼热　（边走边说）开饭啦，开饭啦！快来尝尝我的手艺，也不知道合不合你们的胃口，（放下手中的盘子后，不好意思地用手蹭蹭自己身上挂着的围裙）迪拉热，你去后院叫李主任和你爸爸来吃饭，娜迪热，你去把厨房里刚沏好的茶和洗干净的小茶碗拿过来。

迪　丽　大姐，不麻烦啦，您快上来坐，咱们一起，您这么客气，我们都不好意思吃啦！

艾　力　是啊，大姐您快上来，您看这李主任和大哥也都回来了。

李　明　这饭的香味啊，我站在后院都闻到了，阿力木，你真是运气好啊，娶了个这么好的老婆，这是你的福气啊！

阿力木　对对对，李主任说得对，我的老婆是我的福气啊（偷偷看向

姆尼热），来来来，李主任快上座，来，孩子们（招呼两个女儿），来，老婆快坐，咱们一起吃饭。（轻轻拉了一下姆尼热的胳膊）

〔众人笑，都坐在炕上，围着饭盘腿而坐。

阿力木　来来来，大家快吃，快尝尝我老婆的手艺，吃了第一碗，管你肚子饱不饱，你还想来第二碗！

李　明　那你今天得吃几碗饭啊？听完这话，我可不敢跟你抢你老婆做的大盘鸡吃了。

阿力木　哎哎哎，你这个老大哥嘛，爱开玩笑得很，（夹了一块肉放到李明前面的碗上）来吃个肉，堵一堵你的嘴。

艾　力　（笑眯眯的，嘴里还啃着一块肉）大姐，你做饭真的太香啦，可一点不比县里的大厨差啊，不仅香，大姐做饭速度也好快，大姐有没有考虑过开个餐馆什么的呢？

姆尼热　（害羞地低了头）哎，哪里哪里，也就随便做做，哪比得上县里的厨师呀，更别说开餐馆了，开餐馆需要那么多钱，我们家可开不起啊。（看向阿力木大哥）

李　明　哎！是啊，姆尼热妹妹做饭这么香，可以考虑！

迪　丽　是啊是啊，刚还在和艾力讨论，我们觉得大哥家的条件非常适合改造成农家乐，农家乐就开在自家，平时去地里干活也方便，刚好大哥家养鸡和肉鸽，我们可以主推烤鸡烤鸽和农家饭，再来点体验摘果子、自助烧烤等项目，这样大哥家的作物都能带来经济效益了。

李　明　你们这可点醒了我呀，（激动地拍了个巴掌，站起身来走上前）这条街的贫困户都有打造成农家乐的条件啊！隔壁库尔班家的那片桃林，年年果子都很好啊，这库尔班也不拿出去卖，坏死在树上怪可惜的，咱们可以在库尔班家弄个体验摘桃子项目！（越说越激动，时不时走向前，时不时向后转看看周围的人）还有前面的古丽家，古丽的手多巧啊，家里摆了那么多漂亮的刺绣品，古丽家可以开个小的旅游纪念品商店啊！

迪　丽　还有还有！（从炕上边说边起，走向舞台前）阿依古丽大姐做羊杂碎也是出了名的好吃，（竖起了大拇指）我们可以邀请阿依古丽大姐出点面肺子给客人吃，增加菜品名单啊，买买提也有在葫芦上雕花的手艺呢，在他的手下那普普通通的葫芦瓜别提变得有多精美了，（来来回回地边说边走）古丽

家的旅游纪念品店还能加上买买提的雕花葫芦。（定在舞台前侧得意地看了一眼李明）

阿力木 （激动地跟着迪丽走到舞台中间）达吾提门口的葡萄长廊也能弄个体验摘葡萄项目呀，还有那个那个王力大哥的小儿子不是去内地学了弹吉他嘛，（做出弹吉他的动作）然后艾尔肯会弹都塔尔①，艾买提的手鼓打得好得很，（做出打手鼓的动作）阿瓦提罕姐姐的女儿古丽米热唱歌也跟百灵鸟的叫声一样好听，（脖子拉着身体往前伸）可以让他们组个乐队，天天唱歌呀！（扭了扭脖子）

艾 力 （走向舞台，四人并排）哎大哥，这个想法好啊，咱们村可以直接开发成旅游村呐，至于改造成本的问题，咱们还能向农村信用合作联社借创业无息贷款呢！

阿力木 （转身看了看自己的妻子）啊？（又看向李明）还有这种好事？

李 明 这当然了，国家的好政策多着呢，我们现在经济发展得好，都在开发旅游业呢，我觉得这个农家乐的想法太适合咱们村的实际情况了，说不准整个村因此就可以脱贫了呢！这个想法好啊！你们再多想想，还有哪些家庭可以加入咱们这个计划当中，争取让大家一起共同富裕，共奔小康呀！这件事既然是艾力和迪丽两个人想出来的，那你们俩就多跑跑，争取把这个事情办下来吧！

迪拉热 （欣喜得激动地鼓了下掌）哇！这是真的吗？我们村可以变成你们说的那样吗？

迪 丽 当然啦，相信哥哥姐姐，一定努力把这件事办下来。

娜迪热 （一把抱住迪丽）那太好了姐姐！

李 明 今天这个想法真是太好了，阿力木弟弟，姆尼热妹妹，今天实在是麻烦你们了，咱们也吃得差不多了，（站起身来，从炕上下来）乡里还有一堆工作等着我们处理呢，我们先走了。（从口袋里掏出100元，放在盘子旁边）
〔随后艾力和迪丽也都掏出100元放在盘子旁边。

阿力木 （脸色一变，眉头紧皱，拿起钱，塞回李明手里）你这是什么意思，来我家吃饭还给我钱，我不是你的弟弟嘛？你这样子是不行的，（把钱推到李明手里，摇摇头）快拿回去，拿

---

① 都塔尔：维吾尔族两弦的乐器。

回去！不然生气呢我！

姆尼热　是啊是啊，（走到阿力木旁边，看着李明）不能这样，你们帮了我们家那么多，我一直遗憾我连一顿饭都没给你们做过，今天好不容易有机会，你们放钱是什么意思啊，看不起我们啊，你们这样我们就伤心了！

李　明　哎，我的弟弟妹妹啊，（握住阿力木的手，看看阿力木，看看姆尼热）你们听我解释。我啊，真的把你们当自己的亲弟弟亲妹妹看，但这是我们的规定啊，在老乡家吃饭是不能白吃白喝的，不给你们钱我们这可就算违反纪律了，所以你们快收下吧。

阿力木　李主任！不行，要是上头有人查起来我们就说我们拿了，你自己放回去，你还是不是我的哥哥了。

李　明　我正因为是你的哥哥，所以你才不能让我犯错啊，我的好弟弟，你不拿，我们下次不来了啊！

阿力木　（看了一眼姆尼热，十分不好意思）那我……拿了？

迪　丽　大哥你快拿吧，不拿是不行的。

艾　力　是啊，大哥，快拿吧，你不拿我们以后还真不敢来了呢。

阿力木　这太不好意思了，你们太倔强了。

李　明　（拍了拍阿力木的肩膀，边说边走向舞台右侧）拿了才是我的好弟弟嘛！我们走了，你们多多保重啊，一家人要和和美美的，不能再欺负姆尼热妹妹了啊，我们改天再来，你们快回去吧！

李　明　艾力啊，待会去巴扎①打个火炉，送到他们家来，他们家大女儿6月就要高考，让迪拉热有个温暖的复习环境。

艾　力　好嘞，李主任，就放到迪拉热房间。

〔李明、迪丽、艾力由舞台右侧下，阿力木一家四口站在舞台中间，挥手大声说"再见"。灯光暗。

第二场

时　间　2018年8月某日

地　点　村民阿力木家中

〔还是在阿力木家的院子里，在葡萄架下那个炕干净舒适，

---

① 集市，维吾尔语词汇。

摆放在舞台正中间，炕上摆着一张小饭桌，小饭桌上摆着几盘干果，迪丽和艾力围着小饭桌盘腿而坐，深情地看着彼此。灯光逐渐亮起。

迪拉热 （一手提着茶壶，一手拿着喝茶的小碗，边走边说）哥哥姐姐你们好啊，今天下班真早，刚看你们俩含情脉脉地望着彼此，我都不好意思出来打扰你们嘞！

迪 丽 （害羞地低下头）你……你这丫头也学坏了啊，看把你艾力哥说得脸红的。

艾 力 （惊慌地抬起头）啊？你还说我，你看看你自己不也害羞得脸红了嘛！

迪 丽 （呵呵一笑）哎呀！哎，对了，迪拉热，你们家的生意怎么样了？

迪拉热 我们生意很好，爸爸养的鸡和鸽子都快供应不过来了，一到周末我们家就会有很多各地来的客人呢。

艾 力 （看向迪拉热边吃桌子上摆的沙枣）哎，那真是太好了，自从咱们村的这个旅游业搞起来以后，整个村的经济发展水平都提高了不少呢！

迪拉热 咱们村现在可是网红村啊，好多客人都是特意从市里开车到我们这儿来玩。

迪 丽 （从炕上下来，走向舞台中间）是啊，很多网络平台上都有我们村的广告。（轻轻勾着迪拉热的肩膀，看向迪拉热）我听说，你是不是有一个好消息还没跟我们说是不是？

迪拉热 （开心到不由自主地踮起了脚）我的录取通知书到了。

艾 力 真的啊！真是太好了。

迪 丽 真的啊！真是太好了。（两人异口同声，说完后又都用手捂住嘴巴惊讶地看着对方）

迪拉热 你们这对情侣也太有默契了吧，连感叹声都一模一样，厉害厉害。（故意拖得很慢地拍掌）

姆尼热 （端着大盘鸡盘子从舞台右侧上，边走边说）发生了什么事啊，你们这边这么热闹啊！

迪 丽 大姐，你们家现在可真是喜事连连啊，生意红火，这迪拉热也考上大学了，真是太好了，恭喜恭喜啊！

艾 力 是啊，大姐，恭喜了！妹妹这是考上哪一所学校了？

姆尼热 （边放手中的盘子边说）谢谢，谢谢啊，现在的好日子都是你们的功劳啊，现在咱们村的人生意都很好，（开心到语气拖长）要不是你们的帮助，我们的日子怎么可能有这么大的变化啊。（眼睛微微湿润，边说边走到舞台中间）就在去年，我们家穷到过冬用的炉子都买不起，还是你们自己出钱给我们买的，我女儿能考上新疆大学这么好的学校也有你们的功劳啊！

阿力木　（穿着一身崭新的西装，锃亮的皮鞋，从舞台的左侧走上来，边走边说）这女人家的，就是爱炫耀，见谁都说自己女儿考上大学了，考上新疆大学了，见人就显摆。

迪　丽　哎，大哥今天怎么穿得这么好看啊，跟您之前的样子完全不一样呢！您家的烤鸽和烤鸡火了以后，您整个人看着那可是容光焕发啊！

艾　力　是啊，大哥，我前天逛超市就看见货架上摆着您家的烤鸽呢。

阿力木　（不好意思地挠挠头，往前走了两步）还是得感谢你们访惠聚工作队啊，你们给我送了真空包装机，还帮我注册商标，连我的销售商都是你们帮我找的，这全是你们的功劳啊，要是没有你们，我一个农民哪会这些。

姆尼热　（捂住嘴巴偷笑）是啊，有些人还说我呢，现在阿力木啊，可是嘚瑟得很，一看到女儿的录取通知书，不知道捂着一张纸反反复复看了多久，抱着一张纸啊又是亲又是哭的，比我们家农家乐日盈利破 500 元的那天还高兴，大叫道："我们家也终于出大学生啦！"不知道反反复复叫了多少遍，弄得街坊邻居们都听到了，纷纷来家里贺喜呢。然后，这人就跑到巴扎上去说要买一套西装，要穿上新西装亲自送女儿到乌鲁木齐上学去。

艾　力　大哥，恭喜啦恭喜啦，妹妹的学习很好嘛，考上的可是咱们新疆最好的大学啊。

阿力木　哎，一般一般，也就随我吧，我小时候学习好，要不是家里穷上完小学就没上了，不然肯定也是个大学生。

姆尼热　哈哈哈，（边捂着肚子大笑边走向阿力木，向阿力木的方向指指手）这老头子啊，一点儿也不知道谦虚，吹起牛来，还真什么都敢说。

迪拉热　是啊是啊，我爸这个人。哎，对了，迪丽姐姐你跟艾力哥哥

怎么样了啊？（故意拖得很长）

迪　丽　（红着脸，低着头）我……我们……

阿力木　（模仿着迪丽的口气）你……你们怎么啦？

艾　力　我们订婚了！

〔众人惊讶地发出"啊？"的感叹声，笑嘻嘻地讨论开来。李明从舞台右侧上。

李　明　（双手背后，边笑边走）我这是错过什么好消息了？

迪拉热　李叔叔！李叔叔！迪丽姐姐和艾力哥哥订婚了！

迪　丽　（抢着说）迪拉热考上大学了，还是新疆大学呢！

李　明　（带起头来鼓掌）好！好啊！这多好啊，（激动地）我祝你们幸福！（转向迪拉热）我的迪拉热孩子，也恭喜你考上大学！今天，可真是双喜临门啊！新疆大学是个名校呢，双一流，是我们新疆最好的学校！你一定要好好学习啊！如今我们团结村多次上电视，上报纸，村户全部脱贫成脱贫模范村了，将来就等着你们年轻人更好地建设我们的家乡。

迪拉热　（笑着点点头，且坚定的口气）我一定会努力学习，等我毕业了就回到美丽的家乡，跟迪丽姐姐一样，为了让我们村变得更美好而奋斗！

姆尼热　好好好，这真是太好了，（边说边走到迪拉热身旁搭着她的肩膀）今天我们的亲人们都来了，（看着场上的每一个人），大家快尝尝我的手艺。

〔众人围坐在一起吃饭，笑声不断，其乐融融，逐渐灯光暗。

〔幕落。

演出指导建议

　　该剧的戏剧情节完整地展现了访惠聚工作队和农村基层干部如何做好"脱贫攻坚"工作，戏剧冲突从调解村民阿力木的家庭纠纷开始，所有戏剧情节的展开、人物性格的塑造与精准施策的工作思路环环相扣，在人物塑造和故事进程中依次展现寻找致贫原因—理清发展思路—制定脱贫措施—落实扶贫项目—拓宽致富门路—激发内生动力这个完整的脱贫攻坚工作思路，每一步都以不同的戏剧手段来表现。

　　该剧情节上的另外一个重点是艾力与迪丽之间在扶贫工作中产生的爱情，这条作为副线的情节线索为全剧带来了温馨的情趣，同时，迪丽与艾力的相处模式同样表现了少数民族职业女性因扶贫工作而更加优秀和自信。她的形象对于剧中的两位农村女生的前景是一种充满希望的预兆。

　　舞台环境要以最具代表性的道具凸显南疆少数民族的生活环境及其前后变化，即南疆农民庭院中常见的"炕"——是一种木质的矮床，覆盖着手工织毯。第一场织毯要破旧颜色暗沉，第二场是新毯颜色鲜艳。阿力木形象要有前后反差，第一场老实但庸碌，动作缓慢慵懒；第二场积极主动，舞台走位增多；李主任幽默又宽严相济，比较具有乡土气息；艾力有活力有干劲但带有学生气，舞台走位最活跃。剧中其他人主要是作为这几个人物形象的衬托出现，营造稍显夸张的戏剧氛围。

三、多彩校园系列

拍　照

关龙龙①

｜ 人　物

陈丽晴——新疆大学某班班主任，三十岁，女，汉族

哈勒什——新疆大学某班学生，二十二岁，男，哈萨克族

王瑞峰——新疆大学某班学生，二十一岁，男，汉族

罗　翔——新疆大学某班学生，二十岁，男，汉族

孙　璞——新疆大学某班学生，二十一岁，女，汉族

阿依夏——新疆大学某班学生，二十二岁，女，维吾尔族

刘沁雨——新疆大学某班学生，二十岁，女，汉族

---

①　关龙龙，新疆大学林基路艺术剧社编剧、剧务、演员，新疆大学中国语言文学学院汉语言文学专业 2015 级本科生。

景

第一场　新疆大学学生宿舍内
　　　　——10 月的一个下午
第二场　新疆大学男生宿舍内
　　　　——一周后的下午

第一场

〔舞台左右三分之一处各摆放一张桌子，每张桌子后摆放两把椅子，左侧桌子上摆放一台笔记本电脑，桌子下面摆放两个纸箱。右侧桌子的右边摆放一个简单衣架，上面挂着几件女式外套。

〔舞台右侧三个女生：孙璞拿着一本书来回走动，做背书状。阿依夏坐在桌前写着作业，刘沁雨手机横放在面前，趴在桌子上戴着耳机看剧，三人都不发出声音。舞台左侧两个男生：罗翔玩电脑，哈勒什弯腰整理物品。

罗　翔　（坐在椅子上玩着面前的电脑，突然把电脑和鼠标向前一推，瘫倒在椅子上，右手扶额）啊——，这队友简直太坑了，菜成这样玩什么游戏！

哈勒什　（坐在椅子上弯腰在桌子下整理着两个纸箱，头也不抬）前两天你不是和隔壁宿舍的李涛一起玩吗？怎么不和他玩了？

罗　翔　（起身背对着哈勒什走两步，转回身到椅子旁，左脚抬起踩在椅子上，鄙视地）你愿意和赢了就（右手拍桌）特狂，（保持姿势不变，双手做往自己头上戴帽状）输了就往队友头上甩锅的人一起玩吗？

哈勒什　（直起身来毫不犹豫）不愿意。

罗　翔　（叹息）是吧，（严肃）他也不愿意。（两人相视大笑）

王瑞峰　（拎着两个袋子从左侧上台，走到左侧桌子后方稍远处，做脚踹开门和勾上门的动作，来到两人面前把袋子放在桌子上）笑什么呢，这么开心，我是不是错过了些什么？呐，你俩的饭。

罗　翔　（转身奔过去，打开袋子探头、吸气）谢峰哥，我这肚子早就开始抗议了。

哈勒什　（煞有介事地对王瑞峰抱拳）谢峰哥，嘿嘿。（急忙上前拿出自己的饭）

王瑞峰　（对罗翔调侃）呵呵，你在宿舍里嗷嗷待哺，我还得给你觅食，（恐吓地）罗翔，今天上课老师可是点名了。（罗翔猛地抬头）老师问（模仿老师的腔调）经常和你们坐一起的黄毛怎么没来。

罗　翔　（紧张、抓头发）我去，那你帮我解释了吗？

王瑞峰　（自豪）那必须的。

罗　翔　（放松）峰哥，（抱拳）大恩不言谢，以后有用得着小弟我的，尽管——，嗯，（嬉皮笑脸）看情况叫我啊。

王瑞峰　（微笑）客气。（哈勒什忍不住讪笑、喷饭）

罗　翔　（看着哈勒什感觉有点儿不对劲，疑惑地对王瑞峰）你和老师怎么说的啊？

王瑞峰　我说你那不是黄毛，是奶奶灰，只不过现在有点儿掉色了，哈哈哈哈。

罗　翔　（惊慌）啊？到底怎么回事，别骗我了。

哈勒什　（笑着）好了好了，今天没点名。叫你翘课！吓唬你一下。
　　　　〔陈丽晴拎着手提包疲惫地拖着步子从左侧上场，来到左侧桌子后方做敲门状，配音敲门声响起。

罗　翔　（继续玩游戏，嗓音上扬）谁啊？

王瑞峰　（转身去开门，突然一愣，朝里面大声地）陈老师您怎么来了？（罗翔慌忙合上电脑，从抽屉中拿出一本书来假装读书）

陈丽晴　（朝里面望一眼）方便进吗？

罗　翔　（拿起书快步走到门前位置）方便，方便。（陈丽晴走进，哈勒什搬一把椅子示意给老师坐，陈丽晴看看椅子，哈勒什抓过一张纸铺到椅子上）

陈丽晴　（小心地坐在椅子上，不靠椅背，面带微笑）最近怎么样？

罗　翔　最近还好啊，（善解人意，同情地）老师又来下宿舍啊？

陈丽晴　嗯，来看看你们，一会儿到女生宿舍那也看看。

哈勒什　（从桌子下的箱子里拿出几个核桃，递给陈丽晴）老师，您尝尝我们家自己种的核桃。纸皮核桃，捏一下就碎了，好吃得很，特别攒劲。

陈丽晴　（接过核桃，但是不吃）谢谢，你们家是种核桃的？哟，我看新闻上说咱们新疆的核桃卖不出去，你家情况怎么样？

哈勒什 （沮丧）一样，只能自销。

王瑞峰 哈勒什呀，整天张罗着卖他们家的核桃，东西是好，可就是卖不出去。

哈勒什 （见陈丽晴想说话，打断）别提这些烦心事儿了，对了，老师来是要拍照的吧。

罗 翔 对对，（拿出自己的手机，指挥王瑞峰和哈勒什）来，你们站到老师旁边，我们轮着来拍照，多拍几张。

〔随后王瑞峰、哈勒什依次出来接过罗翔的手机给众人拍照，姿势奇特、夸张，只有陈丽晴僵坐着，背景音配上密集夸张的快门声。

罗 翔 拍完了，我们送老师去女生宿舍吧。

王瑞峰 嗯。（三人几乎是推着老师出门，到舞台中间处）

陈丽晴 （有点儿尴尬、无奈）行了，我自己去，你们回去吧。

罗 翔 好嘞，照片我发您微信上，老师再见。

王瑞峰 老师再见。

哈勒什 （同时和王瑞峰）老师再见。（三人唯恐再说话，互推着转头）

陈丽晴 （张嘴似乎要说些什么，来不及，稍顿）嗯，再见。

〔陈丽晴目送三人离去，站在原地眉头皱起，像是在思索着什么。

罗 翔 （拿起手机摆弄）咱们赶紧通知一下女生宿舍。

刘沁雨 （突然坐起身，仔细看着手机）哎，班主任要来宿舍了，快把锅呀壶呀的收起来。（女生三人做慌忙收拾东西的样子，陈丽晴来到右侧桌子后方稍远处做敲门状，背景音同时响起敲门声）

刘沁雨 （小跑过去开门，惊喜）陈老师！您怎么来了呀。

陈丽晴 我来下宿舍，来看看你们。

孙 璞 （挽着陈丽晴的胳膊）老师，来坐。

陈丽晴 （坐在椅子上）最近怎么样啊，（犹豫、不自信）欢不欢迎老师来？

罗 翔 （快速扒拉两口饭）唉，你说老师没事儿就来宿舍烦不烦啊。

阿依夏 （稍微过分地可爱热情）欢迎，怎么不欢迎。（示意孙璞和刘沁雨，两人咕哝"欢迎啊"）

王瑞峰	（无奈）应付任务呗，"三进两联一交友"。
陈丽晴	我来宿舍看看，没什么事儿吧，相处得怎么样？
刘沁雨	（精神抖擞地）没有，宿舍里好着呢。
哈勒什	说实话，"三进两联一交友"具体要干什么我都不知道。
罗　翔	嘿嘿，我也不知道。好像就是一项要拍照的任务。（用双手做相机状，假装对着哈勒什、王瑞峰拍照）咔、咔，来，拍个一年的量。咔、咔。（哈勒什、王瑞峰快速摆搞怪的姿势，变换动作）
王瑞峰	（突然唱起陈奕迅的《浮夸》）像突然地高歌，任何地方也像开四面台，着最闪的衫扮十分感慨，（把双手插入裤袋，罗翔配合拍照）有人来拍照要记住插袋。（三人相视而笑）
陈丽晴	（声音柔和，真诚地）阿依夏，任课老师给我反映说你最近上课不专心。（笑容）谈恋爱了也不能放松学习呀。
阿依夏	（稍惊讶）啊，老师您怎么知道的？（看向孙璞和刘沁雨，两人急忙摆手表示不是自己说的，刘沁雨调皮地指着孙璞，孙璞气愤地挠刘沁雨痒痒，两人呵呵直笑）
陈丽晴	（转头看一眼二人，再面对阿依夏，刘沁雨在陈丽晴身后无声地做鬼脸）还是要把学习放到第一位知不知道？
阿依夏	（点头）嗯嗯。（看到刘沁雨的鬼脸忍不住想笑）
陈丽晴	（循着阿依夏的目光疑惑地看向刘沁雨）怎么了？
刘沁雨	（转移话题）老师，您今天穿得真好看。对了，这周的照片？
罗　翔	（厌烦）吃喝拉撒，这也要拍照，那也要拍照。（叹气）老师也不容易，每周都有规定的上传量，必须到处找咱拍照。
刘沁雨	（拿出手机，陈丽晴有点不知所措，学生扶她起身，孙璞和阿依夏立于陈丽晴两侧）3、2、1，茄子。（学生瞬间露出甜笑，老师一脸错愕）
王瑞峰	（机智地）所以我们只能想办法一次给她多拍个几张，老师的任务完成了，我们也轻松了。（罗翔、哈勒什点头表示同意，然后继续做自己的事情）
孙　璞	（上前准备接过手机）我来拍吧，换人能多拍几张。
刘沁雨	等等，我们换下衣服继续拍，这样一次可以拍更多张。
阿依夏	对啊，老师您看行吗？（指着衣架）我们这衣服很多，一次可以拍完今年的照片了。（陈丽晴试图说些什么，但淹没在拍照的动作中）

孙　璞　（急忙从衣架上拿下几件外套）老师，来换上，我新买的。（陈丽晴换上衣服，孙璞看也不看）真好看。

刘沁雨　（不由分说地给老师披上一件，后面加快动作递衣服，也不看）嗯，真好看，再试试其他的。

阿依夏　（看着刘沁雨和孙璞）每件老师穿上都好看。

　　　　〔女生三人簇拥着陈丽晴更换了4件衣服，其间不断换人拍照，动作快速杂乱。

陈丽晴　（看三人没有停止的意思）好了好了，可以了，够用了！

刘沁雨　嗯——（面向阿依夏和孙璞）我们也换，这样能拍更多。

陈丽晴　（哭笑不得）够了，这次就先这样吧。我再到其他宿舍去看看。

女生们　（簇拥老师出门，拥挤到门口处）老师再见。（说完响起关门声）

陈丽晴　（不回头，逃跑似的）嗯，再见再见再见。（来到舞台中间处，靠近台唇面对观众，学生们继续做自己的事情）虽然我曾经觉得"三进两联一交友"是个沉重的负担，因为教学科研任务这么重，还要经常下宿舍，但是它也是师生交流的一个机会啊！（苦笑）是不是因为身为教师的我们不够真诚，也影响了学生呢？（稍顿）如果继续这样敷衍下去，或许，我们和学生会越来越生疏，越来越冷漠，能不能真正通过这项工作给学生们提供一些真正的帮助？能不能真的"交"上这个"友"呢？（转身从左侧下场）

第二场

　　　　〔舞台中间处只留男生宿舍的布景。

罗　翔　（盯着电脑操作着什么）唉，还是没戏。

哈勒什　（坐在罗翔身旁同样盯着电脑，沮丧）唉，这可咋办呀？

王瑞峰　（站在二人身后）我们这样子找卖家实在是太难了，发到朋友圈也没有几个人要的。哈勒什家的核桃这么好，可惜我们不会卖，也没有什么人脉啊。（陈丽晴从左侧上场敲门，背景音响起敲门声）

王瑞峰　（开门，稍惊讶）老师好，（请老师入内）老师不是前几天才拍过照吗？

陈丽晴	（对罗翔和哈勒什点点头，看着他们的电脑）在干什么呢？
王瑞峰	我们在网上帮哈勒什卖核桃呢，都几天了也没动静。
陈丽晴	哈勒什，上次我尝了一下，真好吃。我要买。
哈勒什	（有点意外）老师您想吃我送给您就行，反正放着也卖不出去。
陈丽晴	那可不行啊！（坐下）我在咱们院群，还有我的亲戚、同事群给你做了下宣传。
哈勒什	（喜上眉梢）真的吗？谢谢老师！
陈丽晴	老师们也都在自己的朋友圈推荐了，后面还会有更多人来买的，我还准备找找做微商的朋友，你和他们联系一下，以后每年都可以卖掉嘛。
哈勒什	（感动，沉默1秒）谢谢老师，老师您要想吃核桃了，尽管和我说，家里面最好的核桃寄过来给您。
陈丽晴	我啊！我不要你送，不过，优惠价给我，我也很开心！
罗　翔	那哪能啊，哈勒什是太高兴了。
王瑞峰	老师您真棒，太牛了。
陈丽晴	（用手轻点王瑞峰，王瑞峰会意，不好意思地笑了）哈哈哈，行了。我先走了，还要去趟女生宿舍呢。（从手提包中拿出花布窗帘的一部分）给姑娘们准备了一副窗帘，找点儿在家的感觉，女孩子们容易想家！
哈勒什	老师别急啊，不拍照吗？拍完再走吧。
罗　翔	（从桌子抽屉里取出纸杯倒一杯水，递给陈丽晴）是啊，老师，来喝杯水吧。您好不容易来次宿舍怎么能不拍照呢？
陈丽晴	（摆摆手）不用了，（顽皮地）上次拍的都够我用很长时间了。
罗　翔	老师，（强调）这次我们是真心实意想和您合影呢。
陈丽晴	这次？那以前是……
哈勒什	老师，以前觉得不过是应付，但是您是真心实意的，是我们不对，您别怪我们了。
陈丽晴	（微笑，摇头）不怪你们，其实我原来和你们一样，觉得多此一举。每次都互相应付我觉得挺难受的，我觉得咱们之间不应该是这样的关系，对吧？
王瑞峰	（频频点头）嗯，其实我们也挺难受的，但是却从来没想过要做出改变，是您改变了这一切，您投入了真心实意！

哈勒什	老师您这么关心学生，这样帮助我，尊重我们，以后您就是我的好朋友。
王瑞峰 罗翔	对，您就是我们的好朋友。
陈丽晴	所以（伸手和学生握手）我这是刚刚交了三个新朋友了？
王瑞峰	（搬过一把椅子请陈丽晴坐下，走到桌前摆弄着手机）这次延迟拍摄，我们来个合影。（陈丽晴坐在椅子上，罗翔和哈勒什立于陈丽晴两侧，王瑞峰把手机摆放在桌子上，迅速转身跑到陈丽晴身后，边跑边数）5、4、3、2、1，（王瑞峰、罗翔和哈勒什各自摆出俏皮的比心动作，众人笑脸同时喊道）茄子。（说完响起一声清脆的快门声） 〔灯光渐暗。

《拍照》演出剧照 1

《拍照》演出剧照 2

演出指导建议

该剧反映"三进两联一交友"活动过程中老师与学生发生的心理变化，从最初的老师和学生都认为这不过是走走过场，到后来学生的反应刺激了老师，老师决心把活动变成对学生真心实意的关怀并付诸行动，学生也在老师的付出中体会到了活动的价值，与老师更加亲近。

在具体演出中，老师的戏集中在心理活动，学生的戏则集中在行为和语言表演上。因此，第一场老师的动作少而且比较犹豫，内心独白比较沉郁带着思虑；第二场老师的表情显得比较舒展，动作可以稍微增多但需平稳；相比之下，男生的戏以动作幅度大、表情和台词夸张来显示男生的调皮和阳光，即侧重喜剧表演；女生的戏以情感的自然表露为主，即侧重情感表演。

首演演职员表

编　剧：关龙龙
导　演：赞丹其木格、柳逸
演　员：王云鹤　　　　　饰　　陈丽晴
　　　　柳逸　　　　　　饰　　刘沁雨
　　　　胡婕　　　　　　饰　　孙璞
　　　　娜布其玛　　　　饰　　阿依夏
　　　　郁浩　　　　　　饰　　王瑞峰
　　　　夏扑海提·帕力哈提　饰　　哈勒什
　　　　吴志恒　　　　　饰　　罗翔
场　记：张怡欣
舞台音效：林晓栋
服　装：孙伟光
化　妆：古丽孜帕热·阿布都热西提、胡婕、柳逸、赞丹其木格

剧本审阅：单宏军、邹赞
监　制：顾光海、范镇
剧本指导教师：安凌、唐彦临
演出指导教师：何菲菲、杨华（石河子大学，特邀）、陈鑫

家　访

郁　浩①

┃　人　物

王成俊——新疆大学某班学生，十九岁，男，汉族

王成俊妈妈——四十五岁，女，汉族

阿丽努尔——新疆大学某班学生，二十岁，女，维吾尔族

阿丽努尔妈妈——四十七岁，女，维吾尔族

阿丽努尔外公——六十八岁，男，维吾尔族

王　华——新疆大学中语系教师，四十六岁，女，汉族

张　英——新疆大学中文系教师，四十八岁，女，汉族

李　霞——新疆大学历史系教师，四十九岁，女，汉族

① 郁浩，新疆大学林基路艺术剧社编剧、剧务、演员；新疆大学中国语言文学学院汉语言文学专业 2017 级本科生。

第一场

时　间　13 点左右

地　点　王成俊家中

布　景　舞台左侧底幕处有一棵树，舞台中间偏右侧是正在搬迁的家中：有一张沙发，几本书放在一张矮木茶几上，地上放着一盏台灯。家中左侧有一个略大的宝蓝色搬家用的塑料箱子。右侧有一个鲜绿色箱子，上面落一个玫红色箱子。两个箱子大小相同。

〔三位老师自左上舞台走到舞台左侧 2/5 处，张英正在看着手机寻找下一家家访的学生信息，王华在用手上的文件夹扇风解暑，李霞一手遮太阳，一手提着酸奶。

王　华　我们今天的目标还剩几家来着？

李　霞　得五六家吧，今天太阳可真毒。

王　华　就是，天太热了。对了，你们的课题做得怎么样了？（其余两人摇摇头）平时工作那么忙，假期里都不能好好看书、做科研。赶紧弄完吧，哎，张老师，下一家在哪儿？

张　英　我看看，先给学生打个电话问问吧，看他在不在家。（做打电话状）

〔王华、李霞在一旁聊天。背景音播放电话铃声。王成俊拿着手机从舞台右侧上，走到舞台右侧 2/3 处。

王成俊　（边走边看手机）谁没事暑假还找我，该不是卖保险的吧？（接电话，语气前后明显差异）喂，您好？

张　英　你好，请问是王成俊吗？

王成俊　对，我是，有什么事吗？

张　英　王成俊同学，我们之前联系过，今天你家里有人吗，我们去家访，方便吗？

王成俊　（踱步）啊，老师好。我，现在家里没人，我一大早就出来办驾照了……这几天我妈都在加班，您看改天可以吗？我怕家里没人您白跑一趟。

〔画外音（王成俊妈妈）：王成俊，你在干吗呢？快过来帮我搭把手。

〔王成俊捂住手机，朝右侧看去，皱眉。

张　英　那你什么时候回家，我们可以过会儿再过去。

王成俊　那个，老师，我也不清楚要到什么时候，我担心让您等太久不好……

〔王成俊妈妈从舞台右侧上。

王成俊妈妈　王成俊，你在干什么呢，快过来帮我挂窗帘。

〔王成俊指了指手机示意妈妈稍等，动作挤眉弄眼，紧张夸张，王成俊妈妈从右下。

张　英　（听见"窗帘"知道王成俊在家，按住手机话筒，小声跟其他老师表示"他在家"）放心吧，我们家访不会占用太长时间。

王成俊　（无奈）那……老师您现在在哪儿呢？

张　英　（故意笃定）快到你家了，就在附近。（回过头问王华、李霞，捂住手机）我们现在在哪？

〔王华、李霞看了看四处，耸肩摇头表示不清楚。

王成俊　（提高声音）快到我家了！噢！我这边已经快弄好了，那老师，我一会儿就以最快的速度赶回家，老师再见。（从右侧下）

张　英　搞定，我们走吧。

〔王华、李霞对视一眼。

王　华　这也太机智了，连路都不认识就说快到了，可真有你的。

李　霞　真是"死缠烂打"型家访，不过不这样的话，我们的家访目标恐怕下个假期也完不成。从这边坐公交车走吧。（指左边）

〔舞台光暗，三位老师绕圈快走至舞台中间偏左。背景音播放公交车到站语音。

〔李霞敲门。

王成俊　（从右侧跑上）来了来了。（朝舞台右）妈！老师来了。

〔王成俊妈妈急匆匆从右侧上，同时，王成俊开门，老师进门。

王成俊　老师好。

李　霞　你好，不好意思假期里还来打扰。（对王成俊妈妈）王成俊妈妈您好，我们是学校的老师，这次来是想跟您了解一下孩子的情况。

王成俊妈妈　（手伸向沙发）好好好，老师，你们快请坐，哎呀，我们刚搬过来，家里有点儿乱，真是不好意思。（将王成

　　　　　　　俊拽到一旁，疑惑）怎么回事，老师怎么来了？

　　　　　　〔老师们四处望望，又看看地上犹豫是否需要换鞋。

王成俊　（欲言又止，停顿后说）家访嘛……

王成俊妈妈　（打断，手指着王成俊）是不是又犯什么事儿了，回头
　　　　　　　你跟我说清楚！（拉王成俊走向沙发，假笑，对老师）
　　　　　　　哎呀，老师您来也不提前说一声，我这房子都还没收
　　　　　　　拾。老师，您先坐，我这孩子，什么也不跟我说，（略
　　　　　　　有些惊讶地）这来的都是教授吧！（停顿）是不是这孩
　　　　　　　子又给老师们惹麻烦了？

　　　　　　〔老师们摇头。

张　英　成俊妈妈，您太客气了。

王　华　您看您工作那么忙，我们好容易来一趟，您就谈谈孩子在家
　　　　　　里……

王成俊妈妈　（打断）不忙不忙！这几天我休假，成天在家也没什么
　　　　　　　事儿。

　　　　　　〔老师们尴尬地对视，王成俊窘迫。

王　华　（带着微笑）王成俊和我们说，您前几天工作都很忙，没时
　　　　　　间在家。

王成俊妈妈　（疑惑地对王成俊）你怎么跟老师说的？妈妈每天都在
　　　　　　　家呀。

　　　　　　〔王成俊窘迫地摸摸后脑勺。

李　霞　（拿出记录本）好了，我们言归正传，王成俊妈妈我们先坐
　　　　　　下吧。

　　　　　　〔王成俊妈妈拉着王成俊坐下。

李　霞　（对王成俊）平时在学校咱们交流的机会有限，你在学习上
　　　　　　有没有什么困难？

王成俊　（犹豫着说出）我感觉，也没什么困难。

王成俊妈妈　（对老师）是不是因为王成俊在学校不好好学习你们才
　　　　　　　来家访的？（对王成俊）你考试是不是挂科了？

张　英　不是不是。我们来呀，就是想要多关心一下学生。

王成俊妈妈　老师你们也别不好意思说，王成俊要是在学校犯什么事
　　　　　　　了，我一定好好教育他！（瞪王成俊一眼）

王成俊　（无辜地）我真没犯什么错，您是不是巴不得我有什么问
　　　　　　题啊？

王　华　　成俊妈妈，您真是误会了，成俊在学校表现挺好的。（对王成俊）对了，你假期里有什么安排吗？

〔王成俊准备说话被打断。

王成俊妈妈　　他正在准备考研呢，我每天都盯着他学习，放假在家闲着也是闲着，还不如利用假期时间多学点儿知识。（对王成俊）你跟老师说吧。

王成俊　　我每天七点钟起床，起来看《红与黑》，每天必须看四十页——不能多也不能少，然后再读英语。

李　霞　　那这样会不会太有压力了，有规划是好事，但规划得这么详细，想要坚持下来是十分困难的啊。

王成俊　　虽然很困难，（心虚地，看一下妈妈）但是或许这样我就可以打下更坚实的基础。如果今天的计划没有完成，明天就会补上。

王成俊妈妈　　我家孩子在这方面还挺乖的。嗨！你看老师来了也没准备，老师吃水果吧，我去洗水果。

张　英　　成俊妈妈，不用麻烦。

李　霞　　（对王成俊）我们说说眼前的事吧。你这个专业在大二就要去南疆调研，准备工作做得怎么样了？

王成俊　　（精神地）准备好了，我很想去调研，老师，我们什么时候走啊？

王成俊妈妈　　（对王成俊）你怎么见风就是雨的，这么着急做什么？老师，去了南疆之后，是不是也要在南疆做公务员了？南疆那边条件不太好，我家孩子还是想在大城市做公务员。

王成俊　　妈妈，我说了，我不想做公务员。我想……

王成俊妈妈　　别插话，公务员工作条件那么好，朝九晚五还有双休日，你好好想想，除了这个你还有更好的选择吗？（转头对老师）老师，您说呢？

李　霞　　调研是涵盖在专业课程里的，和做公务员完全没有关系。王成俊，关于以后的职业规划，你已经有想法了吗？

〔王成俊想要说话，立刻被妈妈打断。

王成俊妈妈　　他还小，对社会环境什么的还一无所知呢，有时候想跑出去做点新奇古怪的工作。

王成俊　　妈，那不是什么新奇古怪的工作，都是我真心喜欢，认真想过的。

王成俊妈妈 你懂什么呀！我和你爸在社会上闯荡的不比你多吗，你知道现在找工作多不容易吗？

王　华 成俊妈妈，能有自己的想法是很好的，父母还是尽量支持吧，孩子需要自己去成长。

王成俊 我也想自己做选择。

王成俊妈妈 我这都是替孩子着想，（对王成俊）妈妈这都是为你好。就不说辨别好坏是非的能力了，就连暑假的学习计划都要我带着他做。我要是不督促他，他能整个假期都躺在床上玩手机。

王成俊 我觉得有计划是好事，我也想参加一些志愿者活动，好多同学都去了。可是怎么说您也不同意。

王成俊妈妈 说什么志愿者活动，那不都是说得好听？说白了，就是让你去给别人做免费苦力的，有这些时间，在家做点什么不好？

李　霞 （对王成俊）王成俊的想法很不错，确实应该多去参与一些志愿者活动，能够收获许多不一样的东西。

王成俊 真的吗？老师。（李霞点头）

王　华 成俊妈妈，我们不能让孩子被困在课堂里。参加社团活动、做志愿者都可以让孩子与周围的人多多交流，多多合作，这都是很有意义的事情。（对王成俊）你也希望自己的大学生活更加有意义吧？

王成俊 嗯。

王成俊妈妈 你不是不喜欢参加社团吗，（思索）不过，你每天都有学习计划，应该也没什么时间去吧……

张　英 （快速打断）哎！成俊妈妈，（环顾四周）我听王成俊说你们刚搬来，您带我四处看看行吗，我看户型还挺合理的，（边说边起身走到王成俊妈妈身边）你们家打算怎么布置呀？

王成俊妈妈 （觉得没必要）这一地的东西都还没收拾呢。（起身）那，那就看看？

〔张英和王成俊妈妈边走边谈话从右侧下。

王　华 （王成俊妈妈离开沙发后立刻问）王成俊，你的专业是你自己选择的吗？

王成俊 （逃避）嗯……我觉得这样也挺好的。我学了维吾尔语，就可以和同宿舍的同学交流，口语也……

王　华　（打断，真诚地）王成俊，是你自己真心的选择吗？

王成俊　这也不重要吧，反正已经这样了。

王　华　你一定要明白，这很重要。你需要自己做选择，为自己做决定。

王成俊　好吧。（停顿，欲言又止）

李　霞　你近期有什么安排吗？（补充）你自己的安排。

王成俊　大二就可以去南疆实习了，要准备的东西我全都已经买好了，（看向妈妈的方向）我还没有告诉家人。但是我已经想了很久很久了，我一定要离开家，到了南疆我会好好跟着老师学习，不会偷懒，我什么苦都能吃。

李　霞　去南疆下乡可能没有你想的那样轻松。当然，只要你有意愿，有困难的话，老师们都很乐意帮忙。

王成俊　老师，您相信我。我可以想象得到，等我去了南疆，无论做什么都会很有热情。我会把自己的事情安排好，不会给别人添麻烦。

李　霞　嗯，老师相信你。你能够替自己做决定是好事，但是也不能冲动，做事情一定要深思熟虑。妈妈的建议也并不都是坏的，但是你要保有自己的主见。

王成俊　我明白。所有事情妈妈都替我想好了，在她身边我甚至有些压抑，我想要自己自由的空间去伸展手脚。

王　华　不能凡事都听父母的，也不能任何事都要跟父母作对。他们也有见解独到的地方，只有和他们多交流，多说说自己的想法，才会有最好的结果。你说对吗？

王成俊　嗯，我明白了。

〔张英与王成俊妈妈上。

王　华　王成俊妈妈，我们一起拍个照吧？

王成俊妈妈　好，（对王成俊）快拿手机来，给我和老师拍张照。

王成俊　可以一起拍的。（走到老师和王成俊妈妈前面，把手机伸出来）

〔大家摆好姿势拍照。

王成俊　3、2、1，茄子。

张　英　那我们就准备走了，给你们添麻烦了。

王成俊妈妈　（突然想起）哎，老师，你们等一下，瞧我这记性！我去给你们拿烤包子，你们带点路上吃。

张　英　不用了，我们刚吃了饭才来的。

王成俊妈妈　带回去吃吧，我买的也不多，你们就尝尝啊，我这就
　　　　　去拿。

王　华　您的好意我们心领了，您别叫我们为难。

王成俊妈妈　不为难，哪有什么为难的，这烤包子真的好吃。

李　霞　（无奈摆手）您真的别麻烦了，留给孩子吃吧。

王成俊妈妈　你们等等啊，我现在去拿。（站起朝舞台右侧走）

王　华　（着急地）您别忙了，王成俊，你快来劝一下你妈妈。

王成俊　妈，您放过老师们吧。

王成俊妈妈　你这孩子真不懂事。老师啊，你们这就是太客气了，谁
　　　　　还规定不能吃东西了。

李　霞　（有些激动，但还是保持笑意）您别这样，这样是不合规矩
　　　　　的，这样是不被允许的！
　　　　　〔张英、王华走上前。

张　英　好了，王成俊妈妈，时间差不多了，您的好意我们心领了，
　　　　　但是真的不用了。（走到舞台左侧）

王成俊妈妈　老师吃了晚饭再走吧。

张　英　不了不了，我们还有别的学生要家访。

王成俊　老师再见。

老师们　再见。

王成俊妈妈　（大声）那好吧，那老师们慢走啊，下次再来。（对王成
　　　　　俊）当了教授怎么还不吃东西了？

王成俊　妈，我们去吃吧。（拉着妈妈从右下）
　　　　　〔暗场。

第二场

时　间　15 点左右

地　点　阿丽努尔家中

布　景　舞台总体布局与第一场相近：同样有沙发与茶几，茶几上摆
　　　　着一盘桃子。上一场的玫红色和鲜绿色的箱子并列放在家中
　　　　左侧，宝蓝色箱子在右侧，箱子都用颜色暗淡的毛毯盖上，
　　　　当作桌子。
　　　　〔开场时阿丽努尔和妈妈站在右边，左边站着三位老师。

王　华　阿丽努尔，最近在家休息得怎么样？（手中拿出带来的东西，递给阿丽努尔）那天进宿舍，去看结对子的学生，刚好是你以前的宿舍。她们说你最爱吃这个饼干，就给你带了一些。

阿丽努尔　（惊喜）啊，她们现在怎么样？（看着饼干）谢谢老师……你们那么远赶过来，还给我带东西，真是太不好意思了。我在家都挺好的，我妈好几次都说我胖了。

王　华　平时也没机会跟你交流，刚好趁这些机会多聊聊。（和另外两位老师互动）

阿丽努尔　老师，我没想到你们会来看我……（低头）

阿丽努尔妈妈　（走上前对阿丽努尔）快让老师们坐下来说话，老师从那么远过来，肯定累了。我去准备东西，老师你们先坐。

阿丽努尔　妈妈，早上买回来的菜在冰箱里。

阿丽努尔妈妈　好，知道了。（从右侧下）

阿丽努尔　老师，你们一定渴了吧！我先去给你们倒水。（着急地去倒水）

王　华　谢谢。

李　霞　麻烦你了。

〔阿丽努尔倒了四杯水，阿丽努尔妈妈从右侧下。老师们在沙发上坐下。外公从右侧上。

外　公　（手中拿报纸扇风，看到老师后惊喜）老师来了呀。我这个孙女，念叨了好几天，就盼你们来！（走到沙发旁，刚要坐下）哎，老师你们先坐，我去洗杏子。早上孙女刚去买的，新鲜着呢！（向右侧走）

阿丽努尔　（端水来）明明是您天天念叨。（对老师们）自从听说老师要来家访，他每天早晨都问我，"老师说了没有，今天来不来？"耳朵都要磨出茧子了。（把水杯放在老师跟前，示意老师喝水，也给了外公一杯）老师，吃点桃子。（说完十分自然地给了外公一个桃子，之后坐在沙发右侧）

〔老师们说"您别忙了""您别麻烦了"，王华、李霞回应阿丽努尔，张英关注外公。

张　英　（起身，走上前对外公）老人家，不用麻烦，我们喝点水就行了。您过来坐吧，我们一起聊聊孩子的事情吧。

〔张英回原处坐下。外公坐在右侧的沙发上。

外　公　（假装板脸）好，聊聊孩子……边吃边聊？

李　霞　（起身也上前，笑）您太客气了。

王　华　是啊，不用麻烦了。

外　公　（思索着随老师们一同坐下，喝了口水）那也行，一会儿就
　　　　留下吃饭。

　　　　〔老师们互相看对方一眼，摆摆手。

王　华　阿丽努尔同学，在学习方面有没有什么困难需要我们帮
　　　　助的？

阿丽努尔　我后来转专业了，所以就要补上之前大一的课。（说得有
　　　　点犹豫，沮丧）我都休学一年了，好多知识都忘了。马上
　　　　开学了，再回到学校，我可能什么都不会了。

张　英　你也不用那么担心，不会有大问题的，我们都愿意帮助你。
　　　　听说你是因为生病了才休学的，现在怎么样了，有没有好一
　　　　点儿？（拿出本子做记录）

阿丽努尔　嗯，我的病已经好多了。

外　公　老师，天气这么热，你们肯定渴了。喝点水，别光说话。

李　霞　好，谢谢您。（端起了杯子，却没有喝，注意力还在谈话中）

阿丽努尔　老师，水可以喝，我刚拿的都是一次性杯子。（加重强调）

李　霞　嗯。好的，我一会儿喝。（杯子依旧在手中，关注着张英的
　　　　记录）

王　华　你现在不用有太大心理压力，一定要好好恢复精神状态，多
　　　　放松，这样回到学校了才能全心全意地投入。

阿丽努尔　（注意着李霞手中的杯子，低头）嗯……但是我还是担心。
　　　　我害怕和其他同学相处会有困难。在家待的时间长了，我
　　　　有点儿害怕去上学。（对李霞）老师，您不想喝吗？

李　霞　（笑道）没有，我在路上刚喝完一瓶水。

　　　　〔阿丽努尔妈妈从右侧上，穿着围裙，一边说一边用围裙
　　　　擦手。

阿丽努尔妈妈　（打断了李霞）老师你们多聊一会儿，饭马上就做好
　　　　　　了。一会儿吃了饭再走。

王　华　您不用这么麻烦，我们来家访学校有规定，不能在学生家里
　　　　吃饭。您也休息一会儿吧。

阿丽努尔妈妈　那怎么行呢。老师们好不容易来一次，要好好招
　　　　　　待呢。

王　华　您真的不用客气，我听阿丽努尔说，您还在上班，特意请假过来。我们来家访已经给你们添很多麻烦了，您这样我们就太不好意思了。

阿丽努尔妈妈　没有麻烦，菜还在锅里呢，我先去看看。（从左侧下）

〔王华欲起身劝阿丽努尔妈妈，外公示意老师坐下。

外　公　吃了饭再走吧，吃个饭有什么麻烦的，别客气。你们都是阿丽努尔的老师，平常在学校你们又教给她知识，又关心她……（略强硬）哎，你们吃完饭就走，我们不给别人说。

〔老师们无奈对视。

王　华　老人家，这都是我们应该做的，谢谢您的好意。（用手肘戳一下李霞）

李　霞　哎，阿丽努尔，你刚刚说担心开学了学习跟不上。（对张英）张英，让你们系的同事多照顾一下她嘛，帮她补补课。

张　英　可以呀，你到时候直接来找我。

阿丽努尔　谢谢老师！我会好好努力的。

张　英　你之前转过专业，学习还不错吧。

阿丽努尔　那时候还可以。（停顿）老师，楼下有家椒麻鸡店呢，我去买一点回来，你们一会儿吃。

张　英　（快答）不用不用，我们还有别的学生要家访，看到你状态不错我们也放心了。再待一会儿就得走了，谢谢你的好意。

阿丽努尔　（失落地低下头）噢，那好吧……但是，我从外面买来，你们可以吃的。

张　英　（笑着）学校有规定。我们是来家访学生，当然不能吃学生的东西呀。

外　公　这有啥规定不规定的，吃个饭还能花几个钱。在外面跑了一天肯定饿了，别客气了，你们稍微吃一点儿。

〔阿丽努尔妈妈由右侧上，热情地。阿丽努尔低着头，双手攥在一起。

阿丽努尔妈妈　饭好了，老师们来边吃边说吧。

〔老师尴尬对视。

王　华　（起身）阿丽努尔妈妈，真的太不好意思了，在学校都是我们请学生吃饭，没有在这里吃饭的道理。您看，时间差不多了，我们这就走了。

阿丽努尔妈妈　（快接）吃完再走，都到饭点了，好不容易来一趟，怎么能不吃顿饭呢。

阿丽努尔 （走上前）妈，要不算了吧，老师刚刚也说了，他们有要求的。

〔阿丽努尔妈妈拉一下阿丽努尔，阿丽努尔继续低头。

外　公 就是，不吃饭就走，我们都没好好招待。

李　霞 （无奈）我们真的不是客气，您别劝我们了，这样我们也为难，毕竟……

外　公 别为难，我们保密，不叫学校知道。

王　华 （强带着点笑容）真的不可以。

阿丽努尔妈妈 （走上前）饭都已经做好了，特意为你们来准备的。

〔外公和阿丽努尔妈妈同时劝说，老师们同时拒绝，场上制造出喧闹。

阿丽努尔 （十分大声，低头）妈！

〔静场 3 秒。

阿丽努尔 （抬头）您就别逼他们了。（失落，声音变小）他们不想吃。

阿丽努尔妈妈 这孩子，怎么了，刚还好好的。（对老师苦笑）她平时很懂礼貌，不知道今天是怎么了。

外　公 这孩子，怎么跟妈妈说话呢。

阿丽努尔 （整理情绪，但语气略强硬）唉，老师也是好意，不想麻烦我们。我们这样说话不好，让老师这么为难。

阿丽努尔妈妈 老师来看你，留老师吃饭是我们的礼貌呀。

阿丽努尔 （矛盾，纠结）我是用一次性杯子倒的水……是可以喝的，你们不用担心。我知道你们觉得我有乙肝，但是已经完全好了，而且，我一直都很注意，不会传染给别人。有人来我家吃饭，我都是自己单独盛饭菜吃。

〔三位老师对视，恍然大悟。

李　霞 （走过去坐在阿丽努尔身旁）阿丽努尔，我想，你误会我们了。我们并不知道你的具体情况，只知道你是生了病才休学的。不在学生家吃饭，这是学校对老师家访的要求。你外公也喝了水，我们会担心自己的抵抗力不如一个老人家吗？我们不是因为介意你的病才不留下吃饭的。

阿丽努尔 嗯……老师，我明白。是我太不懂事了。

张　英 （走上前拉住阿丽努尔的手）没事的，别多想，你是个心思细腻的孩子，可以很好地照顾到别人的情绪。只要你好好和同学们相处，他们都会喜欢你的。别忘了啊，开学回学校了，有事情记得来找我。

王　华　（对张英开玩笑）没事就不能找你了吗？

张　英　可以可以，随时欢迎。

阿丽努尔　谢谢老师。

外　公　你看，老师又关心我们，又给孩子带东西，我们连顿饭菜都没招待。

王　华　不会的，老人家，你们的心意我们已经完全领会了。

阿丽努尔妈妈　老师啊，她平时话少得很，什么都不和我们说。我们着急了，也只能问问她想吃什么，想办法给她做点儿好吃的。学习上的事，我知道她压力大，也从来不敢多问什么。孩子没有爸爸，我平日工作又特别忙，很多时候都来不及照顾她。我这做妈妈的，什么都帮不到孩子。老师，你们要多帮帮她。

外　公　这孩子，从小就懂事。怕她妈妈担心，怕给我们添乱。后来才知道，她在心里担着好多事呢。

李　霞　你们放心，我们会尽最大努力帮孩子的。

〔外公回到沙发上坐着。

张　英　（对阿丽努尔）阿丽努尔，等再回学校，你可以考虑竞选班干部呀。

阿丽努尔　（带着一些希望）可以吗？我很想当班干部。但是，我休学回去就要到一个新班级，和同学们的相处也不那么容易，要不我还是再等等吧。

张　英　没关系，谁说到一个新班级就不能当班委了？你就很合适。平常在家也能给妈妈和外公分担家务。做班委就是需要勤勉又有责任心的学生。这样你也可以有更多的机会和老师同学们相处。我看好你，一定可以做得很好，老师相信你。

阿丽努尔　（点头）老师，我明白了。我一定要变得更加勇敢，这样才能去拥抱这个美好的世界。

〔李霞看一眼舞台右侧的张英、王华。

张　英　那，我们就先回去了，接下来还要去别的学生家。

〔众人一同走向舞台左侧。

外　公　（走上前）这么快就走了，再坐坐嘛。

王　华　我们下个假期还会来的，希望不要麻烦到您才好。

外　公　怎么会，随时欢迎你们，你们来了，家里就热闹了！

阿丽努尔妈妈　谢谢老师了，这么忙还过来。

李　霞　（拿两个桃子）不用客气了，你们不用送了。（对阿丽努尔）
　　　　阿丽努尔，桃子我们拿两个做纪念，感谢你的招待，也期待
　　　　你的好消息！

阿丽努尔　（喜悦地）嗯！

　　　　〔阿丽努尔和妈妈、外公从右侧下，老师从左侧绕半圈回到
　　　　舞台前面。

王　华　（突然转身）哎，我们刚刚拍照了没？

张　英　忘了。

王　华　哎呀，怎么把这事忘了，太可惜了。

李　霞　照片忘记了就忘记了吧。真没想到家访会带来触动。这孩子
　　　　多懂事，没想到承担了这么多东西，要是有机会一定要多帮
　　　　帮她。

王　华　不知道还有多少像这样的学生迫切地需要帮助。我们做老师
　　　　的却毫不知情。

张　英　现在遇到了，我们就做力所能及的事吧。（停顿）下次家访
　　　　我们再来她家吧，就在她家吃一顿饭。

王　华　没问题。

张　英　（边说边往左走）王华，快看看下一家，好像是你的学生，
　　　　跟我们说说学生的情况吧，我们提前了解一下。

　　　　〔老师们从右下，暗场。

《家访》演出剧照 1

《家访》演出剧照 2

演出指导建议

　　该剧在舞台上展现了三种不同的变化过程，这其中以老师们的变化为主，以两名不同境遇的学生的变化为前后两条副线，戏剧线索呈现两段不同的交叉，因此该剧的贯穿动作为"改变"，没有明显的戏剧情节突转和人物性格冲突。老师们经过了从不理解家访的意义因而应付差事，到努力给予学生以实际和真诚的帮助，让家访成为自己教育工作的一个有机组成部分，每一步都有其情感上的合理性，因此不能在舞台上表现"失职—尽责"的转变，而要表现出老师们扩大了对自己职责范围的认知，从被动完成指标转变为付出了真情实感。男生的转变表现在从对母亲和老师的被动敷衍，到主动表达出自己的人生诉求；女生的转变表现在情绪从沉重压抑到重获希望的舒展。

　　剧中，老师们是作为群体形象出现的，改变也是群体的改变，所以三位老师之间细微的差别要依靠肢体动作、具有一惯性的表情和台词表达的语气等来区分。第一场的母亲角色强势而且自我，所以与男生的互动、与老师的互动都有很多戏可做，母亲的台位要更加多变而活跃。这段表演比较容易获得充满趣味性的戏剧效果，并且容易引起台下观众的共鸣。第二场的女生性格是全剧最复杂的，有很多心理活动需要通过肢体动作、眼神、与家人互动、回避与老师的互动来表现她的自卑、敏感、极在意老师们的看法、极容易失衡、情绪起落快等性格特点；第二场设有谜题及揭出，谜题揭出既成为老师们最终转变的情节契机，也应当在演出中成为观众最感动的瞬间。

首演演职员表

　　编　　剧：郁浩
　　导　　演：郁浩、柳逸
　　演　　员：吴志恒　　　　饰　　王成俊
　　　　　　　谢雨娟　　　　饰　　王成俊妈妈
　　　　　　　沙达开提·肖开提　饰　　阿丽努尔

<table>
<tr><td>娜布其玛</td><td>饰</td><td>阿丽努尔妈妈</td></tr>
<tr><td>特列克·哈米提</td><td>饰</td><td>阿丽努尔外公</td></tr>
<tr><td>张怡靖</td><td>饰</td><td>王华</td></tr>
<tr><td>张圣洁</td><td>饰</td><td>张英</td></tr>
<tr><td>张悦</td><td>饰</td><td>李霞</td></tr>
</table>

场　记：木妮热·阿不都热依木

舞台音效：林晓栋

道　具：孙伟光

化　妆：古丽孜帕热·阿布都热西提、胡婕、柳逸、赞丹其木格

剧本审阅：单宏军、邹赞

监　制：顾光海、范镇

剧本指导教师：安凌、唐彦临

演出指导教师：何菲菲、杨华（石河子大学，特邀）、陈鑫

相　识

杨明昊[①]

| 人　物

尚海武——大一学生会干事，身材高大

艾尼瓦尔——尚海武的朋友

伊　万——外国留学生，身材瘦小，留着络腮胡子

群众演员若干

———————————

　　① 杨明昊，新疆大学林基路艺术剧社编剧、剧务、演员；新疆大学中国语言文学学院汉语言文学专业 2017 级本科生。

第一场

时　间　冬季

地　点　澡堂休息室

　　〔舞台中央摆着一排椅子，椅子上放着洗漱用具和衣物，最左侧的椅子上挂着一个篮球。几个学生在椅子前边收拾东西边聊天，伊万自己在舞台右后侧对着手机模仿嘻哈动作。艾尼瓦尔坐在椅子上不耐烦地刷着手机，时不时朝舞台两侧瞥两眼。尚海武从舞台左侧上。

艾尼瓦尔　（瞥了一眼尚海武后，站起身来）澡堂是停水了还是被你泡塌了？不然你怎么舍得出来？

尚海武　（神情陶醉地）"面朝大海，春暖花开！"这水暖和的，我才懒得出来呢。（走到椅子前擦头发）

艾尼瓦尔　哼，我看是"身处澡堂，四面漏风！"四年过去，我可别再洗出老寒腿！（身体故意蜷缩一下，向吹风机走过去）

　　〔尚海武哼着小曲擦完头发，提起书包整理东西。伊万立刻窜过来把书包放在尚海武的椅子上。尚海武停下来转身打量他，伊万开始翻自己的包，无视尚海武的目光。

尚海武　（把书包提在右手，左手拿着外套）同学你好，我还没走呢，请你先把东西拿开。

伊　万　（上下打量他，声音带着奇怪的生硬）这里不能——放——我的——东西吗？

尚海武　（向他走近两步，声音柔和地劝说）同学，我说了我还没走呢，就是整理下东西。你这样，我东西放哪儿呢？请你稍等一会儿，我尽快收拾。好吗？

伊　万　（走过去把自己的书包横过来，歪着头看向尚海武，更加生硬地）这下好了，你——放在上面啊。我——凭——什——么等着，你站着也可——以整理嘛。

　　〔旁边的人有的扭过头来给两人行注目礼，尚海武向两侧瞥了几眼。学生甲走向两人。

尚海武　你稍等一下，我马上……

伊　万　（用脚把尚海武的拖鞋踢到旁边，有一只稍远）鞋子，可以拿走，这么大鞋子站在这里，我一个人，站不下了。

学生甲 （用脚把尚海武的拖鞋扫回来，抬头看着伊万）他又不是要住这儿，你再站会儿不就完了吗。

尚海武 （诚恳的，语速稍快）同学你再等会儿就完。

伊　万 （头也不回接着收拾）什么完，（无辜地盯着尚海武，非常肯定）你完了！

〔尚海武把自己的书包和外套倒在左手，腾出右手来搭在伊万的肩膀上。

尚海武 我说了，（右手五指忽然发力，仍是声音柔和地劝说）我，还没走。

伊　万 （肩膀被尚海武摁疼，叫了出来）哎哟！那——那——那我立——刻——马——上就好。（想要挣脱尚海武，尚海武仍是死死地摁着他）

学生甲 （走到椅子前提起伊万的书包）兄弟，快拿起你的东西先让让吧。（尚海武咧嘴一笑，松手）

伊　万 好好好，我这就让一让，你们所有人我都让！（左手揉着右肩，灰溜溜地接过书包走开并把尚海武的拖鞋放回原位）

艾尼瓦尔 （在一旁对着镜子用吹风机吹头发，嬉笑地对着镜子中的自己说）阿达西①，再帅也不能插队啊。

〔大家哄笑，各自回到座位处收拾。尚海武继续哼起小曲，伊万提着包走到镜子旁，瞥着艾尼瓦尔。

伊　万 （语气温和地）同学，吹风机给我用一下好吗？你吹的时间挺长了，对头发不好。

学生乙 （走到两人身旁，打趣地看着艾尼瓦尔）哦，你是说他的发际线保不住了？会变成地中海？

伊　万 （疑惑地）地中海？我是说他这样发—脱，不对（挠挠头，灵光一现地）就是——秃——头！

学生乙 （憋着笑）哈哈，那是太平洋！

〔众人哄笑，伊万不明所以。艾尼瓦尔有些尴尬，拔下吹风机走出几步。播放背景音乐 *Roundabout*。

艾尼瓦尔 （转过身看着伊万）阿达西，为了我的头发，吹风机给你。（左手拿着吹风机向前递出）

〔伊万正想接过吹风机，艾尼瓦尔突然把吹风机倒换到右手。伊万往右边抓，艾尼瓦尔又突然把吹风机举过头顶。伊万扑

---

① 朋友，维吾尔语词汇。

了个空，险些摔倒。艾尼瓦尔得意地掸了掸衣服。

伊　万　哎哟，你到底给——不——给我。你吹得时间太长，（指着地上的散发）就这样，你头发都到地上了。（挠了挠头）什么（拿腔调作字正腔圆读课本的方式）地中海印度洋太平洋大西洋北冰洋……

艾尼瓦尔　（吹一声口哨打断伊万）怎么，澡堂飞进来蚊子了？在人背后嗡嗡叫。

　　　　〔学生甲走到伊万身边猛地甩了下毛巾，伊万一惊，左脚从拖鞋里滑了出来，踩在地上。

伊　万　（气愤地）你干什么！想动——脚——手吗？

学生甲　（无辜地）干什么？赶蚊子呗，冬天了就这儿暖和，连蚊子也往澡堂里钻。没抓到你吧？

艾尼瓦尔　（盯着伊万）这蚊子嗡嗡地叫，没准一会儿就饿了，还是赶出去的好，免得身上起包。

伊　万　（认真地四下看）哪……哪有蚊子，我怎么没看到。

　　　　〔尚海武走到艾尼瓦尔身边，捡起包递给伊万，拿过艾尼瓦尔手里的吹风机，对着镜子整理头发。背景音乐 *Roundabout* 渐弱。

尚海武　还没吹够啊，赶紧收拾东西走吧，我头发都快干了。

艾尼瓦尔　着啥急，你可是把澡堂子洗停水的男人。（往前迈一步几乎和伊万鼻子贴一起了）我看还是先把这蚊子赶走再说。

　　　　〔伊万莫名其妙往后退了两步，撞上了身后正在整理东西的学生丙，踩了学生丙的光脚上，学生丙疼得吸气没好气地把他推到艾尼瓦尔身上，伊万一个趔趄。

伊　万　（回过头瞪着学生丙）你为什么推我？我又没有挡住你。

学生丙　（瞥伊万一眼，拿毛巾擦脚，跛着脚走到艾尼瓦尔身边）我去，我先被蚊子叮了。

尚海武　有这功夫，你还是等明年在宿舍抓臭虫吧。冬天的蚊子，成不了气候。（四人笑）

　　　　〔艾尼瓦尔和学生甲、丙回到椅子前收拾东西，伊万随便掸了掸书包，又看看四下，没趣地走开，继续寻找空地方，走到学生乙旁边看他收拾包。

学生乙　（惊讶状）一日不见，如三秋分！（把毛巾搭在肩上，伸手同伊万握手）这么巧，您也来洗澡了！老天爷！

伊　万　（呆立着，伸出手来握手，露出笑容）你是谁啊？我不——

记得了啊。

学生乙 （微笑着）原来您不认识我啊，那您离我这么近（冷脸，模仿京腔）请好吧您嘞！（低头弯腰，右手向前伸出）

〔背景音乐 Roundabout 停止。伊万郁闷地走开，愤怒地四处扫视。随手抄起椅子上一个无主的包扔到地上，东西散落一地。伊万一屁股坐到椅子上。人群听到声音纷纷凑过来看。

尚海武 （快步走到伊万身前，愤怒地举起吹风机，旁边的同学急忙拦他）没长眼吗？看不见别人的东西在这放着！（群演纷纷附和，说真没素质）

伊　万 （站起来，一脚踩在椅子上，蛮横地）坐这怎——么——了？

学生丙 岂有此理，刚才那位兄弟话说的明白得很，你脑子勺掉①了吗？赶紧走不就完了吗？（群演附和，对着伊万指指点点）

尚海武 （放下吹风机，忍耐着）同学，椅子就这么多，请你耐心等一会儿。

伊　万 （面不改色的）凭——什——么书包（指书包）坐着我（指自己）站着？少管多——事闲！

〔群演们都在指着伊万议论，尚海武拦住了将冲上去的艾尼瓦尔。

艾尼瓦尔 （嫌弃地）你这人，冬天这么冷，在宿舍躺着多好，洗完澡就赶紧走呗。（对其他人）这人不像咱们学校学生，别是（斜乜着伊万）外面混进来的什么社会闲人吧？（同学们都警惕了）

学生甲 朋友，学校门禁这么严，你是怎么混进来的？（其他人，把他送保卫处！）

伊　万 （抢过学生甲的话，字正腔圆地）我是留——学——生，你们学校的！不，我们学校的！不，（费力地想，放弃，愤愤地）再说了，也没人把我当朋友！（转过身侧身对着人群）

艾尼瓦尔 （惊讶地对尚海武说）这是个留学生？

学生丙 （大咧咧地）我看你不像，留学生都长得歹歹②的。鹰钩鼻子大高个，还有，金发碧眼？你有什么证据说你是外国人？（旁边人推他，示意别说了）

伊　万 （费力跟上）带带？带什么？（找证件）

---

① 新疆方言：指傻掉了，关系比较亲近的人之间的戏谑。

② 新疆方言：指很厉害，很好，此处指长得帅。

学生甲 （拉住学生丙，指着伊万的络腮胡子）谁说一定金发碧眼？留学生黑眼睛多得是！而且，咱们刚刚都没有好好看看他（以拳击掌，一激灵）那他听得明白吗？（两人互相看着）

〔群演们有的议论他竟然是个留学生，有的反问说是留学生又怎么了。播放背景音乐《五月雨》。

学生乙 （走到伊万身旁，仍是一口京腔）不管怎么说，您都是国际友人，不该拿您逗闷子。（拱拱手）对不起了您呐！（伊万侧目看着乙）

尚海武 （拍艾尼瓦尔肩膀）对了，进澡堂的时候有两个他（朝伊万方向努嘴）这个风格的哥们正好出去。你还记得吗？（艾尼瓦尔若有所思）

伊　万 （转过身来）本来我是和同学一起来的，没想到他俩看了一眼后就走了。说什么这儿的浴室太差了，还是去学校外面办健身卡洗澡算了。我没什么多余的生活费，也不想去健身。（低头）（大家静默）

艾尼瓦尔 （同情）他们自己去健身房就可以了吗？还跟着你来这转一圈，这就是炫（想不起来，回头看尚海武）

尚海武 炫富！（拉着伊万坐下，旁边人忙不迭地拿起自己的包，把伊万的包放下）肚子不胀嘛，有话好好说，冲动是魔鬼。

伊　万 （低着头）我没钱去健身房，也没钱去外面吃饭，只能在这里洗澡，在学校食堂吃饭。我就一个人自己。我看你们这么热闹，洗澡都一起洗，我这才——有些——冲动嘛。

尚海武 （本来同情，看看周围同学，大家都有点儿尴尬，听到"一起洗澡"笑）哎哎哎，朋友，可不敢乱说！我们没有一起洗澡……（其他人：对对对，他俩一起洗澡，我们和他俩不是一拨）

艾尼瓦尔 （对其他人）去去去！（对伊万）阿达西，要是你一开始主动问我们的话，我相信大家都愿意让你坐下歇一会的。刚才你要不说啥秃不秃头的，我也会把吹风机给你。（群演们附和）

尚海武 （搭着伊万肩膀）要是我们都能再耐心点的话。其实地中海太平洋啥的都是我们拿来调侃大人的头秃，你想想，一个中年人的头顶慢慢脱发，本来是地中海，后来不就成了太平洋了吗？（伊万扑哧一声笑了）

伊　万 （站起来）我很向往这多民族聚居的乐园，我很喜欢中国。

可惜来了之后我发现我——我不太会相——处嘛。我跟室友们都说不上几句话，经常自己待在宿舍。

尚海武　在宿舍不顺心就多出来走走，憋在屋子里可不行。趁大一多参加些活动，正好把爱来白来①的坏事都忘掉。

艾尼瓦尔　（拉着伊万走到舞台中央）没事就来小广场，一块儿玩玩嘻哈。（比画一个嘻哈手势）

伊　万　（使劲地点点头）我的汉语不太好，有时候就不说话，就行动。（低头，双臂举起摆造型。其他人模仿伊万的动作。）
　　　　〔背景音乐《五月雨》停止。学生丙走到舞台左侧，从袋子里掏出篮球，向伊万抛去。

学生丙　不如我们来约场篮球吧。

伊　万　（接过篮球，露出喜色）好哇，我可好久没打球了。（拍尚海武）篮球是冬季室内运动，我们国家的篮球队可是在奥运赛场上打败过美国。1972 年在德国慕尼黑……

艾尼瓦尔　（抢着说）战斗民族最后三秒绝杀美国梦之队。原来你来自俄罗斯！

伊　万　（十分高兴）达瓦里希②！你可真厉害，以后大家就叫我伊万吧。

学生甲　好哇！伊万，打完球咱们一起去吃大盘鸡，喝夺命大乌苏。咱们不……（大家一块把食指竖在嘴边说"嘘"）

学生乙　（假装严肃）你可别把人家带坏了。

伊　万　（好奇地）夺——命大乌——苏是什么？

艾尼瓦尔　（假笑着）啊……是……一种零食！（群演附和）

伊　万　那我去买零食，就要夺命大乌苏！

尚海武　（赶紧拦住伊万）你可别真去买。

学生甲　（坏笑着）买什么，找你们班女生要啊，她们肯定一边囤零食，一边想着减肥。

学生丙　你这可是满足了她们的购物欲，又帮她们消除了罪恶感。（大家笑）

学生乙　（用胳膊肘顶一下伊万）一来一往的，没准还能趁机脱单。

伊　万　（看着学生乙）我衣服穿得挺厚啊，脱什么单。（大家迟疑片刻后哄笑）

---

① 新疆方言：比喻说话做事啰啰唆唆、唠唠叨叨、说一些不着边的事情。
② 俄语音译词，意为同志。

艾尼瓦尔　（搭着伊万肩膀）他是让你——赶紧找个女朋友！

伊　万　（害羞地）你——你们说什么，我怎听不明—白。

尚海武　（微笑着）我们说约完球，去吃大盘鸡！

伊　万　亚克西！（播放音乐《喀秋莎》）正当梨花开遍了天涯。（打
　　　　指挥手势）

尚海武　（左手慢慢抬起，轻抚空气）河上飘着柔曼的轻纱。

艾尼瓦尔　喀秋莎站在峻峭的岸上。（招手示意群演）

全体学生　歌声好像明媚的春光。（一起合唱《喀秋莎》前两节）

　　　　〔背景音乐《喀秋莎》减弱。尚海武、艾尼瓦尔和伊万握手
　　　　拥抱，互相说笑。群演们提着包边聊边走三五成群地从舞台
　　　　两侧下。

　　　　〔暗场。

《相识》演出剧照 1

《相识》演出剧照 2

演出指导建议

　　该剧的贯穿动作是由语言和文化差异造成的误会，台词以语言逗趣为主，肢体动作虽有轻微无意碰撞，但都不构成矛盾冲突。该剧反映了孤独的留学生伊万，因为羡慕各族同学之间的友谊，也来到学校公共澡堂，但又不知道怎么与中国同学接近，在经历了一连串的误会之后，反而发现了男生们之间有很多共同的话题和关注点；中国同学也从最初的忽略，转变为主动与伊万建立友谊，带他融入中国文化环境。

　　伊万的心态和语言能力决定了他有些犹豫和畏缩，但戏剧情节的进展又决定了他是全场的中心，一切动作和矛盾都围绕他进行，所以他的表演要有突然的进退，对其他人要有试探的表情；台词要有稍微生硬和有点背书效果；其他中国学生的性格都有点粗线条，喜欢互相吐槽并在这种吐槽中显示出彼此的亲密无间；他们对于伊万的举动和言语，并不认真生气不满，而是多少带点顽皮、男生之间开玩笑的态度；最终误会解开，双方发现有共同爱好的时候，氛围要突然转向热烈，因此台词呈现"抢话"或者"异口同声""众声喧哗"的效果。

首演演职员表

　　编　剧：杨明昊
　　导　演：杨明昊、孙伟光
　　演　员：张耀升　　　　　　　　饰　尚海武
　　　　　　特列克·哈米提　　　　饰　伊万
　　　　　　夏扑海提·帕力哈提　　饰　艾尼瓦尔
　　　　　　林明哲　　　　　　　　饰　学生甲
　　　　　　赵付路　　　　　　　　饰　学生乙
　　　　　　赵继红　　　　　　　　饰　学生丙
　　　　　　孙伟光　　　　　　　　饰　群演
　　　　　　阿卜杜萨拉木·阿布来提　饰　群演
　　场　记：巴哈德尔·吐尔逊

舞台音效：林晓栋

道　具：孙伟光

化　妆：古丽孜帕热·阿布都热西提、胡婕、柳逸、赞丹其木格

剧本审阅：单宏军、邹赞

监　制：顾光海、范镇

剧本指导教师：安凌、唐彦临

演出指导教师：何菲菲、杨华（石河子大学特邀）、陈鑫

放假之后

魏 健[①]

｜ 人　物

社　长——男，话剧社社长，大学三年级

小　危——女，话剧社社员，大学一年级

小　邢——女，话剧社社员，大学一年级

巴哈古丽·甫拉提——女，维吾尔族，话剧社社员，大学一年级，以下简称巴哈古丽

伊利亚·库尔班江——男，维吾尔族，话剧社社员，大学一年级，以下简称伊利亚

小　李——男，话剧社社员，大学二年级

老　曹——男，话剧社社员，大学二年级

---

①　魏健，新疆大学林基路艺术剧社编剧、剧务、演员；新疆大学中国语言文学学院汉语言文学专业 2016 级本科生。

时　间	国庆放假前的晚上
地　点	学校小剧场内
布　景	一处常见的小剧场舞台。地面铺着棕色木质地板，场上空无一物。

〔开幕时，社长站于台唇，追光。社员站于底幕，剪影。

社　长　刚接到通知，这可怎么说啊，国庆前一天晚上要排练，七天假期里还要排练三次，他们能接受吗？第三幕没排练几次，假期结束就正式演出，真是……唉。（叹气，摇头）

社员们　（懒懒散散，随意但亲切地）社长社长……

〔社长后退，全体社员前进，追光消失。社长站于舞台中央，面对观众席，社员三两成群分散站着，成弧形位于他的两侧。

社　长　（勉强地笑，带着讨好的语气）明天国庆，但今晚还要麻烦大家过来排练，毕竟就快演出了，咱们赶一下进度，也希望各位同学多多包涵。（抱拳）

社员们　（哈哈大笑，杂乱应和）好；没事；应该的。

伊利亚　（得意地）等排练结束，我就和我女朋友约会去呢。

社　长　（假笑）那我们就开始吧？《茶馆》前两幕也排练得差不多了，就从第三幕开始吧，大家打起精神来，就快正式演……（顿住）就快放假了，大家认真一点。

〔社员各自点头，开始准备。未表演的社员位于舞台稍远处，各自和其他人兴奋互动，交头接耳，窃窃私语状。

小　危　妈，给我做点热干面吧，晌午！没吃过啦好多天！

社　长　停停停，是热汤面……热干面是湖北武汉的……另外，王小花是北京人，说话不带倒装，这句台词你老出错。

小　危　啊？（反应过来，捂脸）不好意思，刚才晚饭吃了热干面，我下次一定会注意……

社　长　（欲言又止地）没事，继续吧，大家都专心点。（看向小邢）

小　邢　我知道，乖！可谁知道买得着面买不着呢！就是粮食店里可巧有面，谁知道咱们有没有钱呢！唉！

小　危　就盼着两样都有吧！妈！

小　邢　你倒想得好，可哪能那么容易！去吧，小花，在路上留神出租车……（全场静，她意识到说错）哦，是吉普车。（对社长抱歉笑，社员低笑，社长摇头）

老　曹　（上前）小花，等等。

小　危　干吗？爸！

老　曹　（笑）诶（故意拖长地）昨天晚上……（小危瞪了老曹一眼，社员低笑捂嘴）

小　邢　（用手肘轻捅了一下老曹）我已经嘱咐过她了！她懂事！（"懂事"加重语气）

老　曹　（正色地）你大力叔叔的事万不可对别人说呀！说了，咱们全家都得死！明白吧！

小　危　（瞪老曹）我不说，打死你我也不说！（社员忍不住，哄堂大笑）

社　长　（拍了拍手，无奈，带点恼火地）好好排练，别搞怪了。难道正式演出也这样演吗？

小　危　（冲社长抱歉地笑了笑，又瞪了一眼老曹）我不说，打死我也不说！有人问我大力叔叔回来过没有，我就说他走了好几年，一点儿消息也没有！

〔巴哈古丽由右侧人群中走出，她的腰有点儿弯，步伐有点缓慢。

巴哈古丽　（边走边喊）小花，小花！还没走哪？

小　李　（后排抬起头，大声调侃）这不是要排练嘛，不然早走了。（冲伊利亚挤眼睛，社员再笑，社长也跟着干笑了几声，转身收住笑容）

伊利亚　（搭着小李的肩膀）是啊，女朋友——（拖长）等我呢。

社　长　（看向伊利亚）好了好了，别撒狗粮，早点排完早点结束。大家也能早点休息……明天还要……（顿住）

老　曹　（笑）诶，不用，毕竟国庆七天假，我们呀，不慌。（部分社员点头）

社　长　总之先排练吧，放假的事……以后再说，这场从头再来。就快……（迟疑，略拖长）就快正式演出了，还请大家认真对待吧。

伊利亚　社长，这场才刚开始练，国庆放假回来，台词都忘记了，我看啊，今天就算了撒。

社　长　（下意识地）所以说要加练……（住嘴）

伊利亚　（疑惑地）加练？

社　长　我是说……加大练台词的力度，别把台词落外面了找不到

了。（小危注意地看他，掏出手机翻看）

伊利亚　（拍拍胸脯，理直气壮地）放心吧社长，保证做不到。（社员低笑）

小　危　（猛抬头，突然地）社长，国庆怎么有排练任务？

社员们　（惊讶，齐声地）啊？不会吧？（社长假装看周围人的反应，不安，巴哈古丽翻看手机）

小　邢　（看向社长）真的？

小　李　（看向小危）从哪知道的？

巴哈古丽　快看微信群，老师刚发的消息，（大声读出，越读越弱）因正式演出临近，国庆假期内需要排练四次，请大家合理调整出行时间，带来的不便请各位同学见……谅？（"见谅"两字拖长，表疑惑）

社员们　（纷纷掏出手机看，质疑、杂乱地）什么鬼？啥玩意？有毒吧？咋这样？

小　危　（拿着手机，靠近社长）社长，怎么国庆还排练啊。（社长走开一步）

小　李　（气愤地）就是，这不是玩人么？机票都订好了，明天走，6号回来，现在来这一出。（带威胁的语气）社长，不带这样的啊。

小　邢　（看向小危，遗憾地）那我们是不是去不了天池了？我还想看天山雪莲呢……

伊利亚　（对小李）我就——（拖长）谅解了那么——（拖长）一下下。（用手比了个手势）

老　曹　（耸肩，小声地）还好，我就打算去趟石河子，基本不影响。

社　长　（拍手示意安静）大家先不要吵了，听我说完。因为放假回来就正式演出了，但是我们排练的进度大家也知道，第三幕才刚开始……

小　李　（打断）那也不能占用放假时间啊，那是法定假日。

伊利亚　（稍显着急）社长，我女朋友专门为国庆好好地做了计划，这次再不陪她，（对大家做惊恐状）那我以后可就再也不用陪了呀。（"再"重音延长）

小　危　（语气缓和地，带劝说）社长，你和老师说一下呗，把演出时间延后就可以了吧，好不容易放个长假还要待学校里，快憋死我了。

巴哈古丽 就是就是……

社 长 （不耐烦地）好了好了，别说了。演出的事，我们能做决定吗？有这份闲工夫嘟囔，还不如多排练呢。

小 邢 社长，可是……

社 长 （叹气）别说了，我会向老师反映具体情况的，但估计……（环顾）大家先排练吧，多排练一段也是一段，好歹不能让观众看了笑话。

小 李 （低声地，斜眼看）我觉得这通知就是个笑话。

社 长 （看了一眼小李，欢愉地）老师也是为了演出效果考虑，如果我们认真排练，说不定（没底气地）就可以不用（声音转小）加练了。

小 李 （愤愤不平地）朝三暮四。

伊利亚 （捅了捅老曹，冲小李方向摆摆头）朝三什么四？

老 曹 （看了一眼小李，看了一眼社长）张三李四。

伊利亚 啊？你好好说嘛，啥意思嘛，哎，你别拉我衣服。（被老曹拉着走远）

〔演员向前，其他人向底幕走几步，但离得不远。

小 危 （无精打采地）妈，晌午给我做点热汤面吧！好多天没吃过啦！（好似唱歌）

小 邢 （同样有气无力地）我知道，乖！可谁知道买得着面买不着呢！就是粮食店里可巧有面，谁知道咱们有没有钱呢！（好像念经）就是我们有钱买，也没时间去啊，唉！

小 危 就盼着两样都有吧！妈！（急速地）

小 李 （斜眼看社长）就盼着有吧……（拖长，怪声）

〔全体都看向小李，社长皱眉，老曹过去，拉了拉小李，小李甩手，无所谓地玩手机，假装看不到社长。

小 邢 （怒）你倒想得好，可哪能那么容易！去吧，小花，（诅咒般地）在路上留神吉普车。（瞟了一眼社长）

老 曹 小花，等等。

小 危 （大怒，喷台词）干吗？爸！

老 曹 昨天晚上……

小 李 （故意大声对伊利亚）昨天晚上我们也在排练。（走向社长，社长有点儿畏缩）

小 邢 （厌烦）我已经嘱咐过她了！她懂事！

小　李　（对社长，阴阳怪气地）我已经嘱咐过他了！（对社长，拖长腔，提醒地）他真懂事！（社长扭头不看小李）

老　曹　（瞟了一眼小李，对小危）放假排练的事万不可……（皱眉，做轻扇嘴状）你大力叔叔的事万不可对别人说呀！（干咳两声，不自然地）说了，咱们全家都得死！明白吧！（冲小危、小邢挤眼睛劝她们）

小　危　（瞟了一眼社长，语气缓和，心虚）我不说，打死我也不说！（停顿）有人问我放假……（做无声的"呸"状）大力叔叔的事，我就说好几年了，一点消息也没有！

　　　　〔巴哈古丽由右侧人群中走出。

巴哈古丽　（边走边说）小花，小花！你还没走哪？（突然想起，赶紧弯腰驼背）

小　李　（无精打采地）走不了啦，要排练啦！

社　长　（强压怒气）停一下，（看向小李）你什么情况？

小　李　（耸了耸肩，夸张表现害怕模样）哪敢有情况。

　　　　〔伊利亚想笑，被老曹制止，伊利亚明白，点头。女生在旁窃窃私语。

小　李　社长，没别的意思，就是不高兴。刚查了机票，要退就退个油钱，虽然来回机票不贵，四五百，就当打水漂了，可钱掉水里好歹也能听个响啊。

　　　　〔社员全体围上来，都开始说话。

巴哈古丽　（凑上来，恳求地）社长，我国庆要回家，我爸妈想我，我表姐表妹都想我，我也想家。

小　危　（上前）社长，我和小邢报了旅游团，要去天山……

小　邢　（急忙地）是呀是呀。

社　长　（示意大家安静）大家假期都有安排，这次没有及时通知，打乱了大家的计划，确实给大家带来了麻烦，我也很抱歉。但是，请大家想一想，国庆放假回来就要正式演出，可现在我们的进度也摆在那里，如果我们国庆不抓紧时间排练，我们正式演出的时候拿什么给观众看？作为社长，我很高兴排练了两个多月，没有一个人退出。我知道大家都很不容易，热情每个人都有，但是能够长久坚持很难。换句话说，难道大家都想把这辛苦了两个多月的排练成果变成一个笑话，然后在舞台上就这样展示给观众看吗？舞台上，我们都是剧社的演员，我们就应该有演员的基本修养，就应该为观众展现精彩的故事，我们演剧是"教用合一"，服务社会，当然也要展现剧团的精神！（停顿）我的话说完了。（看向小李）你的机票我会和老师说明的，（稍停，心痛万分地）实在不行，我自己掏钱给你。

〔小李还想说，被老曹制止。小李离开人群，在较远处抱胸偏头站着。

老　曹　大家先冷静一下吧，"十一"长假很多人都没有休息，我们的演出能带给他们慰问，假期加练也就不可能取消，（大家丧气）但是我觉得吧，大家的假期不可能都在外面，能不能先对一下时间，（看向社长，又看向其他人）这样好歹能协调一下，有什么实在不能解决的问题现在先提出来吧。

伊利亚　（举手）我。

老　曹　（打趣）伊利亚，到底是你有问题，还是你的女朋友有问题啊？

伊利亚　我有问题，不对，我女朋友有问题，不对，你才有问题呢！
〔女生低笑，掩嘴窃窃私语。

社　长　（语气缓和地）伊利亚，这样，你先问问你女朋友计划是怎样的，她有没有打算玩六天啊？你先问问。

伊利亚　好，我去问一下。（走到一旁开始拿手机发微信）

社　长　（感激）老曹，你这边……

老　曹　我没问题，就准备去趟石河子，一切服从组织安排。（敬个军礼）

社　长　（看向女生）那你们呢？（女生们各自眼神交流了一番）

小　危　（叹气）社长，我和小邢就去趟昌吉看看天山，应该用不了几天。

巴哈古丽　（不舍）我……

老　曹　巴哈古丽，要不然这样，家里人不是想你吗，不如让他们过来看我们演出吧？

巴哈古丽　啊？（有点儿吃惊，看向社长）可以吗？（突然高兴）我可以有亲友团吗？

小　邢　好主意耶！社长，既然巴哈古丽都有亲友团，我能不能也申请一下？

小　危　（羡慕）我还想让我家人过来看呢，只是他们在山东，过不来。

老　曹　（看向小李）小李，我记得你不是昌吉的吗？你家人不想看你的表演吗？

小　李　（耸肩）我？算了吧，没人。

伊利亚　（发完微信，正好与小李勾肩搭背，把小李拉了过来）我女朋友就和我出去玩两天，社长，我也要申请亲友团，就一个，实在不行她坐在后台都可以呢，我要给她好好表演一下。（"好好"拖长）

社　长　好好好，我这就和老师说一下，应该会答应的。不过啊，我们现在最需要做的还是……

小　李　（学着社长，无奈叹息）先排练……（拖长）

　　　　〔全体哈哈大笑。

　　　　〔灯光渐暗，社员退回底幕，社长和老曹向前，追光。

社　长　（感慨地）今天真应该谢谢你，如果不是因为你，可能今天真的没有办法圆满地解决问题了。

老　曹　（微笑）你大可不必这么说，当初我们凭着兴趣和热爱相遇，现在因为责任和认同而共同努力。问题永远存在，怎样解决问题不是关键，最重要的是，我们有了相互认可和信赖的团队，证明我们在问题面前并不渺小和孤单。

　　　　〔光渐亮，演员从底幕走出。

伊利亚　（走上前，在社长面前挥挥手）嘿，社长，我们可以排练了吧？赶紧啊！

社　长　那我们开始吧。（对小危）记得别说热干面了。

小　危　好的，不会说热干面了，我保证。

社　长　（无奈，但开心地）王小花是个北京人，不是山东的。

　　　　〔全员大笑，光渐暗。

演出指导建议

　　该剧反映在高校学生社团中，团队需要与个人愿望冲突时候，同学们的思考转变过程；采用"戏中戏"的方式，把似是而非的《茶馆》台词插入学生演员的情绪表达中，同时，《茶馆》的表演也成为大家最终把演出置于个人愿望之上的一个过程，形成了戏剧矛盾的扭结和趣味。

　　在具体演出中，由于设定了一个"谜"，剧社社长和观众知道而社员毫不知情，社长的焦虑、为难和口误，同学们在《茶馆》排练中多次出现的与"假日"安排有关的失误，都构成了喜剧性细节，并给观众形成一定的紧张气氛。谜底揭开矛盾爆发时刻，女生主要通过彼此的肢体语言表现无奈和失落的情绪；小李态度强硬，语气蛮横，肢体动作少而幅度大；伊利亚主要承担插科打诨的作用，活跃气氛，语气较活泼，舞台跑动比较多；老曹语气和动作偏向世故和宽容。

选 择

胡 婕[①]

| 人 物

白　雪——新疆大学大四毕业生，二十三岁

白　冰——白雪的姐姐，三十二岁

母　亲——白雪的母亲，五十三岁

王阿姨——白雪的邻居，五十五岁

父　亲——白雪的父亲，五十四岁

赵　洁——白雪的好朋友，二十四岁

---

① 胡婕，新疆大学林基路艺术剧社编剧、剧务、演员；新疆大学中国语言文学学院汉语言文学专业2017级本科生。

时　间　五月的早晨

地　点　白雪的家里

布　景　舞台左侧是客厅，右侧是卧室，中间隔着一道门。客厅正中间摆放着一个茶几，茶几上有几个整齐的倒扣着的茶杯，旁边斜放着一个电视遥控器。茶几后面是一个长沙发，茶几左侧是一个单人沙发，靠近卧室门的地方放着电视。（可不出现）卧室里横着放置一张单人床，后面是一个带靠背的椅子，椅子上凌乱地搭着几件衣服，背面墙上挂着一张白雪和南疆孩子们的合照。

〔白雪在卧室的床上躺着，妈妈从舞台左侧上，站到客厅，拿起遥控器打开电视。往卧室看了看，把音量调到最大，放下遥控器推门走进女儿的房间，拍打被子，把手放到女儿被子里。

白　雪　啊！（被冰醒，猛地坐起来，看向母亲）妈，你干吗呀？（说完就要迷迷糊糊地躺下继续睡）

母　亲　（一把拉起女儿）你自己看看几点了？赶紧起床，我去做饭。（边说边往外走）我做好你得给我洗漱好啊。（从舞台左侧下）

白　雪　（母亲一走就躺下，声音小小地应答）嗯。

〔舞台灯渐暗，只留一束卧室的灯。

〔白雪在床上翻了两下，用被子捂着头。

白　雪　（从床上坐起来，用被子包着自己，闭着眼睛喊）妈，能不能把电视声音调小一点。（两秒的安静，喊）妈……（认命地躺下）妈呀，我真服了你了。（手机铃声响起，白雪把枕头旁边的手机拿起来接通）

白　雪　（烦躁地）喂。

白　雪　（立马跳下床）姐，我早就起了呀，（坑坑巴巴地）嗯，我……就有点儿感冒，是鼻音……鼻音。

白　雪　嗯。（怔了一下）嗯？（声音变大）南疆支教？（眼瞥向外面，忙捂住嘴）姐，你怎么知道？

白　雪　（突然用力拍了一下额头，小声地）该死，（赶忙解释）不是，你听我说，姐。喂，姐……

白　雪　（拿起手机看了看）天哪，完了……

〔白雪在卧室里走来走去。

白　雪　（边走边说）完了，我姐知道了，（语速渐快）我姐知道了，我妈就知道了，我妈知道了，隔壁王阿姨就知道了，王阿姨一知道，那整个小区就都知道了。（停顿）今年过年一定又是三堂会审。（站定）不行，敌方援军太多，我方急需支援。（打电话）

〔卧室灯暗，舞台灯亮，穿着一身运动服的胖胖的王阿姨从舞台左侧上台。

王阿姨　（环顾客厅）来云啊，在家不？

母　亲　（快步走上台）王姐，你咋这么早就来了？快坐快坐。（招呼着王阿姨坐下）

王阿姨　（坐在长沙发上，对姐妹笑了笑）这不是刚送家里的小皇帝上课去，闲不住，到你这坐坐。

母　亲　（和王阿姨坐在一起，倒了一杯茶给王阿姨）还上着钢琴课吗？

王阿姨　（拿起茶杯喝了一口茶，摇摇头）什么呀，前两天说不想学，怎么劝都没用（两手一摊）这不，又换了个绘画班，一个月3 000 块呢。

母　亲　这么贵呢！

王阿姨　可不是，听说是什么艺术学院的老师呢。可专业了！贵点儿好，贵点啊说明有真材实料。

母　亲　也是这个理。不管学什么，肯学就行。不像我家老二，这毕业了还没着落呢。

王阿姨　儿孙自有儿孙福，你家闺女这么漂亮，名牌大学出来，有水平，有能力，干什么不行啊。（左右看）哎，你家老二呢？

母　亲　（手指卧室）这不，还睡着呢。

王阿姨　（看表）哎哟，这都几点了，还睡着呢。可不能这么惯着，以后嫁出去可怎么办？不是老姐说你，你们家老二也二十好几了吧，有对象没？

母　亲　（烦躁地皱眉）这孩子也没跟我说过呀。

王阿姨　（身子往前倾）我看你闺女整天宅在家里，也不见出去约个会啥的？

母　亲　（尴尬地笑）孩子还小，不急。

王阿姨　（拍母亲的手）该急了，早点处说不定还能遇见好的。你看看，现在电视上、网上不都是相亲的？我看那姑娘一个个水灵灵的，也有学历高的呀，（拍一下手，两手一摊）还不是一个个找不着对象。

母　亲　（思考）是啊，也是该考虑考虑了。可这孩子自己不上心，我总不能硬塞一个吧。

王阿姨　这都什么时代了，不想结可以先谈着嘛。我跟你说，我那几个老姐妹，家里都是儿子，学历高人品好，关键是家境也不错，都还没对象呢，我这都有照片呢。（掏出手机，两人做交流状）

〔客厅灯暗，人物不动。卧室灯亮。卧室里正在打电话，电话里传来赵洁的声音。

白　雪　（焦急地）喂，阿洁，救命啊。

赵　洁　（语气懒懒地）怎么了？你家着火了？

白　雪　比着火还吓人！（左右看看）我要去南疆的消息被我姐知道了！

赵　洁　（惊讶地）那你岂不是要被炮轰？（叹气）小雪啊，有什么遗言现在说吧，我们会永远记住你的。

白　雪　（着急地）有你这么干的吗？快帮我想想办法啊。

赵　洁　（严肃地）说实话。小雪，你真的下定决心要留在新疆？

白　雪　（疑惑地）当然了，你们不会以为我是说着玩的吧？

赵　洁　（沉默一秒）那你姐怎么知道了？

白　雪　（烦闷地）我申请书早就交了，一直没消息。我昨天用我姐的电脑查了查，忘记退了，今天早上估计消息来了，然后就……哎呀，这个不重要，重要的是接下来怎么办？我妈要是知道就真完了。

赵　洁　你妈确实是个狠人。（迟疑地）不过小雪，我们几个商量了一下，觉得你还是留在这里发展比较好，你要不再好好想想？

白　雪　（生气地）你们到底是哪一头的？

〔客厅灯亮。

王阿姨　怎么样，不错吧。

母　亲　我看着是可以，就是怕小雪她倔脾气一上来不同意。

王阿姨　条件这么好，她还看不上？同意不同意的，不得见了面再考虑？再说了，有一就有二，多了解了解，沟通沟通。说不准啊，（一拍手，两手一摊）这缘分就来了不是。

母　亲　（点头）是这个理儿。行，我帮她决定了。

王阿姨　能行？

母　亲　能行，我是她妈，这不都是为她着想，她敢不同意？

王阿姨　（喜笑颜开）哎！这不就对了嘛，我这两天就给你联系好。

母　亲　真是谢谢老姐姐了，什么都要你帮忙。

王阿姨　咱俩什么情分，我能不为着你好？这点事（拍胸脯）包在我身上。（手机铃声响，两人愣）

王阿姨　（笑着指着手机）哎哟，我们家小皇帝给我定的闹铃。不早了，我下楼跟她们跳一会儿去。（站起身来）

母　亲　（站起来）王姐，你这精神头真是好啊。

王阿姨　（边走边说）我就跟你说这广场舞包治百病，不管你什么病啊，都能给你跳没喽。保你一天精神头足足的。

母　亲　那行，我明天就跟着你一起。

　　　　〔母亲跟在王阿姨身后从左侧下台。过两秒，姐姐上台。走到卧室门前，正准备敲门，突然止住动作，侧耳贴近门。

白　雪　好了好了，你们不用劝我。（深吸一口气，认真地）阿洁，我早就想好了，我要留在新疆，我要去南疆支教。

赵　洁　（沉默两秒）好，既然这是你的决定，我们肯定挺你。

白　雪　（开心地）阿洁，谢谢你们。

　　　　〔白冰站直了身子，若有所思地走到双人沙发上坐下。白雪挂掉电话，打开门走出去。卧室灯暗。

白　雪　（看到姐姐，怔了一下）姐，你回来了。

　　　　〔白冰不看妹妹，倒一杯茶，喝茶，白雪走到单人沙发上坐下。

白　冰　（把茶杯放下，看妹妹）白雪，你决定了？

白　雪　（坚定地回视）嗯。姐，我是认真的。

白　冰　（面向观众）我刚刚都听到了。

白　雪　（愣）姐……

白　冰　（打断妹妹）你现在长大了，这些事你自己做主。（停一秒）妈那里，你准备怎么办？

白　雪　（犹豫）姐，要不先瞒着妈。

白　冰　（看向妹妹，皱眉头）胡闹！这么大的事，要是我今天没发现，你是不是都不准备告诉我们？

白　雪　（低下头，小声嘟囔）我本来准备到了南疆再告诉你们的……

白　冰　（冷笑）好啊，你倒是学会先斩后奏了。

白　雪　那我也得有机会啊。

白　冰　你说什么？

白　雪　（急忙抬起头，迅速地）我没说话。

白　冰　算了，这次就饶过你，等下我跟妈说。不然你俩肯定又吵起来。

白　雪　（点头，撒娇地）姐，你真是世界上最最最伟大美丽的姐姐了。

白　冰　少贫嘴。等会儿妈说什么，你都不要顶嘴，懂了吗？

白　雪　懂了懂了。

　　　　〔母亲上台。

白　冰　妈。

白　雪　（回头看见母亲，赶忙起身坐到姐姐的旁边）妈。

母　亲　小雪，明天下午你出去一趟。你王阿姨有个侄子刚从国外回来，你们年轻人多交流交流，别整天宅在家里。

白　雪　（猛地抬头，不可置信地）妈，我不要……
　　　　（白冰右手握拳放在嘴下，大声咳了一下）

白　雪　（低下头）好吧，我去。

母　亲　（满意地点头）还有，过两天你姐公司招人，你去面试一下。

白　雪　好，我（抬头，惊讶地瞪大眼睛）嗯？不是，我……
　　　　（白冰大声咳两声）

白　雪　好吧，我去。（低下头小声嘀咕）过不过我就不知道了。

母　亲　你嘀咕什么呢？（皱眉）还有老大，你老咳什么？

白　冰　（尴尬地清嗓子）没有，嗓子有点儿干。

母　亲　（严厉）白雪，南疆你也趁早给我打消念头。

白　雪　（低着头）哦（猛地抬头）嗯？（站起来）妈，我一定要去南疆！

白　冰　坐下！（把白雪拉坐回沙发上，转头看母亲）妈，您怎么知道的？

母　亲　电话都打到家里来了，我回绝了。

白　雪　（焦急地）妈，你怎么都不跟我说。我等那个电话等了好久。

母　亲　你趁早给我歇了这个心思，我不同意。

白　雪　（愤怒地）妈，我都成年了，这些事情，能不能让我自己做主？

母　亲　从小到大，我和你爸什么不是依着你！自己家门口的大学不去，非得跑到那么远的地方上去。你说出去见识见识，好啊，我们同意了。现在毕业了，你还要留在那儿。那儿有什么好的？（语气沉重）你真是要气死我啊！

白　雪　新疆有什么不好？我就是要自己选，我有我的追求！

母　亲　你留在那儿，能有什么追求？

白　雪　我……

白　冰　（大声打断）好了，别吵了。（平静地）妈，你就让她自己选吧。

母　亲　她那就是在胡来！

白　冰　（无奈地）妈，听我说完。她现在还小，应该多出去经历一些。结婚，就更不必着急了。妈，刚刚隔壁王阿姨又来了吧。（叹口气）有些事，外人不了解。（认真地）妈，我现在一个人过得挺好，爸不在，我陪着你，我很知足。小雪现在也该为自己的未来规划了，她要学着担起责任，学着一个人生活。她有想法，我们应该高兴啊。

母　亲　（哽咽地）小冰啊，妈对不起你。要不是当初催着你，也不会成今天这样。

白　冰　（笑了笑）妈，这都是我自己的选择。

白　雪　（擦眼泪）哎呀，你们怎么回事？不是在说我的事吗？怎么跑题了？

母　亲　（破涕而笑）鬼丫头，还记着你的账呢。这么大的事，也不和我们商量商量。你妈我是那么不通情达理的人吗？

白　雪　（叹气）妈，你觉得呢？

母　亲　你个没良心的！毕了业也不好好孝敬孝敬你妈，赶着就要跑。

白　雪　（起身走到母亲身后，为母亲捏肩膀）我的母亲大人，我这不是孝顺着嘛。妈，我在新疆待这么久，真的觉得那里很好。地大物博，风景美，人也热情。而且，南疆的孩子很可怜，那边学习环境艰苦，设施也不好。但现在有政府支持，让他们免费上学，还支持大学生支教。我是真的想为他们做点儿什么。况且现在有国家政策在，您还怕我吃苦？

母　亲　（瞪了一眼）你以为我是为你，我那是怕你耽误人家孩子，就你这毛毛躁躁的性子，你能教人家什么？

白　雪　（慢慢走到台前）你别小瞧我，我可是实习过的。那些小朋友们可喜欢我了，我走的时候他们都可舍不得了，问我什么时候能再去呢。（伤心地）我也想再见到他们，他们善良，聪明，不应该被条件所限制，（回过头，跑向母亲）妈，我要让他们有更广阔的视野，他们不比别人差什么，他们应该有更多的选择，有更多展示自己的机会。

母　亲　好，我和你姐可看着呢，以后嫌苦可别哭着回来。

白　雪　（在母亲旁边蹲下）妈，谢谢你。

〔舞台灯暗。五秒后，灯亮。客厅坐着看报纸的父亲，母亲和姐姐在谈话。

（白雪穿着睡衣腾地从床上坐起来，环顾四周）

白　雪　我怎么在这？我一定是在做梦，是在做梦……（躺下，一秒后，起身，掐自己一下）

白　雪　哎哟，疼啊。不是梦。（下床，推开卧室门，愣住）

白　冰　（看白雪）起来了，赶紧去洗漱。

白　雪　（迟钝一下）哦，好。（转身）

母　亲　你不是明天要回学校了吗？还要跑去南疆，东西收拾好了没？

白　雪　（转身，惊讶地）妈，你怎么知道的？

父　亲　（疑惑地）你不是一个星期前就跟我们说了吗？昨天才拿到的通知，睡了一觉就忘了？

白　雪　（深吸了一口气，快速跑过去抱住母亲，哽咽）妈……

母　亲　（愣了一下，笑着拍了拍女儿）你看，还没走，就成这样了。都多大了，出去叫人家笑话。

白　雪　（直起身子）爸，妈。我不会让你们失望的。你们看好吧。

〔两秒后，全场灯光灭。

〔幕落。

演出指导建议

根据舞台设定和剧情进展，该剧在舞台上呈现出两个空间的对话，中间的门阻隔了两个世界。舞台灯光必须配合好，舞台的节奏也要把握好。舞台节奏过快，会让观众失去判断，产生迷惑；过慢，则显得拖沓。因此，舞台一侧灯亮时，另一侧可不做暗场处理，没有台词的演员表演日常活动即可。

时间上，全剧前后也呈现出两个完全不同的世界——前段为梦境，后段为现实。因此在可在服装、灯光、空间布置上做不同的处理，最好在正对观众的地方放一个钟表，在前段梦境表演中让指针静止，后段表演中恢复正常。

全剧的矛盾点在前段梦境中，通知书作为导火索是矛盾的开端，也是全剧的支撑点，必须加以强调。该剧人物性格呈现类型化特征并彼此形成极大的反差：强势的母亲、看热闹说闲话的邻居、严厉但理解妹妹的姐姐和急躁但意志坚定的主角白雪，每个角色具备1~2种性格特点，全剧前后只有人物态度的转变，而性格没有变化，因此必须突出性格在人物作出选择时的影响。

两个以上的人物要做到"有戏"，则需要强调性格的不同面，如妈妈对邻居朋友的信任，对大女儿的退让和对小女儿的严厉要有鲜明的差别体现，神态和情绪要是不同的。大女儿更加稳重，做事有自己的考量，因此走路步伐要沉稳，情绪没有过大的起伏，在母亲和妹妹之间要起到缓解矛盾的作用。而小女儿是跳脱的，性情善良但做事急躁，步伐应该是轻快的，语速要比母亲和姐姐的语速稍快。三人之间要有眼神和动作上的交流，状态要自然亲昵。邻居王阿姨在剧中是单一性格的人物，她带有戏曲中"媒婆"这个行当的表演特点，更倾向于喜剧色彩。说话语调、神态动作更夸张，稍微带有丑角表演的痕迹。

第二编 | 原创多幕剧

新疆大学林基路艺术剧社第一届演员合影（2018 年 4 月 19 日）

学工办的故事

[此剧为新疆大学中国语言文学学院汉语言文学本科2010-1班全体同学集体编剧]

[创作团队：陈冠锦、迪丽热巴·阿吉艾克拜尔、韩明真、胡泽蔚、黄培、季海婷、加那提·阿曼、姜晓雪、节水仙、开淑敏、李红红、刘丽思、刘沛骁、刘玉红、马兰、马晓炎、孟喜、吾尔尼沙古里·艾合买提江、王入格、王新、杨莉、杨业、杨勇、张琳琳、张艳飞、赵宇、钟钻娟、周倩]

第一幕

丨 人 物

姚念恩——做事一丝不苟，对自己的未来有明确的规划

米娜尔——姚念恩好友，一个乐天派的阳光大学生

木拉提——米娜尔男友，品学兼优，一直梦想着有自己的事业，正积极创业中

田 慧 黄小娇 王雨婷 林 强——姚念恩同学

娜迪拉——学工办辅导员

家 长——新生家长

其他学生干部数人

〔舞台分为两个部分，学工办的为一个部分，剩余的为一部分。学工办办公室，姚念恩和米娜尔在整理桌子上的文件，两人说说笑笑。办公室里摆放着桌子、椅子，桌子上有电话之类的办公用品。其他学生干部都忙着整理材料、打电话等。

米娜尔　念恩，你这次在南疆支教表现好棒啊！我听见好多老师都在夸你呢！

姚念恩　（不好意思地笑笑）我就是做了自己该做的，没什么好夸的！你这次的表现也好棒啊！我看好多小孩离别时抱着你哭呢！舍不得你吧！

米娜尔　（点点头）我实在太喜欢他们了，走的时候我也很舍不得，如果有机会，我一定会再去的！你呢？

姚念恩　那还用说，到时候一起啊！（两人笑）

米娜尔　对了，你不是还打算考研吗？

姚念恩　两件事不冲突啊！读研究生也可以去支教啊！

米娜尔　我们班这次的推免研究生肯定是你了。

姚念恩　（笑笑）到时候看大家怎么选吧。

米娜尔　你是第一名啊，有什么好选的。这次开学好多事情啊！班里那些帮忙的人怎么还不过来啊？

姚念恩　应该快到了吧！工作量还真不少，各种电话咨询简直应付不过来！

米娜尔　还有我们的念恩解决不了的问题吗？哈哈哈！

姚念恩　别嘲笑我了。好多家长真的很难搞定啊！
〔木拉提左侧上场，走到办公桌前，两人低头整理东西，姚念恩抬头看见木拉提，推推身边的米娜尔。

姚念恩　（打趣地）哎呀，就这么分不开吗？这才多久没见就来找了。

木拉提　（笑着）这不一会儿不见就想得不行了嘛。

米娜尔　（假装严肃）没看到我在工作吗？工作时间，请勿打扰。

木拉提　我怎么能是别人呢，我完全就是自己人，是你的人。
〔姚念恩哈哈大笑，米娜尔也笑了。

姚念恩　嗯，对对对，自己人。米娜尔，不要对自己人这么见外。

米娜尔　好了，别闹了。是不是有什么重要的事？不会是真的想我了吧！

木拉提　你想得美。马导给军训的新生送水去了，打电话说需要几个人帮忙。来找人帮忙。

姚念恩　办公室不能没人。木拉提也不能没有你，所以，米娜尔，你去吧！我留守后方。

米娜尔　（对木拉提）你怎么那么讨厌，好不容易和念恩有时间聊聊，你又来打扰我们。

姚念恩　别装了，我已经看到你迫不及待地想要离开的那颗心了。赶紧去吧！

木拉提　就是就是。赶紧跟着我走吧！

〔米娜尔看着两人，假装生气地跺了一下脚，跑下台去。

姚念恩　赶紧去追啊！

〔木拉提反应过来去追。

姚念恩　（对台上的男生）马导让几个人去给新生送水呢！（男生们放下手中的东西纷纷离开）

木拉提　亲爱的，跑那么快小心摔倒！（舞台右侧下）

〔田慧、王雨婷、黄小娇从舞台右侧上台。

田　慧　又是一年开学季，军训真是让人热血沸腾的一件事，一会儿忙完，我们打着小洋伞，吃着冰棍，一起到操场看那群可怜的新生去。

王雨婷　这个主意不错，很有趣的一件事。

黄小娇　能不能不要那么招人恨，想当年，我看见你们这种人，你知道我心里想的是什么吗？

田　慧　什么？

黄小娇　一群矫情的人！

田　慧　王雨婷　一边去！！！

黄小娇　对，这就是我想对你们说的。

田　慧　OK，算你狠。

王雨婷　这么毒舌小心嫁不出去。

黄小娇　好了，赶紧地，我们已经迟到了。

〔三个人来到学工办。

姚念恩　你们来了。

田　慧　就你一个人啊。米娜尔呢？

姚念恩　她给马导帮忙去了。我们今天就帮忙整理一下新生的一些资料就好了。

〔三人一起上前翻弄资料，中间偶尔有人去接打电话。

王雨婷　这些都是新生家庭情况调查表，看着他们的家庭收入，我顿时觉得我们的经济发展倒退了几十年。

黄小娇　（拿着一份调查表）开什么玩笑？你看这个，家庭四口人，年收入8 000元。明显比几十年前高！

田　慧　你们看这个，家庭五口人，年收入4 000元，每人每年平均能花800块钱。这上学是多么奢侈的一件事啊！这才是最奢侈的教育啊。

〔三人笑。

姚念恩　这样的情况很正常啊！我们学校大部分的学生都来自新疆本地，很多是来自偏远地区的，那里的收入本来就很低的，没什么好笑的。

田　慧　（对黄小娇撇嘴）我们也没说什么啊！我们是怕有些同学并不了解自己的家庭真实情况，影响这份数据嘛！（黄小娇低声："别我们，就你"）好吧，我！（无理辩三分地）谁知道是真可怜还是假可怜，总有个别弄虚作假、浑水摸鱼占便宜的人，那……

王雨婷　（拖长腔）就是，其实大部分同学家庭条件都差不多，他们不就想……

姚念恩　（放下手里的资料，平静直视她俩，全场静默，田慧、王雨婷慢慢低头）这次南疆支教，我感触很多。国家为了让所有的孩子都能读书，已经把九年义务教育变为了十二年义务教育。南疆很多父母也倾尽所有支持自己的孩子去内地读书。可是，咱们学院的老师们仍然多次组织捐助冬衣、捐助儿童图书，最后还捐助了一个图书馆。研究生师兄师姐还在网上替农民卖干果。为什么？这是因为偏远地区的基本生活条件还是很艰苦。所以……

黄小娇　（过去站在田慧、王雨婷二人中间，搂住二人）所以，咱们学校的助学力度那是杠杠的，让所有的同学都能摆脱后顾之忧，享受大学生活。（略显夸张的梦幻表情）哎呀呀，生活在我们学校真是太幸福了啊。

田　慧　（自我解嘲）这些我都知道，我这不就是，助学金不需要，奖学金又够不上，羡慕羡慕那些两笔钱都拿到的人嘛——

王雨婷　（打断她，息事宁人）助学金奖学金，每个人条件都是明摆着的，一目了然！念恩，你是班长，你对咱们班情况最了解，我们服从你的决定，不敢有意见，哈哈。

〔田、王、黄三人互相看看，黄微微摇头，王背向姚合掌示意田不要说话，田不服气地走开几步。

姚念恩　（在田慧提到奖学金时，神情有点迷惑，等王说完，慢慢明白了）原来，说的不是助学金。（平静一下，略带委屈）助学金的评定从来都是全班公开讨论，老师根据实际情况最终决定。对此，你们其实没有意见对吗？

〔田不语，王、黄"没意见没意见"。

姚念恩　（不看她们，对着观众）自从获得了奖学金，我已经放弃了助学金。（田欲开口，姚看看她，田不语）我想，国家给我们这些学生助学金，是为了让我们专心学习，没有同时领取助学金和奖学金的道理！从来就没有什么免费，所谓的免费，只是由国家出钱的另外一个说法！（气氛尴尬，姚以缓和的口气）以后我有做得不合理的地方，你们直接说好吗？咱们一起商量。（电话响，姚接电话："喂，您好，这里是文学院学工办，老师您请说"，开始在白纸上记录"嗯嗯，我记下来了，老师您放心"，放下电话拿着白纸快步下）

〔三人同时舒口气。

黄小娇　（对田慧）你干吗针对她？什么真可怜假可怜……

王雨婷　（轻推田慧）还什么弄虚作假浑水摸鱼，你啊！总有一天，你得因为小心眼和这张嘴，和全天下绝交！

田　慧　（赧然）好了好了，是我的问题好吧？你俩别为了她和我绝交啊……

〔姚念恩上场，手里没有了白纸。

姚念恩　（随口）为了谁和你绝交？

黄小娇　（上前揽住姚念恩肩膀）我说啊，以后要是有了千万欧元的大单子之争，我们会不会绝交啊？

姚念恩　（被她逗笑）千万？欧元？你要是对数字这么清楚，你会学文科？

田　慧　（也揽住姚念恩肩膀，用手点黄小娇）开学高数补考，这次能过了吗？

黄小娇　（走开，去寻求王雨婷支持）她俩真敢戳我的痛处啊——（王雨婷示意她靠在自己肩膀上哭）

黄小娇　（嫌弃）得了得了得了，来半天还没有开始干活呢！

〔大家笑，继续忙。

〔林强上场，以下林强周旋在女生们之间，但女生们都不看他，边忙边搭腔。

林　强　嗨，四位美女。我在外面累得要死，你们四个在这儿爽得很嘛！

王雨婷　你们宿舍的那几个人呢？

林　强　今天超市大减价，他们请假购物去了。

黄小娇　文科班的男生果然够给力，真是上得厅堂、下得厨房啊。

林　强　那是那是，所以嫁人一定要嫁给文科男。念恩，你说是吧？

姚念恩　（愣一下，不给面子）要是你这样的，的确要擦亮眼睛好好考虑一下。

林　强　（坏坏地）什么嘛？也不支持一下自己的同胞。

黄小娇　文科男生有什么用？用文学陶冶情操，用文字"骗取"婚姻吗？

〔四个人一起大笑，林强无语地站在一旁。电话铃声响起，姚念恩起身接电话。

姚念恩　你好！这里是学工办。

画外音　嗯，我是新生家长，我想咨询一下。我们家孩子身体有些不舒服，能不能不军训啊。

姚念恩　（脸上带着笑容，声音甜美）阿姨您好，要是身体不舒服，需要到医院开证明，这样才可以请假不军训。

画外音　哎呀，你是不相信我说的话了，这种事情我怎么能胡说呢。要什么证明啊。

姚念恩　（耐心）阿姨，这是规定。而且我们军训是有学分的，最好还是不要请假。

画外音　不舒服怎么军训嘛。这样你不也是学生吗？你去给他做个证明，把你的电话告诉我，我把我们家孩子的信息发给你。

姚念恩　（看其余人，其余人表示没办法）阿姨，我没有那个权力，您还是让他去医院开个证明吧！也是为他着想。

画外音　你们作为学长学姐的要照顾比你们小的，你这娃娃怎么不懂事？

〔林强抢过电话。

林　强　阿姨，您这样说就不对了。什么事都要按照规定办吧！您要是想您家孩子刚进校就被处分，那您就自便；您要是对学校不满意，麻烦您亲自来学校给你们家孩子证明吧。

〔林强挂断电话。

林　强　念恩，你跟那种人有什么好纠缠的，就是一奇葩。

姚念恩　这样挂断电话会不会不太好？

田　慧　没什么不好的，一听就是在说谎，要真的不舒服，开个证明还不容易？

王雨婷　现在真是什么奇葩事都有，昨天还有一个家长硬要学校给自己的孩子安排单间宿舍。

黄小娇　"高富帅"和"白富美"的世界观岂是尔等普通人能理解的！

林　强　（摆了一个自认为很酷的动作）我们是酷帅狂霸拽，高贵冷艳傲娇无所不能，我是高富帅，我为自己代言。

田　慧　哼，你，一边去！

林　强　哎，我的亲戚可是学校的第一把手，党委书记！别得罪我啊。

黄小娇　你这种人太狠了，连自己都敢骗——什么亲戚，那是"三进两联一交友"活动而已！

林　强　黄小娇，你可以没有胸，但你一定要有胸怀，不要这么嫉妒我的一切。

黄小娇　我去，我不嫉妒你，我包容你的一切。这么多年我一直忍着呢。

林　强　（对念恩）念恩，你看她欺负我。

姚念恩　我没有办法，你就继续让她欺负吧。

林　强　班长你也不主持正义，如今这年头真是让人痛心啊。

〔一家长上场，气急败坏。

家　长　学工办的张书记在不在？

林　强　（像弹簧跳起来）张书记去南疆结亲还没有回来，您是？

家　长　（拿小电扇吹风，不耐烦）我是新生家长，我昨天打过电话！

林　强　（瘫回椅子上）念恩，找你的！

家　长　（一把拉住姚念恩）昨天我打过电话！我儿子必须住单间！

姚念恩　（试图把手抽回来，抽不动）阿姨，上大学就是要学会和同学们相处，再说我们学校是百年老校，没有多余的宿舍啊。

家　长　（蛮横）不行！我儿子将来是要考研读北京大学的，需要学习空间！一间宿舍好几个人，还不同的民族，那我儿子怎么学习？你说谁能管这事儿？你带我去找！

姚念恩　（被拉得东倒西歪）阿姨，我们的同学大部分都要考研，完全可以互相帮助嘛，再说多民族的宿舍，多有意思啊！

　　　〔二人拉扯，姚念恩示意女生帮她，黄小娇示意大家别管，指指椅子上玩手机的林强。

黄小娇　（走到家长身边，低声，亲密）阿姨，我们都是普通学生，帮不了您。您看（朝林强努嘴）他能帮您。（突然大声）林强，你说咱学校第一把手和你是——？

林　强　（看着手机，毫无心机，拖腔）我亲戚啊，亲亲的亲戚啊——

家　长　（如获至宝，放开姚念恩，一把把林强拉起来，林强手机掉地上，去捡，被拉开）太好了！小伙子，你带我去找你亲戚，让他给我儿子安排单间！你亲戚是第一把手，这点小事，没问题！

林　强　（莫名其妙，想通）不是，阿姨，我……哎，黄小娇，你害我啊！

　　　〔家长拖着林强走向右侧，田慧捡起手机扔给林强，林强和家长拉拉扯扯下。女生们大笑。

王雨婷　（对有点儿担心的姚念恩）放心吧，林强能解决好，别看他嘴贫，架不住有能力啊！

田　慧　好无聊啊。我们出去玩一会儿，下午再来工作吧！反正也不着急。咱们午饭去哪儿吃？

　　　〔除姚念恩外，剩下的人坐在一旁聊天。姚念恩一个人在忙，电话响了，姚念恩接电话。

姚念恩　（拿起电话）喂，是陈老师啊，实习基地的安排时间，嗯，我帮您看一下，（拿起桌上的表格）嗯，就在下周，您可以直接去安排。另外，娜迪拉老师去实习基地看望同学了，估计快回来了，您有事也可以联系她。

　　　〔刚挂掉电话，又响了。

姚念恩　（左手拿着电话，右手急着写要记的事项）喂，您好！我就是，您说？哦，麻烦您稍等下，我马上就把名单送过去。

　　　〔说完迅速挂掉电话，急忙从右侧下，与气喘吁吁的林强擦肩而过。

林　强　你们看念恩那么忙，怎么不去帮帮她？

田　慧　你说得好听，怎么不自己去。

林　强　整理资料什么的都是你们女孩子做的，我做不来。再说了，我刚刚才从大妈的魔爪下逃生，惊魂未定，我不得让我这小心脏平复一下。（喝水）

王雨婷　轮不到我们做，老师都喜欢她整理的东西，上次我整理的东西被老师批了半天，最后还是她整理的。

田　慧　所有的辅导员老师都喜欢她，有什么事都喜欢找她帮忙。你看看，她都忙成啥样了！

黄小娇　（痛心疾首）难道你不应该为有个这样勤快的小伙伴而感到荣幸吗？

王雨婷　（疑惑）为啥？

黄小娇　你不就清闲了吗？

王雨婷　（站起来）就是呀，我闲得很，闲得都快发霉了！你说我们都来学工办干吗！干脆她一个人干得了！真的是很没有存在感！

林　强　（有气无力）不要说了，都闭嘴。一点都不团结友好，好歹我们也是一个班的，你们要多跟姚念恩学点儿东西呢。就你们这思想，就你们这内涵，怎么能留得住"高富帅"的心呢。有空多提升自己的内在美。

田　慧　那是，我们怎么能和她比呢。人家学习好，每次考试都是第一，讨人喜欢，我看这次班里推免研究生也就是她了。

林　强　（真诚地）收获和付出是成正比的，人家每天学习那么努力，名副其实啊。

王雨婷　（无理强辩）林强你咋那么维护她？你这颗"高富帅"的心，是不是也留在她那儿呢。

林　强　（笑笑，继续真诚）不要乱说。念恩听见了会尴尬的。我心胸宽广，被你们调侃倒也无所谓。

黄小娇　是啊。你在我眼里一直是削铁如泥、吹毛即断的存在。

林　强　什么意思？是不是很崇拜我？

黄小娇　臭美！

林　强　你们以后再也别说念恩了，她那么努力，而且（看看姚念恩没过来，压低声音）她家条件也不是很好。

田　慧　（自觉无理，带有歉意）我们又不是在说她的坏话，只是羡慕，又不是嫉妒。

王雨婷　林强你不懂女生的世界，别一天胡乱猜测，我们好着呢！

黄小娇　念恩就是太敏感了，太认真，有时候过分认真挺让人讨厌的。

〔姚念恩急急忙忙地从右侧上。

姚念恩　真是好忙啊！快到中午了，一会儿一起去吃饭吧！

田　慧　（热情）对对，咱们要早点儿去，不然抢不过那群大一新生。新生简直好像饿了十八年，（看黄小娇冲她慢慢点头）行了，我是新生的时候也抢学长学姐的饭，好了吧？

〔大家笑，姚念恩捂住自己的胸口，突然蹲在地上。

姚念恩　啊！

〔林强赶紧凑上去，剩下三人也围着姚念恩。

林　强　念恩，你怎么了？

〔隔了几秒。

姚念恩　没事，突然间胸口好难受，一会儿就好了。

田　慧　（关心）你上次在宿舍也这样，要不要去医院检查一下啊。

王雨婷　（有点急）就是，每次让你去医院，你都说等忙完。今天忙完了。我们陪你去医院吧。

姚念恩　真的没事，就是一些小问题，谢谢你们。

林　强　还是去看看吧！自从你从南疆支教回来，感觉你瘦了好多。

黄小娇　就是，身体最重要了。你还要考研呢，还是去看看吧！

〔姚念恩站起来。

姚念恩　（虚弱地）真的没事，估计刚才跑得太快了。

〔大家把姚念恩扶到椅子上，有人给她倒水。

〔娜迪拉从另一侧上台，边快步在舞台上走动边给丈夫打电话。

娜迪拉　喂，亲爱的，我回来了！嗯，刚回来，正准备要去办公室报到呢！这几天辛苦你了，特警队工作那么忙还要照看宝宝！不用了，我不累，你下了班儿就先回家吧，一会儿我去幼儿园接宝宝。就是，我也很想宝宝，想快点儿见到她。不用做饭了，我们今天去外面吃好吃的。嗯，好好，我签完到就去接宝宝。快到学院了，我先挂了。

〔娜迪拉在打电话期间，舞台后半部分的学工办的人物继续之前场景的活动。

姚念恩　咱们去吃饭吧！不然一会儿太晚了。

〔说着要站起来，结果直接晕倒了。

〔四个人大惊失色，乱作一团，大声喊：念恩，念恩。林强把姚念恩背起来。

林　强　快打电话叫救护车，到楼门口！（出门遇见娜迪拉）

娜迪拉　（大惊失色，着急地）啊！念恩这是怎么了？

林　强　晕倒了！

娜迪拉　赶紧去医院！

〔众人下，幕落。

第二幕

┃ 人　物

赵医生——姚念恩的主治医生

娜迪拉——学工办辅导员

学生数人

第一场

〔舞台中间摆一架屏风，屏风前放着一排椅子，舞台右侧摆放一张办公桌及办公椅，在办公桌旁边放一把椅子，桌子左侧摆着几本专业书籍，桌子中间放着电脑，听诊器及病历整齐地放在桌子上。在办公桌旁边立一块牌子，写着心外科几个大字。

〔幕布拉开，同学们都聚在舞台前方，相互讨论着什么。娜迪拉从舞台左侧上，向着同学们走去。同学们看到娜迪拉走进来，都不再说话。

娜迪拉　（走近同学们，站定，深呼吸了一口气）今天让你们来，是想给大家说说姚念恩的事情。姚念恩得了一种叫房间隔缺损的病，这是先天性心脏病的一种。现在病情加重，需要马上动手术治疗，否则怕是……有危险。

米娜尔　（惊愕地）她的身体素质不是一向很好吗？会不会诊断有误呀？

黄小娇　我以前听说过这种病，貌似……貌似……这是一种很严重的

病，据说很难治疗，而且……（看着同学们紧张的表情，不敢再说下去了）

娜迪拉 （看了看同学们，忧伤地）同学们，我知道大家都很难过，都无法相信这个事实。念恩同学现在这样是我们都不想看到的。

米娜尔 （哽咽着）老师，她的病可以治好吗？

女生一 （抽泣着）是呀，老师，念恩的病还可以治愈吗？

娜迪拉 （更像自我安慰地）同学们可以放心，现在的医学这么发达，我想一定可以治好念恩的。

男生一 对呀，现在的手术这么成熟，治愈率一定很高的。所以大家不要太担心。更何况念恩这么善良的一个人，一定会好起来的。

娜迪拉 （赞同地）他说的很对，我相信只要手术成功，念恩同学一定会恢复的。但是手术费就得一大笔钱，我们都知道念恩同学家庭情况比较特殊。根本无法支付这笔巨额手术费，所以……

王雨婷 （直接打断）老师，只要能治好念恩的病，我们都会全力以赴地帮她。

其他同学 （异口同声地）我们都会尽力帮助念恩同学。我们组织同学们捐款！

娜迪拉 （高兴地）好，好。这正是我所期望的回答。学院知道念恩同学住院治疗的事后，决定为她组织捐款，帮助她渡过这次难关。而且，学校也决定号召全校师生为念恩同学捐款。

米娜尔 （高兴地）太好了。我相信有老师和同学们的帮助，只要我们凑齐手术费用，念恩同学一定会康复的。我已经迫不及待地想要她回来，跟我们一起上课了。

娜迪拉 （打起精神）是啊。你们也别太过担心了，只要有了这笔捐款，相信念恩同学一定会康复，一定会回来继续跟你们一起完成这最后一年的学业。

黄小娇 嗯，嗯。我们很快就能再见到她了。好开心啊，以后又可以跟她一起玩了。

娜迪拉 （欣慰地）我相信，有你们的帮助，姚念恩同学很快就能回到学校的。我也会随时向大家说明她的病情的。

〔同学们嘈杂地议论着，拥着娜迪拉下。

第二场

〔木拉提手里提着一个果篮从左侧上场，米娜尔在病房门口拦住了他，拉着他走向一边。

木拉提 米娜尔，念恩的病情怎么样了？有没有好转？

米娜尔 等筹齐钱，就可以做手术了，我相信她一定可以好转的。

木拉提 我也相信，对了，你拉我到这干什么？我进去看看她（欲走，米娜尔再拦住他）

〔静场，二人对视。

米娜尔 （避开木拉提的眼光，似乎吞咽困难地）就是想和你说说，我的一个决定。

木拉提 （笑容收起，认真）什么决定，你说。

米娜尔 等我毕业后……毕业后……（犹犹豫豫、想说无法说出口）

木拉提 （警惕）毕业后怎么了？亲爱的，出什么事了吗？

米娜尔 （坚定地抬起头）等我毕业后，我要去南疆支教。

木拉提 （难以置信）什么？支……支教？

米娜尔 （咬牙）对，我要去支教。

木拉提 （茫然）可，可为什么？我们一起创业的梦想呢？我们不是说好了要相互支持一起创业，一起走下去吗？

米娜尔 （走开几步，稍低头，对着观众）对，曾经我是这样想的，但人总在成长，在改变。念恩这次出事，我很难过，但同时我也想通了很多问题。我和念恩是一起去支教的，如果我能早一点儿发现她有病，就根本不会出现现在这种状况。

木拉提 （松口气，劝解）念恩出事，我也很难过，可是事情已经发生了，我们必须去面对，你也说了，等凑够了钱，念恩一定会康复的。你又不是医生，怎么能早发现？别把什么事儿都往自己身上拉。（伸手去拉米娜尔，米娜尔躲开）

米娜尔 （声音放大，带着急切）你根本不懂，这根本就不是钱的问题。要是南疆能有先进的基础医疗设施，在念恩小时候就能发现得病了！或者，要是先进的医院遍布南疆的县乡，念恩就不会因为医院太远而一直扛着，她的病情就不会像现在这样糟糕。所以我要回去，我要和大家一起建设那里，不能让更多的人面临这样的悲剧。（深呼吸）南疆是你我的家乡，

我父母都在那儿，我不想……不想……不想他们遇到念恩这种……（说不下去）

木拉提　（尽力跟上她，柔声劝说）你说得对，我很赞同你的想法，可是，可是我们怎么办？我们的计划才开始，我毕业的这一年，想了多少办法，走了多少弯路，这才刚刚有点起色……

米娜尔　（转身看着他，深情）我知道，我知道你有你的梦想，所以我不能自私。（静场，二人对视）木拉提，我们分手吧。

木拉提　（困难地）分手？米……米娜尔，这里面一定有什么没说清楚，是我昨晚没睡好，所以刚才说错了什么，要不就是……

米娜尔　（带着哭腔）木拉提，你没听错，我们分手吧。

木拉提　（慢慢蹲在地上，抱着头）为什么？

米娜尔　（狠心地）我是真的决定要去支教了，我不能自私地毁了你的理想，我不想你为了我放弃自己的理想，你走到今天，实在太不容易了。但是，我也不想放弃自己刚刚找到的信念，这个信念和念恩，和很多人的生命连在一起。所以（哭出声）我们注定无法在一起，祝你以后幸福，木拉提。（跑向屏风后面）

木拉提　（猛地站起来拉住米娜尔）米娜尔，我现在脑子很乱，我要好好想想，就不和你进去了，（把手里的东西递给米娜尔）我先走了。（头也不回地冲下）

〔米娜尔提着东西慢慢走进病房，响起画外音，米娜尔高兴的声音：亲爱的，看木拉提给你买了多少你爱吃的零食啊，我都嫉妒了。

第三场

〔娜迪拉打着电话从舞台左侧上。

娜迪拉　亲爱的，我有个好消息要告诉你。

画外音　（沉稳的男中音）哦，什么好消息，看把你开心的。真巧，我也有事想告诉你。

娜迪拉　是啊，这件事你听了也一定很开心。

画外音　先别说，让我来猜猜，（停顿一下）一定是关于姚念恩同学的事吧。

娜迪拉　（开心地）你是怎么知道的？是啊，是关于念恩的事。

画外音 那我怎么能想不到呢？你这几天一直因为小姑娘手术的事情担心，我能看不出来吗？对了，小姑娘现在怎么样了，手术费的事都办妥了吗？

娜迪拉 手术费的事现在都办妥了，学院和学校给念恩捐的款已经凑齐了，现在就等着给念恩做手术了。

画外音 放心吧，她一定会早日恢复健康的。

娜迪拉 嗯。从这次筹集善款，我深受触动，特别是念恩的班主任，在得知念恩的家庭情况后，马上捐出了自己一个月的工资，这真的是位好老师，今天他还问我还缺多少钱，不够的他来补。还好有位好心人匿名寄来一笔钱，解决了问题。对了，你刚刚说有好消息告诉我，是什么？

画外音 娜迪拉，我刚才其实是想告诉你，匿名的好心人就是我们特警队，补足了余下的手术款。

娜迪拉 （猛然立住，感动）啊？我早该想到的，寄来的钱数怎么会刚刚好。

画外音 作为你的丈夫，我应该支持你的工作，我不想让你再为这件事担忧，再说作为一个父亲，我很可怜这个孩子，我也想为她的康复做些什么。我知道你也想拿出钱来补足捐款，好让姚念恩能尽早做手术。我发动我们特警队的小伙子们捐款，补足了这笔钱。现在你也不用再操心这件事了。

娜迪拉 亲爱的，真的很感谢你，我为有你这样一个丈夫而感到骄傲！哦，对了，这几天你跟单位请个假，下午早点儿去幼儿园接女儿，念恩快做手术了，我想在医院照顾她。手术后总归需要人陪护的。

画外音 行，没问题，不过你也要照顾好自己，别太累了！

娜迪拉 放心吧，（不经意转头）医生来了，我先不和你说了，谢谢亲爱的。

〔姚念恩的主治医生从舞台左侧上。

娜迪拉 （迎上前几步）赵医生，您好！

赵医生 您好！

娜迪拉 我是姚念恩同学的辅导员，想咨询一下关于姚念恩手术方面的事。我们还需要做哪些准备？您只管提出来，我们学院会妥善安排，保证配合好您的工作！

赵医生 嗯，请这边坐。

娜迪拉　嗯，好。

赵医生　（做出手势）请坐！

娜迪拉　赵医生，我们已经凑齐了姚念恩同学的手术费，想问问姚念恩什么时候可以做手术。

赵医生　手术我们是可以做。不过由于病人的情况特殊，这个手术有很大的风险，你们可能需要再慎重考虑考虑！

娜地拉　（激动地站起来）赵医生，您刚刚说的情况特殊是什么意思，怎么会有危险呢，之前不是说手术费到位就可以安排手术吗？

赵医生　您先别激动，是这样的，房间隔缺损需要尽早治疗，随着年龄增大，患者活动耐力会降低，出现呼吸道感染、多汗等症状，心脏也会逐渐衰竭。病人来医院就诊的时间实在是太晚了。

娜迪拉　（完全理解不了）那您说的危险是？

赵医生　是这样的，患者血管过细，如果决定要做手术，她可能……

娜迪拉　可能什么？没关系，您说吧，最坏的结果是什么，我有心理准备。

赵医生　她可能会因为血管破裂死去，我们发现患者的其他器官也早已衰竭，所以她可能无法度过手术后的恢复期，甚至，可能无法从手术台上下来。

娜迪拉　（绝望地后退一步）怎么可能会这样，她还这么年轻，怎么能……（不信任地摇头）我不相信，你们一定是误诊了，医生，再给她做一下全面检查吧，说不定她病情又有好转呢？再多检查几次吧，求您了！

赵医生　娜迪拉老师，您冷静点，发生这样的事，我们也很难过，不过检查结果是不会有误的，请您相信我们会尽全力的。

娜迪拉　（完全失控）好，我相信你们，那您向我保证，手术一定会成功！

赵医生　我不能做这样的保证，患者的情况您也知道了，如果做手术，危险系数真的很高。

娜迪拉　医生，还有别的办法吗？求您救救她吧，她还是个孩子，她的人生才刚刚开始啊，您救救她，救救她，好吗？（哭了，又赶紧压抑自己，剧烈发抖）

赵医生　（扶住娜迪拉）对不起，我只能说我们会尽力的。

娜迪拉 （跌坐在椅子上）还有其他办法吗？赵医生，只要能治好她，花多少钱都行。需要多少钱，我们学校和学院一定能做到的！

赵医生 娜迪拉老师，您要相信我们，患者现在的情况，早已不是钱能决定的了。做手术很危险，但还是（回避娜迪拉）有（稍停）成功的可能性。

娜迪拉 （再次有了精神）只要有一线希望，我们就不会放弃，医生，求您了，还需要和哪些部门协调，您带我去！我去协调！（站起来）

赵医生 （无奈地）好，我答应您，不过您要冷静，手术治疗是目前唯一的办法，手术之前要保持病人情绪的平稳。

娜迪拉 （下意识捂嘴）嗯嗯嗯，平稳！平稳！

赵医生 那我们一起去找我们主任谈谈好吗？

娜迪拉 好好好。

〔娜迪拉、赵医生下。

第四场

〔娜迪拉拖着步子茫然走上，手提包拖在地上，她感觉不到，她的手机响了。

画外音 喂，您好，您是木尼热的妈妈娜迪拉吗？

娜迪拉 （无意识，无感情）嗯，我是，请问您是？

幼儿园老师 我是木尼热的老师。

娜迪拉 （慢慢清醒）哦，您好。找我有什么事吗？

幼儿园老师 是这样的，您女儿出了点儿状况。

娜迪拉 （大骇，紧张地）什么？我女儿，她怎么了，出什么事情了，你快说，快说啊！

幼儿园老师 您先别着急，是这样的，孩子上午还好好的，午睡时候突然浑身抽搐，怎么叫都叫不醒，我们已经把她送到医院了，现在正在检查。

娜迪拉 （捂着嘴，声音带哭腔，扶着椅子站立不稳）怎么会这样，怎么会这样？

幼儿园老师 我已经通知您丈夫了，请您也快到儿童医院来吧！

〔电话挂断。

娜迪拉　（没觉得电话挂断，对着手机，自言自语地）没事的，没事的，她一定没事的（眼泪止不住地流下来，狠狠地擦了一下眼泪）不能哭，不能哭，孩子会没事的，一定会没事的。

〔电话响，娜迪拉惊吓，手机掉地下，她迟疑着捡起来。

画外音　（仍然沉稳的男中音）喂，娜迪拉，我现在在医院，我们女儿出事了。

娜迪拉　（哭了）嗯，我知道，你已经在医院了，谢天谢地。怎么样，医生怎么说？

丈　夫　（说得比较快）医生刚才急匆匆的，没说一句话就跑进去了，我还在急诊室外面等着。

娜迪拉　（好像听不懂）急匆匆的？是不是女儿的病很麻烦？（停顿了一下）念恩这边需要人，我走不开，怎么办怎么办？（呜咽）

丈　夫　（稍顿，平静劝慰）你别着急，一有消息，我马上通知你，医生出来了，我先问问情况，就这样，挂了。

〔电话挂断，娜迪拉拿着手机发呆。

娜迪拉　（维吾尔语）老天爷，求求您，让我女儿好起来，我愿意把我的寿命给她，只要她能好，求求你，开开眼吧，我女儿才五岁，她还这么小，别折磨她了，我愿代她受一切苦。

〔电话响。

娜迪拉　（冲着电话嘶声喊）喂，女儿怎么样了？

丈　夫　（语气轻柔）女儿已经醒了，你跟她说说话。没事了。

娜迪拉　（声音轻轻的）喂，宝贝，你怎么样，好点儿了吗？

女　儿　（维吾尔语）妈妈，我疼。

娜迪拉　（抽噎着）妈妈知道宝贝疼，宝贝乖，妈妈会尽快去看你的，你要乖乖听爸爸的话，知道吗？

女　儿　嗯，妈妈你快点儿来，把我的小熊熊带来。

娜迪拉　好，你乖乖的，妈妈给你带小熊熊，把电话给爸爸，（语气变焦急）喂，医生说女儿得的什么病没？

丈　夫　你放心，我们女儿已经没事了。

娜迪拉　（焦急地）什么叫没事了，到底怎么回事？

丈　夫　你别急，前几天孩子不是感冒了吗，医生说抽搐可能就是它引起的，只要晚上不再出现类似的症状，应该就没什么大事了，详细的报告单晚上才能出来。

娜迪拉　那就好，那就好。我这边忙完了，马上就过去，有什么情况，马上通知我。

丈　夫　好。

〔电话挂断，娜迪拉深深地吸了一口气，擦掉脸上的泪水，拍拍脸，整理一下情绪。娜迪拉电话又突然响起。

娜迪拉　（焦急地）怎么了，是不是女儿出什么事了？

丈　夫　（安慰）没事没事，你别一惊一乍的，刚才忘了嘱咐你了，记得照顾好自己，你要是也病了，还怎么照顾念恩，怎么照顾女儿啊！

娜迪拉　（长舒了一口气，跌坐在椅子上）吓死我了，我知道，你好好照顾我们的女儿。

丈　夫　放心吧，我会好好照顾她的。我先挂了，有什么事再给你打电话。

娜迪拉　好，辛苦你了。

〔俩女生上。

同学甲　（声音大）老师，我们来看念恩了。

娜迪拉　（对她做了一个噤声的手势）声音小点儿，你们怎么这个时间就来了。

同学乙　呵呵，那是因为今天是个特殊的日子，唉，老师，你眼睛怎么红了。

同学甲　老师，你不是被我感动哭了吧，因为我表现超棒，（低头数着手指）人又聪明又温柔，还善解人意……

同学乙　（连忙打断她）行了，行了，我求求你了，大哥，能消停会儿不？

同学甲　不行，老实说，老师，你是不是心疼我又瘦了，所以才哭了，没事的，我本来就胖，巴不得减肥呢，所以，你应该大笑几声祝福一下我，来跟着我笑，哈哈哈！（声音饱满，模仿京剧）

〔娜迪拉哭笑不得，无奈地笑笑摇摇头。

同学乙　大佬，我求下你（广东话）咱这次来是办正经事的。

同学甲　哦，对，对，老师，是这样的，今天是念恩的生日，往年她生日我们都一起庆祝，今年她却只能躺在病床上，不过，嘿嘿，我们这次给她准备了特殊的礼物。

娜迪拉　（强打精神）哦，是什么？搞得神神秘秘的。

同学乙　（把包里的 DV 机拿出来）当当当，看看，这是什么？

同学甲　（看着一脸迷茫的辅导员）这是我们拍的一段短片，把大家想要对念恩说的话都记录在里面，到时候念恩那个小妮子肯定感动得一塌糊涂。

娜迪拉　（努力掩饰自己，强笑）这个想法不错，你们怎么得到的灵感？

同学乙　大学时间过得很匆忙，转眼间我们离毕业也不远了，以后还不知道什么时候才能相聚，所以我们觉得拍一段短片，把大家对念恩的祝福都记录下来，作为一份特殊的礼物送给她，希望她早点回到我们身边。

同学乙　为了这份特殊的生日礼物，不知道死了我多少脑细胞，不过，让念恩看到我尽情踩躏她最喜欢的泰迪熊时，她肯定会边哭边看，还边骂我，哈哈，气不死她，让她还敢生病！

同学甲　嗯，不错，我把她的床弄得一团糟，在上面滚来滚去，然后给床特意拍了个特写，（摸着下巴坏笑）到时候你说她会不会眼角抽搐，昏过去？哎呀！等不及了，我们马上拿给她看。

甲　乙　老师，（深沉）风萧萧兮易水寒，壮士一去兮不复还，我们去也！
　　　　〔甲乙二人转入屏风。

娜迪拉　（微笑着说）这帮孩子，都这么大了，还跟三岁娃娃一样，真让人头疼。（随手按摩一下额头）
　　　　〔娜迪拉笑容渐渐消失，自言自语。

娜迪拉　我的宝贝女儿，你一定要幸福快乐地长大啊！（叹息一声）
　　　　〔甲乙声音响起。

同学甲　老师，你再不来，就赶不上二路汽车了。

同学乙　老师，快来，快来，班里人都到齐了，我们要开始给念恩同学唱生日歌了！

娜迪拉　就来。（转入屏风）
　　　　〔灯光暗下来，维吾尔语生日歌响起。

第三幕

| 人 物

文　婧——大四毕业生

阿　美——大四毕业生

莫　非　黎　昕　佳　佳　小　曼——同班的好友

学生数人

第一场

〔幕拉开，底幕是图书馆，全体学生肃容端正，身穿学士服，中间放着姚念恩的人形立牌，摄影师背向观众：好了，大家保持不要动，一二三，好，再来一次，保持不动啊，一二三。好了！摄影师下。大家长出一口气，拿学位帽扇风，有人把念恩的人形立牌拿下去。

男生一　同学们，我们背后是图书馆，我们一起在图书馆前扔学位帽吧！

大　家　好好。

女生一　哎哎哎，同学们，这个学位帽自由落体的时候，力道是能切西瓜的，大家小心啊！大家站好，一二三。（大家奋力把学位帽高抛，有人还跳起来。接着大家纷纷抱头躲避掉下来的帽子）

男生一　好了，集体活动结束，自由组合！

〔舞台上女生们三三两两站着，摆着各种各样的奇怪姿态，互相嬉戏着照毕业照。

摄像女生　（拿着相机在所有人的前方）兄弟们，姐妹们，来来，大家安静一下。

众　人　好啊。

〔大家欢笑着站成一排。

女生 A　（摆了个姿势）看这里，给我来张特写嘛！

女生 B　臭美吧你！（摆出了一个露大腿的姿势）给姐先来一张。

女生 A　哟，你啥时候变得这么开放啊，不行，把我也带上吧。（说着，凑到 B 的身旁也摆出了一个相同的姿势）

摄像女生　好啦！大家统一一下动作吧！

女生 A　好！好，好！快来快来。（拉着旁边的同学们，欢笑着挽着胳膊，教大家摆好秀大腿的姿势）

　　　〔众人挽着胳膊，齐齐侧身，左腿向前，秀出左腿。

女生 B　你往后一点儿嘛，知道你腿细，你也别抢了人家的风头啊！

　　　〔众人欢笑。

摄像女生　别动，就这个姿势，来听我指挥，我说 Check 你说 Out，Check……

众　人　（齐声）Out……（然后欢笑一团）

摄像女生　再来一张，再来一张，大家换条腿。

　　　〔众人换了个侧身，继续之前的姿势。

摄像女生　好了，别动，123……OK。

摄像女生　刚才谁说要来个特写的？

女生 B　（拉过 A）快来，快来姐妹们，（众人将 A 簇拥一团，让 A 对准相机）咱们就满足她这个愿望吧？

众　人　好！

女生 A　哎，你们想干什么！

女生 B　（新娘抱的方式，一把抱起 A）快点快点，这妞太重了！姐姐坚持不了多久。（众人将她俩簇拥）

摄像女生　快快，看这里，123……

女生 B　（放下 A）减了 4 年了，你咋还是这么重啊！

　　　（A 追打 B）

　　　〔众人欢笑中，修图啊，把我们的腿修出一米八啊，得了吧，又不是蜘蛛。

　　　〔人群中文婧的手机响了。

文　婧　（走到台前接电话）喂，您好！（停顿）哦，杨主任，（表现出喜悦）面试的结果出来啦？嗯，您说，（逐渐由喜悦转变为沉默）嗯，我知道，那这不公平，（沉默）之前我的笔试成绩可是第一，（沉默）怎么第二名被录取了？（沉默）我知道是前三名参加面试，嗯，（看了看身后人群，长舒了一口气）好吧，谢谢您，杨主任再见。

　　　〔文婧失落地看着手机。

阿　美　（走出人群，沉浸在照相的喜悦中）文婧，怎么了？你怎么不和大家照相啊？

文　婧　（眯着眼看她）咱们前些天参加的亚博局招考，成绩出来了。

阿　美　（细致地整理自己的衣服，对着手机整理头发）不是早就出来了啊，笔试你第一，我第二。

文　婧　（慢慢地，一字一字）我说的，是面试成绩。

阿　美　（继续整理）真的？那你……

文　婧　（盯了阿美一眼，阴阳怪气）恭喜你了！

阿　美　（停下动作，质疑的口气）我？是我？我被录取了？

文　婧　（露出意味深长的微笑，语气冷淡）阿美，我知道你有一个好爹，对，我们家是没有什么势力，找工作这方面我爸也帮不了我什么，我真的很羡慕你。

阿　美　（脸色大变，不愉快）文婧，你在说什么啊？事情不是你想的那样，况且，我从来没有求过我爸，我也从来没有向别人提起过他。

文　婧　（嘲笑的口吻）哼，拼不过爹我认了，可是我没想到，居然是我的好朋友……

阿　美　（打断文婧，大声）文婧！我们一起生活了四年，难道你就真的认为我是一个靠父亲铺路的人吗？

文　婧　（冷笑）我不知道，我只知道——知人知面不知——心！（甩手走开）

阿　美　（委屈）文婧！

女生B　文婧，你俩在那鬼鬼祟祟的干啥呢？哎呀，快来和大家照相吧？

文　婧　（回头笑了笑）嗯，等会儿，等会儿咱俩照一张——情侣照。

女生B　（其他人起哄）你快点儿啊！

〔背景众人照相。

阿　美　（追过去，一把拉过文婧，恳求）你听我解释，行吗？

文　婧　（气急）这有什么好解释的？解释你爸官做得大？能耐大？你明明知道学咱这个专业的女生人多，本来就不好找工作，我真的……阿美，我真的看错你这个朋友了！

阿　美　（带着哭腔）我从来就没有求过我爸啊，你真的不愿相信我吗？

文　婧　（冷酷地）你不用这样安慰我，咱们都不是小孩子了，这其中的潜规则我都懂，我祝福你，（嘲讽口气）祝福你找到了一个这么好的工作！

阿　美　（急切）我这就给我爸打电话，（拿出电话拨号，急匆匆地走来走去，接通，气急败坏）喂，我给您说了多少次了！我不需要您的帮忙，您怎么这么不相信您的女儿呢？（沉默）您还不承认！看来是真的，我不想听您说，我不听不听！您真的不想要您这个女儿了！（说完挂掉电话，气呼呼抱头蹲在地上，文婧冷眼看她，她抬头看见）

阿　美　（站起来，看了看旁边的文婧，走过去搂住文婧的肩膀）文婧，这个工作我不要了，我要靠自己的努力争取一份真正属于我自己的工作，我退出，到时候那边会通知你去上班的。
　　　　〔文婧看着阿美，一把甩掉阿美的胳膊。

阿　美　（手足无措）文婧，你那么优秀，不该是这个结果！

文　婧　（脸转开）好了，别说了。

女生 B　（走到前台，拉着阿美）来和姐合个影吧？（阿美一边看着文婧，一边被 B 拉向照相机前面，B 拉着阿美摆出各种姿势，欢笑声成一片，阿美好似木偶）

文　婧　（在舞台前踱步，她思来想去心里不甘，拿出手机打给杨主任）喂，杨主任您好，我是文婧，（停顿）我知道我的面试成绩不高，可我只是想冒昧地问您一下，（叹气）既然已经是这个结果，我就向您明说了，（停顿）我真的很想知道面试的打分依据，我觉得我并不比阿美差，或者……（停顿）嗯，志愿者？（停顿）我在听，您说，（文婧站定认真听电话）这样……这样看来确实她比我有优势，嗯，实在是抱歉，抱歉。打扰您了！
　　　　〔文婧挂了电话，从人群中快速拉出阿美到台前。

阿　美　（一脸诧异）怎么了？

文　婧　（满含歉意）你为什么不早告诉我！

阿　美　（无精打采）什么？我已经决定退出了，我知道这件事情是我对不起你，你比我优秀，我……

文　婧　（抱住她肩膀）哎呀！这件事情不怪你，我的意思是，你怎么不早告诉我你连续两年作为志愿者参加亚欧博览会，还每次都是优秀志愿者？亚博局早就看中你了！

阿　美　（茫然）我……我以为……

文　婧　（姐姐对妹妹的口气）你以为什么呀，刚才我给杨主任打电话，他告诉我，因为你实习经历最优秀，只要你进入面试，单位就会优先考虑你的，这和你爸没有关系。

阿　美　（感激）我知道你心情不好，你不要安慰我了！

文　婧　（急切）我是认真的，论实习经历这一点，我确实比不上你。

阿　美　（尴尬地看着文婧）那……要不……要不你再试试别的岗位？

文　婧　不用了，你也不要责怪你爸，杨主任根本没有接到过你爸的任何电话，（叹了口气，笑了笑）这才哪儿跟哪儿啊，新疆这么大，我还有很多岗位可以尝试，能考一次第一，我就能考第二次。

阿　美　（看着文婧）文婧，大学四年了，你总是这么让着我……

文　婧　（摊手）这次可不是我让你啊！公平考试，我确实在实习这方面不如你，你也不要内疚，（淡淡地笑了笑）这样吧，请我吃顿饭，我就原谅你了。

阿　美　（反应不过来）啊？

文　婧　（亲热地）啊什么？你睡在我上铺四年，我蹭你一顿饭你也不愿意啊！

阿　美　（跟上了）哦，没没没，（拉着文婧胳膊）吃！必须吃，咱们去吃火锅，就这么决定了！

文　婧　（掐了一下阿美）你呀！还是那个脾气！

阿　美　（拉着文婧跑向人群）快给我俩也来张合影吧，来文婧。

　　　　（众人簇拥在一起，摆出近乎接吻的搞怪姿势，欢笑声此起彼伏）

第二场

〔莫菲从人群中出来。

莫　菲　同学们，你们晓得吗？我们的乖乖女小曼在毕业之际终于有男朋友了。

黎　昕　你说什么？

莫　菲　昕哥哥，放心，他没你长得帅啦，就是眼睛比你有神，比你会放电，身材比你练得……结实了那么一点点啦！

佳　佳　昕哥，你俩不在一个层次，你别听莫菲瞎说。

黎　昕　（目光哀怜地转向小曼）小曼，你认为我是怎样的？

小　曼	（沉思状）嗯……很好啊！
黎　昕	就这样？
小　曼	嗯，还想怎么样？
黎　昕	那个绯闻男友是？
莫　菲	昕哥，不要那么惊讶嘛，我相信小曼永远是你的，别人抢不走！
小　曼	莫菲，大家好好照着毕业照，能不能别说这些。
莫　菲	交个男朋友而已，又不是什么见不得人的事儿，说一下怎么了？
小　曼	我交男朋友，也用不着你在那八卦！
莫　菲	你什么意思啊？你的意思是我八卦？
小　曼	我没这么说。
黎　昕	小曼，那莫菲说的是真的？你真的交男朋友了？怎么没听你说起过？我们不是最好的……朋友吗？
小　曼	（低下头）我……
莫　菲	她那不是不说，那是不敢说！
小　曼	莫菲，你能不能免开尊口！
莫　菲	（不情愿地做出封嘴的动作）
小　曼	（深吸一口气）我本来要说的，但是我……
黎　昕	好了，小曼，别说了，我明白了！但是，有些话我想趁现在告诉你，我怕我不说这辈子都没有机会。
小　曼	黎昕，你别说了，我明白，真的，求你，别说！
黎　昕	不，今天我一定要说！小曼，我喜欢你！我知道这样不好，但是……我就是忍不住地喜欢你，我曾经也劝过自己，告诉自己这样不好，这样会给你带来很大的困扰，甚至想到如果你知道了这件事情我们肯定连朋友都没得做，但是，我真的忍不住，每次看见你，我都……
小　曼	我知道这对你来说很难接受，可是……看见你我就有想去保护你的欲望，其实你的内心我很了解，你从小父母就不在身边，自己一个人照顾自己，我喜欢你的孤傲，你的任性，因为我知道这是你故作坚强的表现。黎昕，你知道我一直把你当作好朋友……
黎　昕	起初我也这么觉得，我们之间就是好朋友，但是那天我回班里，你趴在课桌上睡得正香，我静静地看着你熟睡的样子，

突然脑子里蹦出一个念头，我喜欢你，小曼……所以我想亲你，但是被莫菲刚好进门看见了，我……自那以后我也不知道自己怎么了，我……

小　曼　黎昕。

黎　昕　你别一副吊死鬼的样子，今天这些话，我说完，你就忘了吧！我们以后还是好朋友！

小　曼　黎昕。

黎　昕　（张开怀抱）来，友谊的拥抱！

〔小曼和黎昕抱在一起，佳佳，莫菲也相继拥上前，四个人抱在了一起。

第三场

〔木拉提从舞台右边上台面对观众，做出想说话的动作，又欲言又止。

木拉提　（对着观众）唉，你们说我该怎么办？我喜欢的米娜尔说毕业就分手，因为我会留在乌鲁木齐，而她要去南疆，说机会多，大家说我到南疆重新创业好不好？

〔无论观众说什么，沉默数秒，继续推心置腹地。

木拉提　我知道南疆现在越来越好，不管怎么样，我决定求婚，她会不会答应啊，我好纠结，这也许是最后一次机会了！朋友们，帮帮我，给我信心吧。你们说她会不会答应我？

〔米娜尔和同学们上，突然看到木拉提站在那，有点不知所措，慢慢地落在人群后面，想要远离他。一个同学发现米娜尔走在后面。

同学甲　米娜尔，你快点，都这么熟悉了，怎么害羞起来了。（几个同学把米娜尔拉到舞台中间，面对木拉提的地方）

同学甲　木拉提，你在这干什么呢，找我们的米娜尔吗？

〔一个男生喊道：木拉提，加油！

木拉提　（愣了一下，走到米娜尔面前，单膝跪地，对米娜尔喊出）米娜尔，嫁给我吧。

〔本来就手足无措的米娜尔更显得尴尬，她慢慢地向后退，用手捂着脸，不知道要说什么。其他同学都纷纷看着米娜尔高声呼喊：嫁给他，嫁给他。

米娜尔 （向后退了几步）对不起，木拉提，我想……我们不合适……还是做朋友吧？

〔同学们都显得很惊讶，纷纷议论：怎么回事，为什么不答应呢，你们是初恋啊，都好几年的感情了啊。

〔木拉提跪在那里，一动不动，静场。

木拉提 可是，可是，米娜尔，我是那么爱你。

米娜尔 （走过去拉他起来，帮他拍膝盖上的土，面对他）我知道，可是现实不允许我们在一起。

木拉提 你能不能留下来，我们一起发展事业，非得去南疆啊？

同学甲 木拉提，你跟着去南疆不就好了？（旁边人嘘他）

木拉提 可是我的事业刚刚有起色，米娜尔，都是一样的发展，留下来帮助我，我们同甘共苦不好吗？

同学乙 既然你那么喜欢米娜尔，去南疆重新创业不也可以嘛！（旁边人嘘他，哪有那么容易？创业啊，哪儿能今天、明天、后天、天天创业！）

木拉提 亲爱的米娜尔，你知道我们一起创业时的辛苦，现在的成果就像我们的孩子一样，你舍得吗？

米娜尔 （泪流满面）我也舍不得，可是，我去南疆是去支教啊，我感谢国家给我的机会，让我可以上大学，我想贡献自己的力量让家乡更多的孩子接受更好的教育。你理解吗？这是我的信念啊。对不起对不起对不起啊！

〔静场，爆发式的七嘴八舌。

同学乙 米娜尔，你要去南疆支教？

同学丙 你？一个女生？去那么苦的地方受得了吗？

同学丁 为什么这么决定？乌鲁木齐也能当老师啊！

木拉提 （高声）大家静一静吧，（对着米娜尔）米娜尔，我尊重你的决定。

〔米娜尔用手捂脸，木拉提轻轻把她扶在自己肩头，同学甲提着行李上，看看大家，看看表，靠近米娜尔。

同学甲 （小声）米娜尔，咱俩该去火车站了，不然会误车的。

米娜尔 （后退一步，打起精神，友好地拍拍木拉提的手臂）木拉提，我走了。你保重吧，大家都保重吧。（转身走向台口）

木拉提 （朝后望望，看看表，对米娜尔背影）不，米娜尔，你等我一下好不好？

米娜尔 （说话声音渐渐减弱）我等不了了，时间来不及了，我想也没什么好等的了。

〔木拉提像是不能接受一样，从相反方向径直跑下舞台。众人纷纷送别米娜尔，同下舞台。

〔木拉提从舞台左侧上，慢动作奔跑，录音播放木拉提心声：米娜尔，傻丫头，我早就知道你一定要去南疆支教，只是还有点放不下刚刚有起色的事业。不过没关系，我还有准备，给你惊喜，我把求婚用的钻戒卖了，钱全部买了给孩子们的文具，我要开着卡车带着你去南疆，要等我。录音播放完，木拉提奔跑动作恢复正常速度，跑下舞台右侧。

〔场外音：毕业不分手，这是多幸福的感觉。无论未来我们到哪，我们都要为自己的幸福努力，为自己的家乡奋斗。

〔暗场三秒钟，舞台亮。

〔全体演员站在舞台中央，同学们纷纷做出离别前的姿态，有的拥抱，有的握手，有的继续打闹……个别同学站出人群逐个表达心声。

学生 1 我还没有被谁告白过。

学生 2 我还没有认真谈过一次恋爱。

学生 3 我还没有逃过课。

学生 4 毕业了，我还没有认真听过一次课，但是老师我再也不会逃作业了。

学生 5 我好像还剩着作业没做。

学生 6 我的大学好像太单调了。

学生 7 兄弟们，我们不能一起打游戏了。

学生 8 姐妹们，我们不能一起深更半夜开卧谈会了。

娜迪拉 同学们，我亲爱的孩子们，怕是以后大家很难像现在这样聚齐了。匆匆四年的大学生活，你们过瘾吗？我担任辅导员以来每年都要送毕业生离校。每送走一届毕业生我都要恍惚好久，校园里你们的欢声笑语会被下一届的同学盖过去，但你们不会被取代，因为你们都是独一无二的。

众 人 老师，我们会常回来看您的。

娜迪拉 毕业了，大家都会有些遗憾，不要懊恼自己的昨天，努力让明天不留遗憾吧。不论走到哪儿，都不能忘记自己最初想要坚持的梦想。记住自己最灿烂的笑容，去迎接新的挑战吧！

众　人　（面向观众）我的新疆大学，我们会想你的！各位老师，我
　　　　们会想你们的！学弟学妹，我们会想你们的！
　　　〔《栀子花开》的音乐响起。
　　　〔娜迪拉慢慢向舞台中间谢幕，之后走向台侧，全体同学分
　　　成若干组，每组两人，从底幕处走上谢幕，分开左右，手向
　　　底幕伸出，底幕播放视频：新疆学院时期的红楼、红湖、体
　　　育馆、图书馆，新疆大学历史上著名的老师们，快速闪过的
　　　各学院学工办老师们……

第三编 ｜ 改编多幕剧

新疆大学林基路艺术剧社第 2 届演员合影（2019 年 3 月 10 日）

急转直下

程思妤① 钱新星② 吾力杰③ 孙宏宇④

┃ 人　物

魏长二——退休警察，五十岁，男，汉族

赵　慧——家庭主妇，三十九岁，女，汉族

卓　诗——某大学学生，二十一岁，女，汉族

王　万——旅客，二十五岁，男，汉族

吉力根——牧民兼餐馆老板，四十五岁，男，蒙古族

霍　启——蒙羊集团董事长，四十七岁，男，汉族

贾　毅——酒店店主，四十五岁，男，汉族

丁　斌——酒店店员，二十八岁，男，汉族

---

① 程思妤，新疆大学林基路艺术剧社编剧、剧务、演员；新疆大学中国语言文学学院汉语言文学专业2015级本科生。

② 钱新星，新疆大学中国语言文学学院汉语言文学专业2015级本科生。

③ 吾力杰，新疆大学中国语言文学学院汉语言文学专业2015级本科生。

④ 孙宏宇，新疆大学中国语言文学学院汉语言文学专业2015级本科生。

人物来源版本信息

剧本内人物	原型人物	故事
赵慧	吴氏	施公案第三百七十九回 因疑案县令诉前情 秉公心贤臣听冤讼
吉力根、霍启	倪善述、倪善继	包公案第七十二回 梅先春争产到官府
魏长二	魏长二	海公案第二十三回 以烟杀人
王万	王万	包公案第三十八回 王万谋并客人财
卓诗	卓氏	海公案第四十五回 通奸谋杀亲夫

情节来源版本信息

故事	具体章回
施公案	第五十七回 传四邻问话 各人报姓名
施公案	第一百一十七回 飞山虎贼店遇友 施大人觅径求贤
太平广记	卷第七十八 方士三
太平广记	卷第一百一十七 报应十六（阴德）
海公案	第八回 正士遭逢坎坷

景

第一幕
第一场

〔舞台由酒店大厅和酒店房间横切面组成。大厅右侧是一个接待台，上面摆着一部座机和一本登记簿。侧幕即背后墙上，挂着两个时钟，左边的时钟下写着乌鲁木齐，右边的时钟下方只有一个牌子的印子。大厅中间偏左，面向观众放置一个三人沙发，沙发左侧，面向前台是一个单人沙发，前台旁摆着一盆招财树。酒店房间的横切面共有四个房间，摆设对立，左侧的房间里，全白的床在房间的左侧横放着，床旁边是一个木制的大衣柜。床脚对着一台电视柜，电视柜中间放着一台电视，电视一边是托盘，里面摆放着杯子，另一边是一个装饰用的花瓶，电视柜左边是房间进出的门。房间中间的墙上是通向卫生间的门。右侧布置相反，左右房间中间是楼梯。横切面一楼左边的房间，床上有一件女式风衣，右边的房间，床边放着一个行李包，床上有人躺过的褶皱，电视机旁边有一件黑色外套，地上有一双鞋。二楼左边的房间床上躺着一个人，被子半掩在身上，地上放着一双男士拖鞋和一双女士拖鞋，衣柜旁放着一个女式行李箱，电视机旁放着几个酒瓶。二楼右边的房间干净整洁，看起来无人居住。
〔幕是拉上的，幕内先响起敲门声，再响起"请问……啊！死……死人啦！店长！"一阵下楼梯的声音。

〔幕拉开后，只有二楼左侧的房子灯是亮的，王万慢慢打开衣柜，看了眼床上的人，快速地走出房间从左侧大门离开，灯全亮。赵慧和卓诗在吉力根和魏长二两侧，四个人之间或紧或疏地保持着距离，贾毅和丁斌站在人群的右前侧。魏长二头发凌乱，看起来刚睡醒，深色衬衣却正正经经地穿在身上，下着黑色西装裤和灰色皮鞋，一手插在兜里，一手整理自己的发型。吉力根穿着藏蓝色短袖，可以看出身材健壮，下穿收脚运动裤，黑色运动鞋，双手环臂，看着贾毅和丁斌。赵慧看起来温婉，微胖，身着碎花衬衫和黑色修身裤，一双白色高跟鞋，坐在单人沙发上，拽着自己的包，紧张地看着贾毅和丁斌。卓诗一身过膝长裙显出苗条的身材，穿着高跟鞋的脚不断地原地跺着，一头黑长发显得清纯可爱，表情却很紧张。贾毅、丁斌着酒店制服。

〔酒店左边的时钟指向十二点，右边的指向十点。

卓　诗　（有点儿紧张地）老板，你刚刚喊什么？

赵　慧　你说怎么了？

丁　斌　楼上的客人（被贾毅拦住，没有说完）

吉力根　刚刚喊得还挺大声，现在吞吞吐吐了。

魏长二　老板，你说明白点儿。

贾　毅　（走到前台拿起电话，纠结地）我……我……（做出决定）有人死了！但是和我们店没有任何关系！

赵　慧　卓　诗　（一齐惊讶地、带有一些害怕地）什么？（魏长二和吉力根也一齐惊讶）

贾　毅　（碎碎念）这个真和我们店没有关系，你们千万不要投诉啊？（拨号码）我现在就报警，你们看啊，我在报警，我是有态度的！我们是百年老店，我们从来没有发生过这种事情，（猛按座机）这电话怎么不通呢？

吉力根　（冷嘲）百年老店？这条路可是千禧年才修的，到现在还不到两年。（走到贾毅身边）你们店，不会有问题吧？

贾　毅　（摔下电话，丁斌默默退到一边）你不要血口喷人！（转念一想）是不是你？是不是你杀了人然后想嫁祸给我？看你一脸横肉，凶神恶煞！我这块地皮叫好多人都惦记！你是哪家公司派来的？我们家旅游旺季可……

吉力根　（打断）别扯犊子，疯狗乱咬人。（走了回去）

魏长二 电话打不通吗?（走到前台旁，接过电话按了按）

吉力根 你又是谁?

魏长二 奇怪,（向老板）你们这平时信号怎么样?（摆弄着座机,看似随意地）我只不过是个警察。（吉力根、赵慧、卓诗立马看向他,贾毅仿佛来了救世主一样）退休的。

贾　毅 平时信号也时好时坏。

丁　斌 不过这附近最近新修了电信塔,按理来说不会太差。

贾　毅 我们这是新修的路,平时都是来旅游的人,最近也是巧了,这才两三天吧,来了你们这些人。（解释状）我不是说什么啊,就是巧了,哎,人一多啊就容易出事。

卓　诗 （走到警察身边）你怎么证明你是警察?

魏长二 我曾经是,我今天去乌什县拿剩余档案,我在巴楚县的朋友说走这条路会快一点。不信?（卓诗摇头,魏长二从衬衣口袋拿出一个奖章,上面画着一个建筑,建筑上写着"使命责任荣誉",下写着"从警30年纪念"）这个可以证明吗?

〔卓诗拿过来,仔仔细细地看着,翻到背面被吉力根拿走,吉力根一边把玩着一边看向魏长二,赵慧凑上来,丁斌也凑上前一起看了看。贾毅一脸欣慰地站在魏长二身边。

贾　毅 警察同志,你看这个事情该怎么办?

〔王万从门口风尘仆仆进来,王万看起来很瘦,穿着白色短袖显得更单薄,背着一个大包。进来看见这么多人集在大厅,一愣,站住。

王　万 （有点儿紧张）诶?怎么大厅这么多人?你们都是一个旅游团的吗?

贾　毅 我们今天不营业,你快走吧!

王　万 不营业?是房间被订完了吗?可是,老板,都已经这么晚了。（走到贾毅身边）你是不知道啊,我下车直接去的神木园,回程才知道出现了特大沙尘暴,搭了半天车才找到一个好心人带我到这。（绕到赵慧身边）司机把我扔下就走了。（走到前台旁,卓诗身边,指着墙上的时钟,此时墙上左边的时钟显示十二点）你看看这个点,你赶我出去,我就是死路一条啊。

赵　慧 现在是旅游淡季,我昨天问了,除了旅游公司,一天只有一班车经过。

王　万	姐姐，你们是哪个团的啊？（赵慧摇摇头）
贾　毅	那……（看向魏长二）
魏长二	（拉着王万走向中间）小兄弟，这里情况有点儿特殊，希望你有点儿心理准备。（王万好奇地看着魏长二）你在这里不好长时间待着，一旦有车你需要立马离开。
卓　诗	那我们呢？
赵　慧	我孩子还在家等我。
吉力根	我那餐馆老老小小都等我回去开张呢！
魏长二	如果这几天没有其他人入住和离开，那在场的，除了这位小兄弟，在座的都有嫌疑。（众人紧张）
王　万	嫌疑？
吉力根	话可不要乱说！
卓　诗	我们怎么就有嫌疑了？
魏长二	如果死者死亡期间有其他人出入，那大家的嫌疑会减小，凶手不一定在各位之中。如果没有人出入，那大家就必须等警察来。或者（严肃地）如果你们信任我，我也赌上我曾经为警的荣誉，愿意在警察来之前调查此案。
赵　慧	警察同志，我是相信你的，这世界终究是好人多一点儿的。〔吉力根和卓诗带着疑惑，但也点了点头，贾毅和丁斌附和，王万在一旁不出声，仔细地打量着每个人。
魏长二	我先自我介绍一下，我叫魏长二，魏蜀吴的魏，长处的长，一二的二，今年因伤退伍。既然大家相信我，在警察来之前我先负责这里，也希望大家配合我。老板麻烦你先查一下这几天的旅客登记情况。等会儿我和你去现场，任何人都不要进现场，等通信和交通恢复后就立刻让警察来接管这里的事。我会尽我所能的。
贾　毅	好好好，谢谢警察同志。
魏长二	我已经不是警察了，（向其他人）现在接手这个任务，倒有点儿像侦探。
王　万	等一下，等一下。你们说了半天，意思是这里出了命案？你们不要开玩笑了，（看见大家脸上的认真神色，有点儿慌）难道……是真的？现在还有车吗！叫车行吗？（拿出手机）一点信号都没有！这座机可以用吗？（贾毅摇头）
吉力根	你现在就乖乖待着，没你事。

赵　慧　小兄弟，我们现在也一头雾水，你先别急。

王　万　我是莫名其妙啊！

贾　毅　这位客人，现在是淡季，我们没有收拾出来几间客房，你先在大厅等会儿可以吗？我们立马收拾出一间房。

王　万　（不情不愿）好吧，车一来我就走，多一分钟都不想待。（看了周围人一眼，嘟囔）谁知道杀人犯是不是藏在这里，空气中都有一股血腥味儿。

吉力根　你说什么！

卓　诗　你能不能安静一会儿！（说完，走到三人座沙发边坐下）

贾　毅　（忍，对丁斌）你先去把 203 收拾出来，让客人赶快入住。（向王万赔笑）小兄弟，这件事到时候可不要在外面乱说啊，我们店是清白店！今天就不收你钱了，来来来，先在这等一下。（接过王万的包，请王万坐到三人座沙发上）

王　万　你们店清不清白我不知道，我只想保住我的小命。（王万坐下，把玩着手中的打火机，偷偷观察周围的人，略长的刘海挡住了他的眼）

魏长二　小兄弟，这里的事情的确不能乱说。

王　万　（抬头看向魏长二，刘海半遮眼睛，露出阳光的笑容，走到魏长二身边）放心，侦探先生。（从口袋里掏出一根烟递给魏长二，魏长二摆摆手，王万向周围几个人敬烟，只有吉力根接了，魏长二觉得王万有点儿奇怪，多看了他一会儿）

魏长二　老板，现在查一下死者的登记信息，再准备一双白色手套和几个透明袋子。

贾　毅　（走到前台翻看）入住 201 的客人叫霍启，和那位（指向卓诗）小姐一起入住的。
〔赵慧怔住坐在沙发上，卓诗紧紧抓着王万的手臂，魏长二在思考着什么，吉力根看了看卓诗和王万，王万低着头看不见表情。
〔灯光灭。

（程思妤）

第二场

〔大厅灯暗，依稀可见人影，吉力根坐在沙发上抽烟，吸烟时很使劲，仿佛在努力把身体中的某种情绪压下去。赵慧在沙发另一端微微皱眉，手紧紧地拽住包，警惕地看着周围。卓诗把手抬起想抓住王万，在空中一顿，手慢慢收回，紧张地看着三人，走来走去，手不停地扯着鬓角的细发，偶然转过头去深深地看一眼王万。王万站在吧台处，低头摆弄着打火机，看起来漠不关心。丁斌站在一边。

〔霍启房间内，魏长二戴着白手套在房间内走动，贾毅在门口驼着背，手上拿着透明袋子，目不转睛地盯着魏长二的动作。

〔酒店左边的时钟指向十二点半，右边的指向八点十分。

魏长二 他什么时候住进来的？（翻动死者的眼睛）

贾 毅 （语气微颤）昨天中午，跟门口那个小姑娘一起，一来就开了这间房，就没见出来过。这事可跟我们没关系，我可开了这么多年店了，从来没出过这种事啊，您再好好看看，可不能冤枉好人啊，这店里死了人以后谁还敢来啊，我一家老小都指着它活，我那儿子刚上初中，正是……

魏长二 （打断）房间里有过什么奇怪的声音吗？

贾 毅 声音？这我们哪能挨着门缝边听呐，而且跟一小姑娘住一块儿，这有什么声音太正常了，那可不能给听了，哎哟，晦气劲儿！

魏长二 跟他一起住的那女孩也没出来过吗？（继续对死者进行检查）

贾 毅 那姑娘倒是经常下来，每次来这买一大包吃的，哦，对了！最多的是酒，每次都买酒。

魏长二 （指着衣柜旁边的箱子）这两个人只有一个箱子？

贾 毅 只带了一个，来这住的大部分都是出来玩，带的东西都不多。

魏长二 这把刀你认识吗？（指着尸体旁的刀）

贾 毅 （稍微走近，仔细看）不认识，我们店里没这样的刀，刀都在后厨，不敢随便拿出来。

魏长二 （捡起刀，示意贾毅把袋子拿来）今天下午发现死者之前有

人出去过吗？（把刀装进袋子里）

贾　毅　嗯……早上看到跟他同房的那个女孩出去买酒，但是过了一
　　　　会儿他（小心地用手指床上的尸体）就打电话要吃的了。

魏长二　那还有新客人住进来吗？

贾　毅　除了今天早上的那个客人，就没有了。这会儿是淡季，来这
　　　　玩的人不多，生意也不好做，现在还出这种事，以后怕更没
　　　　人来了。

魏长二　那你呢？

贾　毅　我和丁斌一直在吧台，从来没离开过，来来往往的人都能看
　　　　见我们。和他（指死者）同住的那位小姐总是进进出出，肯
　　　　定能看到我们没离开过。

　　　〔魏长二点头，和贾毅向楼下走，关门的时候停了一下，深
　　　深地吸了两下鼻子。大厅灯全亮，房间灯昏暗，众人都看向
　　　二人，赵慧站起来，吉力根第一个冲过去，贾毅把收集到的
　　　证物给丁斌，让丁斌把东西收好，丁斌拿着东西从右下。

吉力根　怎么样？真死了？咋死的？谁杀的？我们能不能走了？

魏长二　（巡视了众人一眼）死了，谁杀的还不知道，凶手嘛，估计
　　　　就在这里。

卓　诗　（声音很大，几乎喊出来）你什么意思？你凭什么这样说？

魏长二　（摘下手套）今晚八点半左右，酒店发生命案，死者名霍启，
　　　　是乌鲁木齐市蒙羊集团的董事长，四十七岁。初步估计致死
　　　　原因是胸口的那把刀，据贾毅说今晚十一点后，再也没有人
　　　　进出过酒店。（看向众人）现在请大家坐在这里（指沙发），
　　　　我希望做个调查，毕竟（重重地吸了吸鼻子）谁也不想跟杀
　　　　人犯待在一起。

　　　〔众人面面相觑，稍作迟疑，走向沙发，卓诗看向王万，王
　　　万没有理她。

魏长二　我希望大家能如实地说明情况，找出凶手。这也关乎你们自
　　　　身的安全，我们谁也不知道凶手还会不会继续行凶。并且，
　　　　不清楚谁会是下一个被杀的目标，不是吗？为了大家的安
　　　　全，希望各位能配合。

卓　诗　你吓唬谁呢？肯定不会再杀人了，你别在这里装神弄鬼！

吉力根　你这么激动干什么？难道凶手就是你，所以不敢调查，我看

八成就是你，跟老东西住一起不爽快就起了杀心，哼，最毒妇人心！

卓　诗　（惊慌地看了一眼王万，瞪着吉力根）你胡说！我怎么可能杀他，我看你倒是鬼鬼祟祟，天天不知道在计划什么坏事。你还是男人，男人才会有那么大力气杀他，他的力气可大着呢，只有你能杀人！

吉力根　你这个……！

赵　慧　他力气大不大，你倒是清楚，你是他老婆吗？

卓　诗　我……我是他女朋友。

赵　慧　女朋友？（怒）真不害臊，你既然跟他这么亲密，还不知道是谁杀了他吗？只怕你是自己心里有鬼！

魏长二　好了，请大家先冷静一下，先做个自我介绍吧，讲一讲你们来这里的目的，以及你们和死者的关系。

吉力根　我先来吧，我叫吉力根，蒙古族，从内蒙古过来，来这找一个亲戚。我跟他可不认识，我就是路过这，谁知道会遇到这么一件倒霉事！晦气！

赵　慧　我叫赵慧，从乌鲁木齐过来，来找我老公，（看着卓诗）霍启就是我老公。

卓　诗　（突然站起来）你是他老婆？

〔赵慧看了卓诗一眼没有说话，冷笑一声。卓诗尴尬地坐下。魏长二饶有兴趣地看着她们二人，面带笑容。

卓　诗　我叫卓诗，还是大学生，霍启……是我男朋友，我跟他出来旅游，昨天准备在这里住两天再走。我……我不知道他结婚了（声音越来越小）。

吉力根　（冷笑）这也死得其所了，家里放着这么漂亮的一个，外头还有个水灵灵的小姑娘，呸！真能过！

魏长二　（转向王万）你呢？

王　万　我刚来，跟他们，跟死者都不认识。

魏长二　昨天晚上十点半左右，你们都在干什么？

卓　诗　我出去了，喝多了，在外面走走。

赵　慧　我在房间里，（看向卓诗）准备离婚协议书。

吉力根　我就在屋子里睡觉，外面什么声音都听不到。

魏长二　老板，你有印象吗？

贾　毅　（挠头）我……我也记不大清了，昨天天气不好，早早就关门了，我跟丁斌在吧台那，中间好像那位客人和这位姑娘打电话让我们多送点儿吃的上去，也没看见其他几位客人下来。

魏长二 （看着卓诗）你的衣服挺皱啊！

卓 诗 我喝多了，一直没换。（警惕地看着魏长二）你管我衣服干吗？我穿什么衣服跟你有什么关系？

魏长二 （转头对着贾毅）我还需要上去看一看，（对着众人）你们也可以上来看看。

〔贾毅在前方带路，魏长二和王万迅速走上去，吉力根看看赵慧，也跟上去，赵慧随后，卓诗咬了咬嘴，慢慢地向前走。

〔大厅灯暗，房间灯亮，贾毅坐在门口地上垂头丧气，魏长二在死者身旁观察，王万在门边上，低着头，卓诗在床边站着，看起来很害怕，赵慧拿着包站在门口，很警惕。吉力根抽着烟来回走动，时不时在地上看来看去，似乎在找什么东西。

魏长二 你们最后一次见到他是什么时候？

吉力根 我没见过他，这事儿跟我半点关系都没有！

赵 慧 我中午去找过他，但是没人开门，所以没见到他。

卓 诗 我今天下午跟他在一起喝酒，中午的时候我们都睡着了（偷看赵慧），所以没听到敲门的声音。喝完酒我就出去了，他一个人躺在房间里。等我回来，他就，他就……

魏长二 （看着卓诗）你知道他最近得罪过什么人吗？

卓 诗 他的事我知道的不多，我们……

〔这时丁斌突然拿着带血的毛巾跑上来〕

丁 斌 老板！老板！你看，刚才在后院垃圾箱里找着的！（把毛巾递给贾毅）

〔王万转过头，卓诗用手揪住自己的衣服，瞪大眼睛，看起来是害怕的样子，其实在努力不让震惊的情绪表现在脸上〕

贾 毅 （嚯地站起，转向魏长二）这可跟我们没关系！这不是我们的！我从来没见过这个毛巾！

魏长二 （接过毛巾仔细端详）店里还有其他人受伤吗？最近杀过什么动物吗？

〔众人摇头。

贾　毅　没有啊，这里的肉都是宰好了送过来的冷鲜货，从来，额，从来（悄悄看了看众人，微微低头）没有新鲜的。就算有新鲜的，也不会拿这么好的毛巾擦啊，这真的跟我们店里没关系。

魏长二　毛巾上的血很有可能是死者的，（低下头，深呼吸）血腥味好像不太浓。

王　万　这房间，还挺香的。

〔卓诗转过头不可置信地看着王万。

魏长二　对！香味，毛巾上血腥味不重，但是有很大的香水味，和这个房间的味道很相似，死者是个男人，自然不会用这么甜腻的香水，酒店也不会用这么贵的香水，在场用香水的人只有两个，赵慧没有进来过，不会在房间内留下这么浓的味道，那就只有和死者住在一起的你（看向卓诗）。

卓　诗　（站起来）不……不是我，我不喷香水！

吉力根　你撒谎，浴室里就放着你的香水瓶子！

卓　诗　你怎么知道浴室里有我的香水？

赵　慧　（又怒又悲）就是你杀了他！毛巾上的味道跟你身上一样。你把他灌醉了，他连反抗都不会了，你年纪小小却这么心狠手辣，他养着你、带你去见你这辈子都没见过的东西，你不要脸也就算了，你还要他的命！

吉力根　哼哼，真是像蛇一样歹毒，现在的女娃娃真让人害怕！

卓　诗　（站起来下意识回头看王万，哭腔）我没有！我不是故意的，他就躺在那，我都不想杀他了，可是他就躺在那里！

魏长二　他对你这么好，为了你背叛自己的家庭，你还有什么不满足？为什么要下杀手？

卓　诗　对我好？你们觉得他对我好？哈哈哈哈，他不对我好还会对别的女人好，我不过就是他发泄的一个对象罢了！至于你（指向赵慧）他早就不爱你了，娶你也不过是看重了你家那点儿权力，能让他更好地往上爬罢了！他就是个疯子！（死死地盯着死者的脸）我那时候才十九岁，刚来到这个让人眼花的地方，就遇到他了，他用尽手段把我骗到手，在我已经离不开他的时候开始暴露本性，（撩起袖子，上面是密密麻麻的瘀青）这都是他干的！我为什么要忍受这种生活？我凭什么就要被他打来骂去？不过啊，还好他有钱。

吉力根　呸！也不知道哪来的脏钱！

〔一阵适合独白的轻音乐响起。

卓　诗　（慢速说，消沉、绝望地）有钱就能买断我的青春，但是能买断一个人的心吗？你们（指着众人，故意不看王万）就没遇到过心爱的人吗？遇着了，就忍不了肮脏的自己，霍启，就是把我拖进深渊的人！只有让他消失，我才能自由，他死有余辜！

〔在音乐中渐渐落幕。

（钱新星）

第二幕
第一场

〔大厅内，卓诗跪在大厅中间，其余人围着卓诗。

〔酒店左边时钟指向一点，右边的指向八点二十。

卓　诗　（低声哽咽，头深深低下去，小声自言自语）我其实不想的，我没想要这样杀死他，我……（摇了摇头）

赵　慧　你一个年纪轻轻的小姑娘还懂不懂廉耻，要不要脸，不好好在校读书？挥霍着父母的钱还不够，还要出来找男人？你还有没有做人的尊严？（气急，见卓诗闷不吭声的样子，想要上脚踢，被众人拦下）

众　人　别打了，节哀，剩下的让警察来处理。

赵　慧　（挥开拦住她的人，指着卓诗）你们看她还要不要脸，披着大学生的皮，干着小三的勾当，求人包养，拆散别人家庭，如今还冷血地杀了人，这样的人难道不该打？不该受到惩罚吗？（对准卓诗扇了一个耳光，自己又一下子瘫坐在地）

赵　慧　我到底犯了什么错？（抽泣）我的老公就这样被杀死了，被一个不知从哪里冒出来的黄毛丫头，知道他们住在一起的时候，我是很生气，（看向身边的人求认同）我爱了他这么多年，发现他偷情怎么可能不生气？因为在乎他，我才生气，可……（泣不成声）可怎么也想不到以后再也见不到他了，再也不能告诉他我还生着他的气……真的没想到他会……（慢慢坐到沙发上，一抬头见众人都显出怜悯、同情的表情，低声议论着，她一把抹去眼泪，站了起来）。

魏长二　大家都先安静，让我来问问她细节，老板麻烦你记录一下，到时候交给警察，让专业的人来做定夺。（贾毅点头，让丁斌去前台拿本子和笔，魏长二转向跪在地上的卓诗）卓诗，你怎么杀死霍启的？

卓　诗　我不是！我不是故意杀死他的，我是不小心的，你看他就躺在那，我，我还能怎么办！我准备了这么久……（抬头看着魏长二）

赵　慧　（从椅子上站起来）你别再说了，你说这么多，难道还妄想为自己开脱吗？（怒视）仗着自己年轻漂亮，干着出卖肉体和灵魂的勾当，（快步走到卓诗身边）拆散别人的家庭还不甘心，为什么还要狠心地把人杀死？他给你的钱还不够多吗？

魏长二　赵女士，你痛失家人的心情我可以理解，但请你相信我，等查清案情的来龙去脉，还你与你的丈夫一个公道，你先在沙发上或者回房休息一下吧。

〔赵慧点点头，坐回到单人沙发上，紧紧拽着包的手松开，看起来松了一口气，魏长二转身再次面向卓诗将她扶起，丁斌从前台拿来了笔和本子。

魏长二　说说吧。

卓　诗　是，我是杀了他。（回头看了一眼赵慧）一年前，我开始实习，遇到了他，工作了一段时间后，他说他喜欢我，追求我，让我成为他的实习秘书。（做回忆状）他带我去高级餐厅吃饭，送给我名牌包和衣服。我一开始还想挣扎，只是因为他的这层关系，我毕业后就可以直接转正，这次随他到这里考察也是想让我名正言顺地转正。所以我让自己只看见他的好，他的地位和他的钱，忽视他给我带来的伤痕。没想到他的妻子竟然能找到这里，可他妻子来找他时，我并不在房间。

魏长二　你去干什么了？

卓　诗　我们到了这边才知道最近因为沙尘暴，网络线路被损坏，信号不太好，他让我到附近的邮局寄一些文件。

魏长二　什么时候回来的？

卓　诗　大概在晚上十一点。

魏长二 你为什么突然要杀死你的情夫呢？你都要在公司中转正了，颇得赏识，如果是因为暴力，为什么选择今天呢？

卓 诗 （顿了顿）我们来这里的一路，我像一个丫鬟，白天晚上都要伺候他。去寄东西也算是让我喘口气，我上楼，看见他躺在床上，和以前不一样的状态，可能是喝多了在睡觉吧，因为桌子上摆着几个空酒瓶。我那时觉得自己可以做些什么，但还是直接去洗澡了。

魏长二 酒是谁带来的？

卓 诗 是我买的，他要喝，他压力一大就喝酒。

魏长二 你洗澡用了多久？

卓 诗 大概四十分钟。

魏长二 后面怎么样了？

卓 诗 我坐在床上，想着我以后的生活，想到我和他的关系。我知道他只是把我当作一个玩偶，需要的时候便把我召来，从未将我置于心上。我知道他有家室时也想离开他，却有些不舍，毕竟他还可以用他的钱来让我的生活过得舒适些。呵呵，感情越来越像是一场交易，各取所需罢了。（偷看王万）

魏长二 既然各取所需，你已经明白，为什么又要杀死他？

卓 诗 （冷笑）都说了各取所需就好，可他并没有遵循这条原则，他的控制欲很强，（摸着自己身上的伤痕）我丧失了我的自主选择权，我痛恨自己当初鬼迷心窍，我想摆脱他的控制，也彻底厌烦了别人以一种异样的眼光看我。我快毕业了，我可以自己工作赚钱，既然他已经有家室，我们不会有任何未来。我想追寻属于我的爱情，跟我喜欢的人离开这个地方，我只想和他结束。之前提过几次，被他拒绝了，他还威胁我！所以……

魏长二 所以你是激情杀人？

卓 诗 我……我实在没有办法，除了让他消失在这个世界上，我想不出任何其他办法可以摆脱他的控制。所以，我想到了我可以做些什么，我用毛巾握住水果刀，刺向了他的心脏。我见毛巾沾上了血，急忙把毛巾藏到垃圾桶中，我知道酒店的垃圾不会过夜。我很害怕，又怕被发现，就假装若无其事地出去了。

魏长二 可惜因为天气的原因，垃圾车没有及时到达，你的证据在这里过夜了。

〔卓诗低下头。

王　万　（从丁斌手上拿过放沾血毛巾的透明袋子看着）可是，魏先生，你看，这毛巾上的血是不是有点少？死者被刀子捅伤在胸口，为什么只流这么点血？

魏长二　（顿了两秒）这个问题倒是有些疏漏之处，难道这不是致死的伤口？

〔王万点点头，其余几人却面露苦色。

魏长二　大家先待在原地别动，我再到死者房间检查一下尸体。（走向楼梯到死者房间，众人面面相觑，议论纷纷）

吉力根　（面向王万）我看这个事情不简单，怕是女娃娃为卷跑死者的钱想来个死无对证吧。现在的女孩子，为了钱什么都敢做啊！

王　万　（把毛巾还给丁斌，掏出打火机点了根烟，把玩着）也不能就这样断定，可能死者在被刺死之前就已经死了呢，或许还有其他的行凶者。

魏长二　（打断二人对话）刚经过我再次检查，发现死者口中有异物，像是食物残留。

贾　毅　（突然想起一件事，对魏长二说）魏先生，说起食物的事，我想起一件蹊跷的事，是与死者有关的。

魏长二　说来听听。

贾　毅　昨天下午我们酒店的店员贪吃了死者送的蛋糕，导致上吐下泻，我以为闹肚子也很正常，就没怎么重视。可现在看来，是不是那个蛋糕有毒啊？不对啊，如果有毒，为什么店员就只是闹肚子而没被毒死？

魏长二　为何不早点说，这对我们侦破案情很重要。

贾　毅　不好意思啊，魏先生，出了一条人命这么严重的事我从来没见过，所以怎么也不会想到毒杀和吃坏肚子二者之间的关系。

魏长二　（喃喃自语）食物中毒？卓诗，蛋糕是你买的？

卓　诗　不是我买的，我从来没有见过他吃蛋糕，也没见他买过蛋糕。

魏长二　蛋糕保质期短，容易变质，大家一般都是当天买当天吃，且酒店不提供蛋糕等甜点，周围也没有甜点店，那么只有一种可能，就是有人专门买了带过来。谁会送给他蛋糕呢，应该是认识死者，和死者关系密切的人？

〔众人不说话，除了赵慧站了出来。

赵　慧　（紧抓着包）我是他的妻子，（瞪了一眼卓诗）除了她以外，其余人应该都不认识他。

魏长二　请问你昨天是否买了蛋糕，并带给了你丈夫？

赵　慧　我不记得了，（慌张）不，我没给他带过蛋糕。我们都要离婚了，我怎么会给他带蛋糕！

魏长二　你开始说不记得，为什么又说没带过？闪烁其词，是不是心中有鬼？

赵　慧　我没有！他是我的丈夫，（低下头，又抬起）我的生活都要依靠他，怎么会害他？

魏长二　这并不能排除你的嫌疑，我见过许多夫妻表面相敬如宾，实际上同床异梦。如果你心中无鬼，不介意我们搜查一下你的房间吧？

赵　慧　好，你们去搜吧。

魏长二　（转向店长）店长，烦劳你将其房门打开，搜查下她的房间，注意看有没有和药品相关的容器，（想了想）或者有没有购物小票。

贾　毅　（愣了一下）好。丁斌，走走。

〔贾毅和丁斌一起去了赵慧的房间搜查，赵慧的房间很简单，没有多余的东西，甚至连行李包都没有。大厅内卓诗站在一边，王万走到她旁边。

吉力根　这女人呐，真难测，还是我的图雅好！

贾　毅　魏先生，什么也没有，房间里空空的，只有床上放着一件风衣。

魏长二　好，谢谢。（转向赵慧）你来到这么远的地方连一件行李都没有吗？

卓　诗　（指向赵慧的包）魏先生，您看，她肩上挎着一个包呢！

魏长二　赵女士（做了一个请的手势）

赵　慧　（将包藏到身后）我……这里有些女性私物，不方便在大庭广众下……

卓　诗　那我来看看总行吧！

赵　慧　（怒）你！

魏长二　赵女士，麻烦你配合一下。（卓诗拽过赵慧的包，翻来翻去，找出一张购物小票给魏长二）

魏长二　这是什么？（读小票）麦粒甜品店，共计138元。

赵　慧　我……（慌张）

魏长二　那么，蛋糕就是你的？你在里面放了毒？

吉力根　没想到你竟然会毒害自己的丈夫，还百般找替罪羊。

赵　慧　我！没错，蛋糕是我买的（将头扭开，不看任何人）很久之前，他就整日整夜不回家，也不曾给我打过电话，结婚前他是柳下惠，结婚后才知道是个陈世美！除了抽烟，他喝酒、玩女人，我难以抑制自己的怀疑，却又怕自己想多了，直到前几天，我收到一条短信，（从包里拿出手机，给魏长二，是一个是彩信，上面是霍启和卓诗亲密的照片）怒火让我失去理智，物质上和时间上我给他的帮助和陪伴还抵不过一个年轻的女孩！因此，我买了一个蛋糕，放了些料。我跟着他到住的酒店，本来打算要是我想多了，就偷偷把蛋糕扔掉，可惜在他房门口，我恰好瞟到女人的内衣就在床上，看来今天得给他过生日了。

吉力根　原来是因为出轨。啐！人渣！

魏长二　店员吃了也只是呕吐，可见你放的药并不是致死的，所以直接死因应该不是食物中毒。那（晃了晃手上的短信）是谁给你发的短信？

赵　慧　我不知道，但我谢谢这个人，让我看清了霍启的真面目！
〔灯灭。

（孙宏宇）

第二场

〔赵慧在一楼左侧的房间呆呆地坐着，时而发呆，时而痴笑。卓诗和王万在大厅，卓诗凑到王万耳朵跟前说了些什么，王万陷入沉思，两人看起来很亲密。魏长二在死者房间搜查。吉力根在床上坐着，手里握着半新的手机，眉头紧锁。
〔酒店左边的时钟指向三点，右边的指向八点半。

吉力根　这个破地方的羊肉没有我们内蒙古的羊肉好吃就算啦，连信号都这么差！（手捣鼓着手机，接电话状。）喂！喂！图雅！能听见我说话不？喂？喂！这破手机，还是打不出去电话。（将电话扔到电视旁边的柜子上，摸摸自己脖子上越来越明显的抓痕，从包里掏出一件黑色的半高领的长袖换上，并发现脖子上的狼牙不见了，他想了会儿）完了完了，肯定掉那个房间了。（快步从楼梯走到死者房间门口，门半掩，推门入）

魏长二 有事？（蹲在地上，回头看向吉力根）

吉力根 （挠头发）也没什么事，就是过来看看怎么样？你说这住的酒店死人，太晦气了，在我们那儿都是要烧高香的。（走到魏长二跟前）

魏长二 既不是卓诗，也不是他妻子，凶手另有他人，而且就在这酒店里。（看向吉力根，吉力根眼神闪躲，摸着头）。

吉力根 （指着地上的箱子）这箱子咋这么乱？啧啧，这女娃娃真是……

魏长二 应该是没来得及收拾，就发生了这样的事。

吉力根 （小声嘟囔）我怎么没看到过？

魏长二 你说什么？

吉力根 我说，这俩女人太残忍了，啧！还是我们草原的女人好。可是我还没跟我的图雅好好说上一句话，电话就断了。（挠了挠有抓痕的地方，顺势坐地上，发现地上和死者的袜子上有一些草绒，拿起来看了看扔了）

魏长二 马上就又要来一场沙尘暴了，电话是打不出去了。

吉力根 哎，又是死人，又是沙尘暴，明天我还是回我的鄂尔多斯吧。

魏长二 你是鄂尔多斯的？三百怒？（蒙古语：你好吗）

吉力根 哦！三三三！（蒙古语：好）巧了！你也是鄂尔多斯的？

魏长二 以前在那儿待过，后来就来新疆了。（顺势坐到吉力根身旁）

吉力根 那你为什么来新疆啊？鄂尔多斯多好！（挠了挠脖子）

魏长二 因为一些过去的事……（低头看向地面）

吉力根 （盘起腿，继续挠脖子）过去啊。哎，对了，证据找得怎么样了？有没有什么新进展啊？

魏长二 还没有。

吉力根 （扯了一下衣服的领子）没找到啊……

魏长二	你脖子怎么了？（用手指了指吉力根的脖子）
吉力根	啊，脖子，没事儿，就是过敏有点儿痒，估计是水土不服吧，哈哈哈……
魏长二	穿高领不蜇吗？（吉力根看向死者周围）
吉力根	没事儿。（向四周张望）
魏长二	你在找什么呢？
吉力根	就看看，帮你找找证据呗！（卓诗和王万上楼梯）
魏长二	不用了，我自己找吧，没什么事你先回去吧。
吉力根	那行，那我先下去了。（起身，魏长二也起身，卓诗和王万推门而入，魏长二把捏在手里的狼牙扔到卓诗的行李箱里）
吉力根	你们怎么来了？
卓　诗	（指了指地上的箱子）来拿些东西。
魏长二	那你小心收拾，尽量别破坏现场。
吉力根	（看向王万）你来这儿干啥呀？
王　万	我帮她搬行李。（朝卓诗努嘴，卓诗正往箱子里塞东西）
卓　诗	嗯？这是什么东西？（卓诗手里拿着狼牙，大家都看向卓诗手里的狼牙）
魏长二	这不是你的？（吉力根张大眼睛，嘴巴微张）
卓　诗	当然不是我的。
王　万	这是个狼牙吧，一个女孩子带狼牙干什么？
魏长二	狼牙一般是男人佩戴的东西，这会是谁的？我在鄂尔多斯的时候，有好多蒙古族兄弟戴这个。（看向吉力根）
吉力根	你看我干吗？又不是我的。
王　万	那我们这里还有谁会戴这个？
吉力根	东西是在她箱子里，为什么说是我的，谁知道她箱子里的东西是哪个男人送的，你还是离这种女人远点儿！
卓　诗	你别胡扯！（贾毅推门进来）
贾　毅	打扰一下（看向卓诗）卓小姐，204房间收拾好了，您可以入住了。
卓　诗	好的，我先把这个狼牙解决了，免得有人污蔑我。（举起手中的狼牙）
贾　毅	狼牙？什么狼牙？
卓　诗	我箱子里多了个狼牙，真是莫名其妙。（看向吉力根）
贾　毅	狼牙我好像见过一个，我看看。（接过）

魏长二 老板，你看看，有印象吗？

贾　毅 这狼牙，好像是在哪儿见过。（思考）好像吉力根先生办理入住时，见他戴过。

吉力根 我的狼牙怎么会出现在她的箱子里，这么脏的女人，我还怕脏了我的狼牙呢！

卓　诗 除了你，我们当中还会有谁戴这东西？瞧你这一身土包子样，你的狼牙在这儿出现谁知道是不是你看霍启死了，想偷点什么好回去发家致富。

吉力根 呵！本来就是这个家伙偷了老子东西，我是来光明正大地拿，他的所作所为就算拿马刀把他头砍下来给我当尿壶，我都不解恨！

王　万 你来过这个房间？你是不是也跟他的死有关？这狼牙不会是你行凶的时候掉落的吧？

吉力根 我没有！我什么都没干！

魏长二 不是你？不是你，你为什么说你光明正大地拿？你跟他有什么新仇旧怨？（边说边逼近吉力根，吉力根往后退）你跟他认识？什么时候认识的？你是一路尾随来的？你为什么换上高领？跟他的死有关？你来这儿是不是为了找狼牙？是不是你杀人时掉这儿的？（吉力根脸色发白，后退着撞到衣柜）

吉力根 可我杀他的时候这儿他妈哪有打开的箱子？怎么会掉箱子里？

卓　诗　王　万　贾　毅 是你！（三人惊恐状）

魏长二 你为什么杀他？不仅仅是偷东西这么简单吧？你之前说……

吉力根 （毅然）我是来报仇的，我不是来偷东西的！四十年前，他来到我家，阿爸阿妈对他比对我还好，没想到他比狐狸还狡猾，羊都有跪乳之恩，这家伙把家里能卖的都卖了，连阿爸当初送给他的枣红马也卖了！钱全部卷跑了，（吉力根哽咽，魏长二示意他继续讲下去，贾毅悄悄推门而出）我一个人处理阿爸阿妈的后事和他留下的烂摊子，他那时的对象每天跑家里哭一遍，我能有什么办法。我在我们那儿开了个餐馆，认识了我的图雅，十几年了，我听说他在新疆，我就来到新疆找他。长生天还是眷顾我的，让我在这个酒店里找到了他。

魏长二 所以你就在这儿杀了他？

吉力根	对，我昨天晚上来找他，想跟他用我们草原男人的方法来解决问题。我去敲门，门没锁。
魏长二	（看向卓诗）你昨晚不在？
卓　诗	我出去了还没回来。
吉力根	我打开门进去，看见巴图躺在床上，巴图这个名字还是阿爸给他起的，阿爸希望他健康成长，成为一个英雄一样的人！他配不上这个名字！
魏长二	他没发现你？
吉力根	他好像喝大了，在床上躺着，房间里都是烟。四十年过去了，他这张脸依然让我看着恶心，我拿起枕头蒙他头上，他挣扎了一会儿，还把我脖子抓破了。我听外面有动静，就立马跑了，没想到想杀他的人不止我一个！我之前回房间换衣服时才发现狼牙不见了，被人找到我就完了，于是回来找狼牙，之后你们就都知道了。（双手捂脸）
魏长二	到时候把这些话说给警察听吧。
王　万	（不解）那么，这个箱子是谁打开的？
卓　诗	不是我，我出去时没来得及锁箱子，所以谁都可以打开，而且箱子就放在衣柜旁边。我们之前一直在大厅，这个房间好像只有一个人不断地出入吧。
吉力根	是你！（指魏长二）我刚来时还问，箱子咋这么乱，你说是那个女的没来得及收拾，但是她说她没打开过它，就只有你！
	〔灯暗。

（吾力杰）

第三场

〔大厅，魏长二坐在单人沙发上，吉力根和王万坐在三人沙发上，面向魏长二，贾毅和丁斌站在接待台旁边，在收拾东西，卓诗站在王万旁边，赵慧站在两个沙发之间。

〔酒店左边的时钟指向三点四十，右边的指向八点四十。

赵　慧	好了，大侦探，说吧。（手环绕在胸前，看向魏长二）
吉力根	就是！说清楚！

魏长二　没什么好说的。

卓　诗　那你把箱子的事说清楚，自打出事后，你一直待在那儿，我的箱子没上锁，不是你，还有谁？

吉力根　难道箱子自己打开不成？

赵　慧　之前找香水时，我也记得她的箱子是在衣柜旁，没有打开。

魏长二　（冷静地）第一次去死者房间时，贾毅跟我在一起，第二次去死者房间时，大家都在，你们自己想想。

吉力根　可我上去找狼牙时就看见你一个人，那个时候箱子是打开的，就是你开的！

魏长二　我那会儿刚到死者房间，我哪有时间去开箱子？

王　万　咳咳，大家都忽略了一个问题。

吉力根　什么问题？有屁快放。

王　万　如果箱子是他打开的，那他为什么要把狼牙扔进箱子里？

吉力根　你故意把狼牙丢出来，然后指认我杀人？

卓　诗　对！狼牙被发现，事情就会扯到你身上。

赵　慧　可你跟他有什么仇什么怨？（指着吉力根看向魏长二）

魏长二　我只是在抓杀人凶手。杀人凶手从你（指向卓诗）到你（指向赵慧）再到你（指向吉力根），一波三折，为钱、为情、为仇，我帮你们找凶手，你们却怀疑我，真是一群捂不热的小蛇。（一声冷笑）

吉力根　那你给我解释解释狼牙的事，讲清楚明白了，我就相信了。不然，谁知道你有没有问题。

魏长二　我是在破案寻找证据，我为什么要去打开箱子再把狼牙扔进去？这是在给自己找事。

赵　慧　可我们从大厅回到各自房间的这段时间内，就你一个人在那个房间。

王　万　各位，（手里把玩着打火机）你们难道没发现从一开始一直是他在引导着我们找杀人凶手，你们每个人都是被怀疑对象，可他自己呢？你们仅凭一张纸就相信他，太荒唐了。

贾　毅　可……这……那这可怎么办才好？

王　万　那我问你，为什么你要把狼牙扔进行李箱？如果狼牙本身就在那个房间何必多此一举？（盯着魏长二）除非狼牙是在一个只有你能去的地方找到的。

卓　诗　他的房间！

王　万	那这个东西怎么会在你房间呢，你和死者，和吉力根都不认识吧！
吉力根	想不被怀疑简单，让我们搜你的房间，这样大家心里都有数。
魏长二	我曾经是个警察，你觉得我会跟这件事扯上关系？（吉力根小声重复"警察？"）
赵　慧	那就让我们搜，这样就会证明你跟这件事是否有关系。
卓　诗	你不让我们搜说明你心里有鬼！
魏长二	我只是想尽快地帮你们把事情解决了，可你们在这胡搅蛮缠……
王　万	走吧，去搜他的房间，应该会有惊喜。（转身准备上楼）
贾　毅	我跟你一块儿去。（二人往楼梯走，去二楼右侧房间）
吉力根	那我在这儿守着他，大家都别想逃。（盯着魏长二）
魏长二	我的房间很干净，不要把我房间弄乱了。（站起来）我跟你们一块去吧。（二楼右侧房间灯亮，贾毅和王万在房间内寻找东西）
吉力根	你就乖乖在这儿等着。（魏长二在大厅走来走去貌似很焦急）
卓　诗	如果他也跟霍启的死有关，那谁才是真正的凶手啊？
吉力根	反正霍启就该死。（二楼右侧房间内，王万和贾毅从衣柜里找出来一个黑色手提包，他们打开包，包里似乎有什么东西，他们提上包出门下楼梯，二楼右侧房间灯关）
赵　慧	等吧。
贾　毅	你们看，这是什么东西？（二人各拿着一个黑色的包走下楼梯，魏长二看到黑色手提包眉头紧锁）
吉力根	怎么了？包里有什么凶器？
王　万	不是凶器，这是个盒子，盒子里有大量艾叶，另一个袋子里还有一大包灰。
卓　诗	艾叶？
魏长二	艾叶是我用来泡脚的，我有脚癣。
赵　慧	那灰呢？灰是哪儿来的？
魏长二	灰是我熏艾叶时留下的。
王　万	你一会儿泡一会儿熏的，（拿出艾叶看了看，魏长二有点儿紧张）这些艾叶是新鲜的，你怎么熏艾叶？
魏长二	我本来带了备用艾条，可用完了。

吉力根 艾条？什么东西，我们那边只烧松香，让我来瞧瞧这个玩意儿。（准备拿起艾叶）

魏长二 不要乱动。（包装艾叶掉在地上，吉力根和魏长二弯腰去捡，吉力根看见一个滚远的艾条，拿起来仔细闻了闻，偷偷藏在手里）

王 万 如果你只是简单的泡脚熏艾，怎么会用这么多的艾叶？

赵 慧 而且从一开始，你就一直在吸鼻子，你是在找什么气味？

卓 诗 你是怕有什么味吗？（一句紧接一句）

魏长二 我，我最近脚癣复发，得用大量的艾叶泡脚。

吉力根 （举起手，拿出手中的艾条）这个就是艾条吧？

魏长二 对，这是我熏艾的艾条，有问题吗？

吉力根 如果这个东西是你的，怎么会在死者房间出现？你跟霍启什么关系？难道你跟他的死有关？而且我闻这个味道，跟我进他房间闻到的烟味一样！

魏长二 我……我养生而已。（慢慢往后退一步）

赵 慧 你！你是什么人！为什么你的东西会在霍启房间？你说啊！

卓 诗 呵！原来我们的大侦探，不干净啊，说吧，你对霍启干了些什么？

吉力根 我看你长得就像是贪财的，你是不是为了钱？

魏长二 （突然站起身，怒目圆睁）我不是为了他的钱！谁在乎他的臭钱！我……

赵 慧 那你是为了什么！

魏长二 （慢慢坐下）你们说得对，他就是该死。（冷笑）

吉力根 你笑什么？

魏长二 他最终是死在我手里！哈，你们都没能杀死他！是我（一字一顿）杀死了他！

卓 诗 你？你怎么杀死了他？你为什么要杀他？

魏长二 我和他在鄂尔多斯时是同事，而且……（捂脸）是好兄弟。

吉力根 他在鄂尔多斯的时候是警察，难道你……（努力回想）你是他那个因被行贿入狱的同事？

魏长二 有一次，他看到了我受贿，我求他，别举报我，我愿意把钱跟他对半分，他也答应了。可是呢，（抬头看众人，怒吼）他一拿到钱就把我端了！这十年来，我的父母相继离世，女朋友早就成了他人的新娘，家里的亲戚朋友们也都不愿意和我联系，我一无所有。我没有一天不想弄死他！终于，前几天，有人告诉我他在新疆，我立刻就过来了。

吉力根　所以你是骗人的，还说你是退休警察。

魏长二　我是提前退休而已。

卓　诗　那你是怎么杀死他的？为什么我们都没发现？

魏长二　我说了，我只是养生而已。

赵　慧　什么意思？

魏长二　（看向王万）我十点半来到他的房间，他躺在床上好像醉了，我把他拖到我的房间，他可真重，为此我费了不少力气。之后，我把所有能通风的地方用毛巾堵好，把艾条点燃，弄出烟，我就关上门。过了快半个小时，艾草就烧完了，我进去通风，确定他没气了，我就又把他拖回他自己的房间。

卓　诗　所以在我回来时他就已经死了？（魏长二点头）

赵　慧　几经波折终于真相大白了！

吉力根　坏事做多了，就会遭到报应的。

魏长二　你这定论有点儿早。

吉力根　你这又是什么意思？

魏长二　如果说在场的人都参与了谋杀（指向王万）你是谁呢？

〔幕落。

（吾力杰）

第三幕
第一场

〔房间灯全亮。王万和卓诗在霍启房间，尸体已经被放了后院，卓诗坐在床上，抬着头看着王万，王万低头摆弄着打火机。吉力根在房间内沉思。赵慧在收拾东西，准备随时离开，魏长二躺在床上，时不时起来又躺下。

〔酒店左边的时钟指向四点半，右边的指向二点半。

卓　诗　现在怎么办？到手的鸭子也飞了，居然是那个假警察杀的，还一直装得人模狗样，调查我们。

王　万　那就把他老婆也杀了，咱们一起走。

卓　诗　你疯了，这里这么多人在，我们不可能杀了人全身而退，而且我不想再杀人了。（走向王万）你带我走吧，王万，没有钱我们自己去挣，我没有杀人，不用过偷偷摸摸的日子，你带我离开这吧！

王　万　（冷漠地走远）没钱怎么走？

卓　诗　那我怎么办？我不能再杀人了，我太害怕了！

王　万　（抱住卓诗的肩）听我说，你并没有杀人，人是那个警察杀的。别害怕，宝贝儿。你去找赵慧，如果没有我们，吉力根是不会放过她的，她只能相信我们，如果需要我们，那就让她把钱拿出一半，不然吉力根追了霍启这么多年，还会活着让她走出去吗？况且，那个魏长二也不是吃干饭的。

卓　诗　（迟疑了一下，点头）好，我去找她。
　　　　〔卓诗走出去，王万静静地笑了，低头拿出一根烟点上，继续摆弄打火机，卓诗在楼道里徘徊，看见吉力根进入赵慧房间。赵慧房间内，吉力根推门进来。

赵　慧　你来干什么？

吉力根　（慢悠悠地走向赵慧）我没什么意思，霍启的钱本来就是我的，现在他死了，我也该拿回属于我自己的那一份。

赵　慧　哼，你算什么人？哪有属于你的东西。

吉力根　霍启当年丧尽天良，卷走了我家的钱，现在他死了，我当然要把他欠我的拿回来。

赵　慧　（站起来）霍启现在得到的钱财，靠的是我家的帮助，你有什么资格动它？别忘了，我才是遗产的第一继承人，只要我还在，你！还有那个小狐狸精，都别想打歪主意！

吉力根　（声音逐渐变大）当初没有我们家，他霍启还不知道在哪片草原被老鹰把心肝儿吃个干净，他欠我的，你们欠我的，我都要找回来！（手握拳，慢慢走近赵慧）

赵　慧　（神色恐惧，逐渐后退）你别异想天开了，你一分钱也拿不到！

吉力根　（往前迈一大步，掐住赵慧的脖子，面色通红，神色恐怖，咬着牙）我拿不到？我拿不到，你们谁也别想拿！我现在就告诉你我算什么！

赵　慧　（双手不断推打吉力根，瞪着双眼，逐渐倒在地上）你疯……了，救……命……救……（声音变哑，渐渐失去声音）

吉力根　（在赵慧不再挣扎后渐渐放开双手，站在尸体旁）你，你别怪我。

卓　诗　（推门而入，惊恐地捂着嘴）啊——！

吉力根　（惊，一个箭步冲上去捂住卓诗的嘴）你也想死吗？

卓　诗　（害怕地看着吉力根，努力摇头）唔唔唔，（吉力根松手）我不会说出去，我绝对不会说出去，你别碰我，求求你，我不会说出去的。

吉力根　（放开卓诗，走近赵慧的尸体）我也不想杀人，我不想杀她，是她！她不给我钱，我因为霍启已经受了那么多年苦，现在他死了我还拿不到钱，我一冲动，我就……我就……

卓　诗　（眼神转动，带着谄媚的微笑）你别害怕，她现在已经死了，这里没有别人，我不会告诉别人的。能拿到霍启财产的只有我们两个了，只要（走向吉力根）我们两个合作，伪造一份赵慧的遗书，钱就是我们的了。

吉力根　（看着赵慧，来回走动，手慢慢握紧）那你要多少？

卓　诗　五五分，霍启的钱多着呢，绝对不会亏待你。

吉力根　（思索）好，就这么办，如果你敢骗我，（指向赵慧）这就是你的下场。

卓　诗　放心，我只要他的钱，不该说的我绝对不会乱说。遗嘱在我房间里，本来是给霍启准备的，现在刚好用上。

吉力根　好，我劝你不要要什么花样。

卓　诗　你放心，我现在去拿遗嘱。

〔卓诗回房间，吉力根将赵慧尸体拖向卫生间，房间内，王万坐在尸体旁，静静地摆弄着打火机。

卓　诗　吉力根杀了赵慧！

王　万　（笑）刚好，用不着我们动手了。

卓　诗　我跟他说了霍启的钱对半分的事，他果然答应了，太好了，我们既没杀人，也拿到了钱。

王　万　（看着卓诗）一半太少了吧，我们辛苦这么久就拿一半，你觉得值吗？

卓　诗　那你的意思是？

王　万　他们每个人都是杀人犯，霍启的死跟他们都脱不了关系。我们也不过是顺手牵羊而已，况且，留着他始终是个祸害，如果哪天他告发我们，那怎么办？

卓　诗　杀了他？不！（跑开）我不想再杀人了！

王　万　（抓住卓诗的肩膀）你没有杀人，霍启不是你杀的，是魏长
　　　　二。杀掉吉力根，是为了我们的未来。

卓　诗　（哭）未来？

王　万　对，杀了吉力根，我们就永远离开这里。

卓　诗　好，为了我们的未来。

　　　　〔王万笑了，卓诗拿着遗嘱回到赵慧的房间，吉力根正在床
　　　　上抽烟，看见卓诗，猛然坐起。

卓　诗　（将遗嘱递给吉力根）你看看吧，没问题签字就行了。明天
　　　　钱就是我们的了。

吉力根　（看着遗嘱）我看不懂这些乱七八糟、弯弯绕绕的东西，我
　　　　只要你明白，钱不给我，我就会一辈子纠缠你，绝对不会放
　　　　过你。

卓　诗　放心，只要你签了字，我一分钱都不会少给你。

吉力根　好。

　　　　〔卓诗给吉力根笔时，笔掉在了地上，吉力根低头找笔，卓
　　　　诗拿起一旁的花瓶，砸了下去，吉力根倒在地上，卓诗又砸
　　　　了一下，确定砸死了。

卓　诗　死……死了！

　　　　〔王万来到赵慧房间，把门关上，看到地上死人，抱住卓诗。

王　万　好了，一切都结束了，以后再也不会有人抢属于我的东
　　　　西了。

卓　诗　（推开王万）我们快走吧。

　　　　〔二人准备走，传来了脚步声，魏长二穿了件外套，腰间鼓
　　　　囊囊，来到门口。

王　万　可能是魏长二，你拖住他，我藏起来，等会儿我会出来帮你
　　　　解决他，如果他对你做什么，不要害怕。

　　　　〔卓诗点头，王万藏进衣柜，魏长二进入房间看到地上的
　　　　尸体。

魏长二　这是怎么回事？你杀了他？

卓　诗　没有，我没有，我进来就这样了。

　　　　〔魏长二拿起桌上的遗嘱，看了看。

魏长二　（冷笑）连遗嘱都准备好了，还真是深谋远略，吉力根没想
　　　　到螳螂捕蝉，黄雀在后。可是黄雀想拿到钱，也要看猎人同
　　　　不同意。（从腰间掏出枪）

卓　诗　你想干什么?

魏长二　我想干什么?你连遗嘱都给我准备好了,你说我想干什么?果然,把你们这些笨蛋放在一起会互相残杀,现在就剩你一个了,杀了你,钱全都是我的。

卓　诗　钱都给你,你放过我吧,我什么都不会说的。

魏长二　(走近)我放过你?那谁肯放过我十年的时光?你当霍启的情人,能是什么好东西!他们都死了,我杀了你,谁也不知道今天发生的事,霍启的钱,是他欠我的,我拿回来,有什么不对?

卓　诗　(逐渐后退,把侦探引诱到衣柜前面)你满口仁义道德,实际上比谁都贪婪,根本不配做警察,十年前做不了,现在、以后也做不了!

魏长二　(怒)你……

卓　诗　你就是个虚伪的小人,霍启背叛你因为他看清了你的真面目,真正的警察……啊!

　　　　〔魏长二开枪打死卓诗。

卓　诗　(倒在地上看着衣柜,衣柜纹丝不动)救……我……

魏长二　(走向卓诗的尸体,转身看吉力根的尸体,大笑)哈哈哈哈哈,都是我的了,全都死了,你们都该死!钱都是我的!

　　　　〔衣柜的门悄悄地打开,王万拿着刀走出来,刺入魏长二背部,将刀拔出。

魏长二　(转身)你!你怎么会……?

王　万　(笑着)我把你们都叫到这里,就是为了这出好戏!

王　万　(把刀刺进魏长二大腿)你以为是谁给你发短信通知你霍启在这里?(把刀刺进魏长二胳膊)是谁通知吉力根他的仇人在这里?(把刀凑近魏长二脸旁)是谁告诉赵慧她老公在这里出轨?(把刀刺向魏长二胸口)是谁让卓诗那个笨蛋带霍启来这里?

魏长二　(惊恐地指着王万)你……(死去)

　　　　〔王万站起来,擦干净手上的血迹,把玩着打火机,开心地走到大厅。从这开始灯渐渐暗,把一瓶汽油一路走一路洒,站在大厅门口,把手中打火机打开,扔到汽油上,灯全暗。

(钱新星)

221

第二场

〔背景是一堵白到泛蓝的墙，墙上左边挂着一个大时钟，中间放着一个白色的软皮椅，上面绑着霍启，霍启一身淡蓝色衣服，闭着眼睛看起来像被镶嵌在椅子上的艺术品。椅子左后方是一个矮长柜和高柜子，高柜里摆着档案、资料，椅子右后侧是一个长条桌子，上面放着录音机和一些摆设。贾毅、丁斌长相的人站在椅子两侧，穿着白大褂，一副医生打扮，丁斌手上拿着一个本子，时不时在记录些什么。

〔墙上的时钟指向九点。

丁　斌　他终于安静一点了（看了看墙上的时钟）已经过去一个小时了，老师，如果这次治疗成功，就会是精神分裂治疗史上的一大奇迹啊。

贾　毅　（摇摇头）他这段时间偷偷把药呕出来，没有药物加成，很难说。（霍启在椅子上微微挣扎，贾毅抬头看了一下墙上的时钟）记录他的动作，再过一会儿他就会醒来。

丁　斌　（记录着）是。

贾　毅　我这一步棋很危险，学界倡导人格融合治疗，我故意引导他的人格同时出现，互相搏斗。

丁　斌　反正只是实验阶段，没有人知道我们具体的实现过程，我一直都有按照老师您说的，做两份实验记录。

贾　毅　（轻笑）好，（转为严肃）他的六个人格都有很强的自主意识，我们之前引导了几次让他对这个药剂有了一定的排斥性，我这次加大了药量，这是一个变数。我无法确定醒来的霍启就是那个霍启。（轻声）或许，他早就被其他人格吞掉了。

丁　斌　您说什么？

〔贾毅走到一旁，打开录音机，一阵轻快的音乐流出，只有一个男声在低声哼唱。

贾　毅　谁醒来都不要紧，我只需要一个人的身体里有一个灵魂就可以了。（享受音乐状）

丁　斌　他好像要醒了，（贾毅随着音乐轻轻晃动）老师？

贾　毅　你听，（背对丁斌，随着音乐扭动）这音乐不正像是对他的欢迎曲吗？我们即将迎来一个新人。他被催眠时就在挣扎，为什么不顺从呢？这是不可抗力。

丁　斌　老师说的对。

贾　毅　他的反抗意识很强，（惊喜地，转过身）你说他会不会因此而产生一个新人格？我们从人格的消融到人格的诞生，也是一个奇迹。

丁　斌　虽然不排除有这种情况，但是之前几次霍启苏醒后，人格无增无减。

贾　毅　每一次的失败就是在为以后的成功奠定基础！这次我有预感！（走到霍启身边）醒了？

霍　启　嗯。（睁开眼）

贾　毅　什么时候？

霍　启　（一脸轻松）你问我的时候。

贾　毅　感觉怎么样？

霍　启　（微微一笑）还不错。

贾　毅　（看看束缚带）要松开吗？

霍　启　　如果可以的话，（笑）这个带子勒得我的胸肌有点儿疼。（贾毅解开束缚带，示意霍启站起来，霍启摆摆手）先让我休息一会儿，刚打了一场很累的仗，你知道的。

贾　毅　完全胜利？

〔霍启点头，贾毅狂喜，示意丁斌把音乐关了，音乐停。

贾　毅　那你知道你是谁吗？

霍　启　（笑）我啊，我是霍启啊。（一边说，手上一边用把玩打火机的动作把玩着束缚带）有烟吗？

〔幕落。

（程思妤）

第四编 | 改编电影文学剧本

新疆大学党委副书记葛国、组织部部长陈建平观看剧团排练并与编剧、演员合影（2018 年 4 月 20 日）

云雨初晴晚来秋

伍思楠 孙 媛 李 悦 古丽热那·阿里木[①]

| 人　物

李成冰——30 岁，公司职员，患脑癌晚期

范青楚——28 岁，舞蹈老师，李成冰妻子

李卫国——54 岁，退休警察，李成冰父亲

庞春梅——52 岁，李成冰母亲

巴特尔——29 岁，警察，李卫国养子

李海生——6 岁，李成冰和范青楚的儿子

范大山——55 岁，范青楚父亲

范青松——32 岁，范青楚哥哥

王子轩——31 岁，范青楚的追求者，范青松的朋友

陶校长——45 岁，新平乡小学校长

大汉——抢劫犯

---

① 作者均来自新疆大学中国语言文学学院汉语言文学专业 2012 级本科生。

女孩——受害者

情节版本来源

书名	故事名
《包公案》	蒋光国诬告命难全，克忠妻记帐示凶犯
《搜神记》	李少翁致神
《搜神记》	王道平妻
《太平广记》	神仙四十二·李仙人

时　间　2013 年

地　点　新疆乌鲁木齐

（黑白画面）（惊悚的音乐）

〔昏暗的灯光下，一个女孩背着包快步走着，突然从旁边冲出来一个大汉。

大　汉　（用刀指着女孩，手有些颤抖）把你的钱都拿出来，快点。（向四周张望）

女　孩　（抱紧手中的包，大喊）救命啊……

大　汉　（情急之下一把抓住包抢夺）给我！

女　孩　（不停地尖叫）

大　汉　（伸手去捂女孩的嘴，二人脸部特写，女孩睁大的眼睛，大汉四顾不停，嘴唇上的汗珠。有些紧张）闭嘴，再叫我就不客气了。

〔女孩一直在挣扎，撕扯当中大汉不小心将刀插进了女孩的腹部，女孩突然停止挣扎，难以置信地低头看自己腹部，手指在刀把旁颤抖，镜头转向大汉的脸，大汉非常恐慌，女孩倒地，大汉表情茫然，镜头转向大汉的手，略带犹豫地将刀子拔出，血滴在地上，手松开，刀掉在了路旁，一只粗糙的手用力把女孩怀里抱着的包抢过来，镜头里大汉的背影慌不择路，消失，镜头转向女孩的脸，平静，眼睛特写，瞳仁变成灰色无光。留镜头再转，鲜血不断地从伤口中流出……

（正常画面）

〔一个西装男人缓慢走在路上。镜头由远及近，街上没有什么人。

旁　白　（女低声）这是个黑色的星期五。（镜头一大块乌云遮住了天空）

〔镜头特写，李成冰从口袋里拿出诊断书，不看，握得更紧了，手都变得青白青白，他边走边下意识抬头看向天空，露出厌烦的神色。

旁　白　如果不是前一段时间头疼，他也许会和千千万万的普通白领一样朝九晚五地上着班，过着平淡而又充实的日子。每天回到家，（出现李妻在厨房里做饭的形象，镜头里有蒸汽，李妻的脸在蒸汽里消失）那里有个美丽而又爱他的妻子范青楚和他（孩子看着电视上的动画片做出各种模仿动作）六岁的儿子，虎头虎脑的李海生。（镜头里孩子的脸与电视上动画画面模糊成一片）可是，生活中没有那么多的如果。

李成冰　（特写，毫无表情的脸，嘴唇没有动）我到底该怎么办？

旁　白　（女低声）李成冰十分迷茫，更不知所措，他不知道该不该把诊断结果告诉家人，他更不知道该第一个告诉谁。这时，（李突然在街头立住，身后一个看手机走路的年轻人撞上他，他毫无反应，年轻人绕过他继续玩手机）他想到了他的爸爸，一个从小到大在他心中无所不能的英雄——李卫国，是啊，作为人民警察，李卫国已经为这个城市奉献了大半辈子，（镜头里李父的肃容）每条大大小小的街道都有他的身影，他不光是李成冰心中的英雄，也是全市人民心中的好警察。可是（李成冰摇摇头，继续走）李成冰犹豫了，操劳了大半辈子的父亲，能够接受这个残酷的事实吗？他又会是什么感受？这无疑是击碎全家人幸福的铁锤，他不忍心把它第一个挥向自己的父亲。是的，他做不到。

〔一阵手机铃声响起。（华为手机经典铃声）

旁　白　（女低声）手机铃声打破了李成冰的思绪。

〔李盯着手机，迟迟未接，镜头上出现手机上的名字，显示：巴特尔。李把手机靠近耳边，听铃声，脸上露出迷惑的神色。

（黑白画面）年轻时候的李卫国牵着巴特尔的手回家……笑着把巴特尔推向李成冰，李成冰抬头看父亲，伸手，两个孩子的手牵在一起……巴特尔和李成冰一起学习玩耍……小时候的范青楚出现……巴特尔递给范青楚一朵野花，范青楚笑着的眼睛，李成冰看向镜头外的眼睛。

〔旁白与上述画面一起出现。李成冰只记得那是他很小的时候，有一天，下班回到家的爸爸一只手拿着一些衣物，另一只手领着比他还小一些的小男孩回到了家中。从那天起，他多了一个弟弟，就叫巴特尔，是个蒙古族小家伙。他们一起吃饭，一起上课，一起睡觉，形影不离，就像亲兄弟一样。对这个弟弟，李成冰感到了一丝责任感，哪怕那个时候他也只不过七岁，巴特尔的爸爸也是警察，在一次行动中牺牲了，巴特尔成了孤儿，所以被爸爸领回了自己家。那是他们最无忧无虑、幸福快乐的日子，也是在那个时候，他遇到了他的同学，也就是现在的妻子——范青楚，他们三个是同学，很久很久的同学，久到李成冰也说不清何时巴特尔也喜欢上了范青楚。

（镜头闪回，李成冰略哑的声音："喂"）

巴特尔　（略调皮）哥，今天早点回来吧，我下班早，给你做了你爱吃的糖醋鱼。

李成冰　（嘴角牵动一下，面无表情）嗯，好……

〔镜头里李成冰的背影进入办公楼，空旷的大厅、空旷的走廊、专注地对着电脑的年轻人们，没有人注意他。

〔李成冰走进办公室，把手机随意扔在桌子上，瘫倒在椅子上。镜头转向他办公桌上的两张照片，一张是他和妻子儿子，另一张是他和巴特尔。

李成冰　（慢慢恢复力气，坐直，盯着巴特尔的照片，拿起手机，看看巴特尔的来电记录）唉，就你吧，也只有你了。

（镜头再转向照片，特写巴特尔的警服和帽徽。李成冰站起来走向窗边，窗外是密集得让人窒息的办公楼群，李成冰看向窗外，往上看，镜头旋转，楼群密不透风，看不到顶也看不到天，眩晕感）

（李父声音：你不像巴特尔，你不适合做警察！你就坐办公室）

（巴特尔声音：哥你知道我喜欢她，不过既然她现在是我嫂子，那我也就是她的亲人，因为她是你的亲人）

〔李成冰闭上眼，楼群的影子落在他脸上，一丝微笑从嘴角慢慢露出来，他睁开眼，似乎刚刚睡醒。他走回办公桌，突然，一阵被碾压般的头痛袭来，李成冰倒在了办公桌旁。

〔镜头呈现为人的眼睛，打开，模糊的白色亮光。关闭。再打开，慢慢清晰，哭红了双眼的范青楚，范变成惊喜，侧转头，镜头呈现了脸色铁青的父亲李卫国。

李成冰　（艰难地叫了一声）爸……（沉默，能听到范青楚的轻微抽泣声）

〔李成冰吸气，准备开口，巴特尔扶着另一个哭红了眼的女人进来了，那是他的母亲庞春梅，看到眼前这一幕，李成冰长长呼气……镜头快速转向母亲用手去摸李成冰的手，巴特尔看李卫国，李卫国脸色沉重，叹气，范青楚握住李成冰另外一只手。李成冰闭上眼睛。

巴特尔　（对着父母说）爸，你陪着妈去护士站拿下药，我来陪哥哥一会儿。

〔李卫国扶着庞春梅走了出去。

巴特尔　（走到病床前，压低声音）哥。

李成冰　（看巴特尔一眼，示意他不要说话，转向妻子）青楚，帮我去倒杯水。

〔范青楚特写，眼睛轮流看巴特尔和李成冰，李成冰回避，巴特尔点头。范青楚拿着水壶走出了病房。

李成冰　（看着巴特尔鼓起力气说）就剩下我们兄弟俩了，弟弟，哥有个事儿想拜托你。

巴特尔　（努力压抑着自己的情绪）我知道你想说什么，我不想听……你为什么不早点告诉我你的病？你现在这种视死如归的表情到底是什么意思？（嘶吼道）到底是什么时候的事情？为什么脑癌都到晚期了都不告诉我，到底为什么，哥哥？

李成冰　（有些惊讶）你……怎么知道的？家里其他人也……

巴特尔　（语气缓和）你在公司晕倒了，我接到电话赶过来时，你还没醒过来，是医生告诉我的，爸妈和嫂子也在，他们也听到了……（顿了顿又说）不管花多少钱，你放心，弟弟一定治好你，哥！

〔特写，李成冰的脸上滑过了两行眼泪。特写，从病床角度仰拍显示巴特尔高大粗壮，巴特尔流泪，脸上是委屈的表情。

镜头转向旁边病床上各种仪器，看不清脸的病人，在病床边疲惫麻木地望着仪器的家属。

李成冰　既然你都已经知道了，哥想告诉你，如果我有个什么事，你嫂子和你侄子就拜托你多多照顾了。

巴特尔　你瞎说，你有本事好起来自己照顾去，我没能力去照顾他们，他们最需要的人是你，你少在这儿说混话，今天我就告诉你李成冰，我巴特尔就算把命卖了，也会救你，你别在这儿演苦情戏，我巴特尔不爱看！

〔巴特尔摔门出去，坐在医院走廊里的巴特尔，无声哭泣着，两手胡乱擦脸上的泪，脱下警服，捂住脸。

镜头里是干净整齐的家，巴特尔脸上带着笑容，把手里提着的各种保健品放在茶几上，镜头转向旁边的李卫国，背向室内，站在窗边，巴特尔脸上笑容收起，镜头转向李卫国拿着烟的手，颤抖，巴特尔走到他背后，伸手把烟拿过来，叫了一声"爸"，李卫国看他，老泪纵横。

巴特尔 您都戒了十几年了。

〔李卫国回拍了拍巴特尔的肩膀，只说了一句："不管付出多大代价，咱都要救你哥。"巴特尔低头，重重点头。

旁　白（女低声）那一夜，仿佛一年之久，等了好久，都不见天亮，全家人熬着谁也不敢睡，谁也睡不着，（画面逐一展现卧室里范青楚半靠坐孩子身边，另一间卧室李父和李母背靠背躺在床上，李母拿被角捂着嘴流泪，另一间卧室巴特尔抱头躺在床上，床头柜上是几张诊断书）即使都知道李成冰的病花再多钱也没救，但他们也要尽力一试。

〔早晨，医院大厅里的各种声音，电子时钟显示是上午10点，李卫国和巴特尔走到李成冰的病床前，镜头显示床上空着，旁边病床也已经空了，各种仪器的线已经收好。巴特尔转身向医生办公室跑去，镜头转向医生办公室，医生陪着李成冰走出来，李成冰穿着一身与环境完全不搭调的西装。
医生向李卫国示意，李卫国跟随着医生进入办公室。

李成冰（看着巴特尔，微微笑了一下）走，咱们回家吧。

〔镜头特写，医生一处处点着，李卫国一处处签字。
镜头特写，巴特尔和李卫国被李成冰推进车里，车开出医院。
镜头特写，李卫国手中握着的，是一叠放弃治疗的责任书。

〔李卫国家，大家一起走进家门，除了李成冰外所有人脸色都非常凝重，只有李成冰笑着把大家都拉进家中客厅。客厅中央放着木质沙发，沙发后面的背景墙上挂着一副牡丹十字绣。沙发对面放着黑白电视柜，电视柜上放着50寸液晶电视。客厅内还有其他一些简单家具。

李成冰（对眼含泪水的庞春梅说并同时将庞春梅推进厨房）妈，我想吃您亲手做的糖醋鱼了，给我做个呗？

李成冰（将身体转向李卫国和巴特尔说并打开电视）爸，巴特尔咱们来一起看球赛吧。

李卫国　（神色严肃地拿过手边的遥控并将李成冰刚打开的电视关掉）下午我给单位请过假了，明天你和我去北京的医院。

李成冰　爸，我不去！我还要工作呢，我不想离开家。

巴特尔　（把一直低着的头抬起来，带着有些心痛的神情）哥，你就听爸的话吧，办法总会有的，我们绝对不会放弃你的治疗。

李成冰　（看着李卫国和巴特尔）爸，巴特尔，你们说的我都明白，咱们都是成年人，什么病能治好什么病治不好咱们心里还不清楚吗？何况今天医生已经说了没剩几天了，我不想垂死挣扎，我只想在仅有的时间里做一些轻松的事，而不是插满管子躺在医院。

〔敲门声响起，李成冰抢着去开门，门打开的一瞬间，镜头特写是憔悴疲惫、眼圈红红的妻子领着还一无所知的孩子李海生。

李海生　（仰着头一脸无知地看着李成冰）爸爸，我和妈妈回来了，（向内）爷爷！叔叔！（吸鼻子，高兴，大声）奶奶——今天有什么好吃的？（跑向厨房）

李成冰　（百感交集地转头看看自己的儿子，回头看范青楚，带着歉意的脸上勉强挤出一丝笑容）今天妈烧我最爱吃的糖醋鱼。

范青楚　（低头绕过他进门，平静地）爸。

巴特尔　大嫂来了。

〔镜头转向饭厅，庞春梅把晚饭端上桌子，范青楚也帮着准备碗筷，巴特尔、李卫国、李成冰和李海生也来到饭桌前。李海生俯身去闻菜，余人互相回避眼光坐下，（舒缓的钢琴曲）一家人坐在木质八仙桌前，桌子上有很大一盘糖醋鱼放在桌子的正中间，糖醋鱼周围还有素炒西兰花、素炒山药、木耳炒肉、凉拌猪耳朵、椒麻鸡、烤鸭，每人面前一碗米饭，大家拿着筷子低着头看碗里的饭，没有人夹菜。

李海生　好香啊，可以吃了吗？

李成冰　（心不在焉地）小海今天在幼儿园乖不乖啊，有没有哭鼻子？（李海生莫名其妙，其他人也有点尴尬）

李海生　（抬头开心地看着李成冰）我今天表现得可好了，老师还给我发小红花了呢。

李成冰　（看着儿子）小海真棒！

庞春梅　吃吧，宝贝儿，奶奶给你夹一块鱼，当心刺啊。

〔镜头转向李海生在小卧室画画，范青楚陪着他；巴特尔在自己的房间里看着电脑上中国公安网的资料，客厅里电视机开着，声音不大，似乎是什么家庭伦理剧。客厅的灯光显得李卫国、庞春梅比实际年龄老，而且非常疲惫，李成冰坐在侧面的沙发上，手里拿着遥控器盯着电视屏幕。

庞春梅 （坐到沙发一边，靠近李成冰，偷偷擦泪，之后拉着李成冰的手，李成冰转头看她，二人对视）儿子，从小到大妈妈都没有求过你什么，就这一次，妈求你了，咱们去大医院好不好，不要放弃治疗。

李成冰 （不忍，但更加疲惫）妈，我知道您的心思。可是我……

李卫国 （低着头谁也不看声音极其凝重）随儿子的意思吧。

庞春梅 （紧紧握着李成冰的手缓缓松开了抹着眼泪拖着脚步进了自己的房间。门轻轻关上）

李卫国 （站起身来朝着自己的卧室走回头对李成冰）孩子，早点睡吧。

〔李成冰的表情从平静变成了失魂落魄，他若有所思地深呼吸，费力地站起来，他走向了巴特尔的房间，犹豫再三，轻轻敲门，稍停，并推开了巴特尔的房门。

李成冰 （站在门口）巴特尔，还没睡吧？

巴特尔 （坐在床上放下手里的手机抬头看李卫国）还没呢，哥，进来吧。

李成冰 （走近巴特尔在床边的椅子上坐下，看着巴特尔）我刚跟爸妈谈过了，他们同意了。

巴特尔 （短暂的惊讶后恢复平静）那你有什么打算？

李成冰 （有些落寞）没什么特别的打算，只是有件事我放心不下。

巴特尔 （坐起，脸色郑重，直面李成冰）你说，哥。

李成冰 （低着头）我走后就什么都顾及不到了，放心不下你嫂子跟孩子。

巴特尔 （同情，稍顿，柔声）哥，先不要这么悲观，任何事情都会有转机，我认为你还是应该回医院去治疗。

李成冰 （抬头看巴特尔）这个事你就别劝我了，我心里比谁都清楚自己的病。咱们从小一起长大，虽然不是亲兄弟，但胜过亲兄弟，（犹豫，有点儿艰难）我一直都知道那时候我们都喜欢着青楚。

巴特尔	哥别说这些了，从你们结婚的那一天起她就永远是我嫂子，只是嫂子。
李成冰	不，我要说。我怕我再不说就再也没有机会说了，从小我们一起吃一起睡一起玩，有很多相似点，就连眼光也一样。
巴特尔	（低下头）
李成冰	（看着巴特尔）但是那个时候我真的很喜欢青楚，我就装作什么都不知道，还想着你是蒙古族什么的鬼话。
巴特尔	（辩解的语气）哥，青楚喜欢的人是你，她本就应该嫁给你。
李成冰	（低头）现在这样的情况，我就要没有能力照顾这一切，除了你，没有人能更好地照顾青楚，我想在走之前把青楚交给你照顾。
巴特尔	（关切地）这个事你跟她商量了吗？
李成冰	还没呢。
巴特尔	（没有喜色，只是忍耐的表情）你还是问问她的意见吧。
李成冰	（起身往巴特尔卧室门的方向走回头对巴特尔）我这就去跟她说，你先睡吧。
巴特尔	（急，想阻拦，被李成冰推回来）哥，你别！（回头躺床上，忧虑）唉——（拉过被子蒙住头，闷声）唉——
	〔镜头里，一盏床头灯暗暗的亮着，范青楚坐在床边发呆。突然打起精神，关切的眼神。李成冰的身影挡住半边范青楚的脸。
李成冰	（轻声）孩子睡了？
范青楚	（转头不看李成冰，下意识整理身边的枕头）嗯，睡了我才过来的，（舒了一口气）我绝不同意你不去医院。你要是想说这个话，就别说了。
李成冰	（坐床上，面对范青楚，背对镜头看）别这么固执，好吗？
范青楚	（把目光转向李成冰，暗光中眼睛闪着光芒，几乎是冷酷的语气）这不是固执，为了我、为了孩子你不要这样轻易放弃，（伸手触碰李成冰胳膊）好不好？
李成冰	（转头侧对范青楚，镜头显示侧影，李成冰望着墙）跟你商量个事。
范青楚	说吧。
李成冰	我想把你拜托给巴特尔照顾。
范青楚	（愣几秒，愤怒）你当我是什么？一件传家宝首饰？（压抑自

己，语气缓和，转头望向另外一边，与李成冰形成了背向的角度）现在你需要操心的是你的健康而不是这些，（语气带哭腔）我能照顾好爸妈，照顾好孩子，照顾好——自己！

李成冰 （看向范青楚）这次就听我的不行吗？

范青楚 （哭）我就是不同意你不去治疗。我的事情，你不必替我做主。你还是——要治疗。

李成冰 （挪动到床边范青楚坐的地方将范青楚搂进自己的怀里）我想多陪伴你和孩子，以后，就不能陪你了。

〔灯关了，黑暗中范青楚压抑的哭声。

〔日影匆匆，显示时间过去。

傍晚，客厅，李卫国坐着看一本中医治疗癌症的手册，拿着笔仔细划。

手机铃声。李卫国拿起手机：巴特尔啊……

画外音：巴特尔：爸，我现在让朋友开车去接你和我妈，我哥不行了。爸，你慢慢给我妈说，她身体不好。

（悲伤的音乐）李卫国手中的电话滑落在沙发上。

〔（舒缓的小提琴声）

摇镜头，阴天，萧索的植物，风中觅食极瘦的小猫，车轱辘旁边的一块饼干，车，停车场，正在下车的穿着黑衣服的人们，火葬场的礼堂，进入。

黑白相片挂在礼堂中间，哽咽声哭泣声时断时续，众人一身黑衣，范青楚面容憔悴，由巴特尔扶着坐下。

巴特尔 （关切）嫂子，你多保重身体啊，小海还小，未来的路也还长。

范青楚 （有气无力）你不用说这些，我心里有数。（对着巴特尔惨笑）我只是现在什么都不愿想。

巴特尔 （理解）这样也好。外面有什么事情，我去处理，别太操心了。

范青楚 （漠然）我只想快点结束这一切，一个人待着。（四顾）这些人，他们懂什么，他们又在意什么？（看遗照）我想一家三口静一静。

巴特尔 （也看看四周，叹气，忍耐地），那你先在这里坐一会儿，我去挡住他们。（转身离开）

〔李海生挣脱庞春梅的手，朝范青楚跑了过来。

李海生　（不解，害怕）妈妈，妈妈，爸爸真的再也不回来了吗？

范青楚　（看看庞春梅和李卫国）小海乖……

庞春梅　（快步走了过来，拉过李海生）小海，跟奶奶出来下，让妈妈休息一下。

李海生　（仍然看范青楚）可是那边的大人说……

〔庞春梅拍了拍范青楚的手，牵着李海生走出了礼堂。

李卫国　（走过来坐在范青楚旁边）青楚啊，辛苦你了。

范青楚　您这说的哪的话，一家人说什么辛苦不辛苦的。

李卫国　我知道这些年你都不容易，当初你要嫁过来时你爸和你哥就不同意，你执意要嫁到我们家里，任劳任怨这么久，现在却……唉。

范青楚　爸，我嫁过来可从没有后悔，你和妈、成冰、巴特尔都是多么好的人，我也知道，你为了咱们家，一直没让成冰去当警察。

李卫国　（叹了一口气）是啊，他们兄弟俩从小都有个警察梦，你妈因为我担惊受怕一辈子，所以我俩一致决定不让他们走上这条路了，不过巴特尔却比我们还坚定，但是谁又能想到，没当警察的倒先……

〔李卫国停止说话，看范青楚，范青楚的眼睛瞪大，露出惧怕和厌恶的表情，李卫国顺她目光看，镜头转向大厅，范大山和范青松走了进来，到灵堂前进行了简单的祭拜后，走向范青楚和李卫国。

范青楚　（眼光转开，看着李成冰遗像方向）爸，哥，你们来了。

李卫国　（立起，伸手）亲家，劳烦你们了。

范大山　（看看李卫国的手，擦肩而过，挡住范青楚的视线）青楚，你什么时候搬回来住？

李卫国　（错愕）什么？

范青楚　（对着李卫国，语气带着恳求）爸，这事有点复杂，我之后再跟您解释。

李卫国　（摇了摇头）你们先聊。（颤巍巍立起，走向巴特尔，远镜头中巴特尔扶李卫国，并且朝着范青楚这边看）

范青松　（略带厌烦）妹妹啊，这人已经去了，你再伤心也没用了，不如听爸的话，回家来。毕竟，我们才是你的亲人不是？
（也侧回头看巴特尔，二人互相厌恶，各自转开视线）

范大山 （冷哼，特写镜头：范大山凸出的腹部和闪亮的皮带扣）爸？我怕她是早把别人当成自己亲爸了吧。

范青楚 （表情轻度厌烦，声音无力）爸，您还在生我的气嘛？

范青松 （夸大地痛心疾首）我说妹妹啊，当初怎么劝你你都不听，弄成现在这样，爸是心疼你啊。

范青楚 （脸色变冷变硬，镜头拉远，遗像的左侧是李父李母互相安慰，巴特尔抱着睡着的李海生，右侧是范氏父子把范青楚挤在一个小角落中，其他人虚化。范青楚声音冷淡、清晰）我过得挺好的，爸爸，哥哥，谢谢你们还能过来送成冰一程，有什么话，送走成冰后说吧。

范大山 以后！以后！我看你是不想认我这个爹了，（声音压低）当初有子轩那么好的追求者，你偏偏要自己往火坑里跳，那家人对你有多好？你心里还有没有我这个爹啊？

范青楚 （突然爆发）爸，你何必这个时候为难我？

〔镜头拉近，范青松的嘴。

范青松 （口水在嘴角边，声音带着关切）你也知道，子轩这么多年一直在等你，小海还小，也需要人照顾……

〔静场，所有声音都没有了。

范青楚 （压抑，带着咬牙切齿，特写镜头是她的眼睛通红，几绺乱发湿了，贴在额上）够了！爸爸，哥哥，你们还是先回去吧，成冰这才刚走，你们何故这个时候来谈这些。

〔范大山转身就走，范青松犹豫了下还是继续说。

范青松 妹妹，说句不好听的，自打知道成冰患了绝症，爸就开始为你和小海的未来做打算了。（镜头转向范大山走过李家人旁边，没有看李海生）我们都是为了你好，希望你不要再意气用事，不然爸又要被你气得犯病了。

〔范青楚走向李家人，接过李海生，巴特尔看范青松，范青松快步追向范父背影。

（悲伤的音乐）

〔范青松的车里，范青松拿烟的手放在车窗外，范父闭目养神。

范青松 爸，这个时候去跟妹妹说这些是不是太残忍了。

范大山 （微微睁开眼，斜乜范青松，鄙夷）残忍？她对我们做的难道不叫残忍？结婚这么多年，她回来看过我几次？

范青松　这不是太忙了嘛，她又要上课，又要照顾家照顾孩子，而且（头转向车外，远镜头中李家人簇拥着范青楚正从台阶上下来，巴特尔抱着铜制骨灰罐紧随其后）你又对成冰和小海态度冷淡，她心里也有苦。

范大山　（继续闭目，拉长声调）我是恨铁不成钢啊，子轩那么好的条件，苦苦相守到现在，能有几个男人做到这一点？我看见那个成冰就来气，（睁眼看车顶，若有所思）不过这小海嘛，长得跟你小时候还挺像的。

范青松　（露出笑容）嘿，那句话叫，外甥打灯笼——照舅嘛。

范大山　说到小海，王子轩昨天特地给我保证，要像亲生儿子那么对待他，应该能说到做到吧。

范青松　（沉默几秒）他连这话都给您说了？看样子，是个值得信赖的好人。

范大山　（带有恨意）哎，人家听说你妹妹守寡了，立马儿就过来给我保证了！希望你那个傻妹妹不要再错过他了。怎么不发动？你还等什么呢？

〔范青松扔掉烟头，发动了汽车。

〔李家客厅，门朝外打开，范青楚穿着运动衫提着运动包出现。

李海生　（扑过去抱着她的背影）妈妈回来了。

庞春梅　（接过范青楚的包，李海生蹲地上摆好拖鞋）青楚，你跳舞回来啦。（镜头拉远一点，李卫国坐在沙发上欠身看）

范青楚　（对李卫国）爸，（对庞春梅）妈。（进门，庞春梅关门，李海生拉范青楚的手进来）今天第一天上班，这段时间没有练基本功，都有点生疏了。

李卫国　（递过去一个苹果）赶紧坐下来休息休息，巴特尔，（镜头转向阳台门口，巴特尔静静站着看，范青楚回避他的眼光）带小海去卧室玩会儿，有事情和你嫂子商量。

巴特尔　（谁也不看，走过去牵过李海生走向自己卧室）小海，叔叔来给你讲讲爷爷当年抓贼的故事。

〔范青楚坐下，拿着苹果把玩，但不吃。二老一边一个坐她身边。

庞春梅　青楚啊，我可是把你当亲闺女看的，妈问你句实话，你可有什么打算吗？

范青楚 （低头看苹果）妈，我先适应上班，小海可能还得您二老多操心一阵。

庞春梅 （不忍心，看李卫国，让他说，李卫国回避）妈不是说这个，我是说……

李卫国 我今天接到你爸电话了，他想让你搬回去，（犹豫）还提到了（艰难地）王子轩……

〔镜头转到巴特尔卧室。

李海生 叔叔？叔叔？你怎么突然不讲了？坏人拿刀刺爷爷，爷爷怎么样了？叔叔？

巴特尔 （突然惊醒）哦，唉，就，爷爷就，就，就把刀给夺过来了。

李海生 （在巴特尔床上跳）怎么夺？怎么夺？

范青楚 （猛抬头看李卫国，愤怒）什么，他怎么直接给你们打电话了？

〔李海生的大笑声传过来，客厅里的几人都愣了一下。

李卫国 （息事宁人）我这个亲家公啊，自打你们婚礼后就没进过我们家的门，我也知道，他瞧不上我们这家人，所以，青楚啊，难为你了！不管你做什么打算，别为难，爸妈都无条件支持你。

庞春梅 （言不由衷，说着说着哽咽了）你还年轻，有的是机会。

范青楚 （落泪，靠在庞青梅肩膀上）我知道，你们是为了我和小海好……跟成冰这么些年，他给我的不只是这个美满的家庭，更有精神上的独立和富足，我会替他给小海更多的爱，替他继续照顾好我们这个家。别的，我实在不愿去想，我没有力气去想。

〔镜头转回巴特尔卧室。

巴特尔和李海生趴在床上玩积木。

李海生 叔叔，我真的就没有爸爸了吗？

巴特尔 （特写镜头，一只大手和一只小手都停住了抓积木的动作，镜头转向巴特尔的脸，他低头不看孩子）傻孩子，妈妈、叔叔、爷爷、奶奶都会更爱你的。

李海生 （把脸凑到巴特尔脸的下部，二人侧脸特写，巴特尔俯视李海生仰视）可是没有爸爸，别的小朋友会嘲笑我的。

巴特尔 谁敢嘲笑你就来告诉叔叔，叔叔可是警察，（以额头抵住李海生额头）帮你惩罚坏人。

李海生　（伸手搂住巴特尔脖子）叔叔，你能不能做我爸爸啊。

巴特尔　（低头，镜头里李海生的胳膊挡住了巴特尔的眼睛）小海，谁教你说这话的？

李海生　我爸爸，他说要是有一天他走了，就让我喊你爸爸。

巴特尔　（镜头特写是李海生的脸，由急切到放心）小海乖，大人的事情你现在还不懂，要是你想爸爸的话，就在心里把我当成爸爸吧。

李海生　（带泪的笑容）叔叔爸爸！

　　　　〔餐厅，少数民族风格的装饰，镜头依次特写：门口的烤肉师傅正在烤肉，路人在观看——前台的两名女服务员低语巧笑——几名男女青年看着刚刚端上来的大盘鸡兴奋——桌上的红乌苏瓶子特写——一只手拿起红乌苏倒入玻璃杯，白色气泡漫过杯沿，上移，范青松接过这杯啤酒。
　　　　（镜头转回来）

王子轩　（喝了一口啤酒，似乎无心地）青松，拜托你的事怎么样了。

范青松　（尴尬）哎，我那个妹妹，什么都好，就是太倔了，俗话说不撞南墙不回头，她就是撞了南墙也不会回头。

王子轩　（慢慢喝一口）她自有她的好，我自有我的等待。

范青松　虽然我们俩家是世交，你们还订过娃娃亲，但是毕竟青楚后来又遇到了她爱的人，就算李成冰走了，依我妹妹的性格，还是不会轻易动摇的。作为好哥们，我还是想劝你一句，何必呢，就凭你的条件，什么样的人找不到。

王子轩　（目光望向远处）好找的不如难等的，就是千帆过尽，才独恋那一抹风。

范青松　（带着善意的嘲讽）你这人，还文绉绉的，难道打算重蹈金岳霖的覆辙？

王子轩　你这话说的，那能是教训吗？人各有命，何来好坏。

范青松　好吧，我再帮你看看，不过话说回来，把我妹妹和侄子交给你，我是可以放两百个心的。

王子轩　（自信的一笑）只要你能交给我。

　　　　〔巴特尔卧室门上的卡通警察图片和 2013 年的年历。
　　　　卧室门突然拉开，巴特尔略带扭曲的脸特写，他冲出了家门。李卫国穿着拖鞋追了出去，正坐在沙发上聊天的范青楚和庞春梅面面相觑。

〔李卫国进家门，要换拖鞋，找不到拖鞋。

李海生　（看到爷爷回来，急忙跑过去，一起找拖鞋）爷爷，拖鞋在你脚上呢！（李卫国叹气，进门）

李海生　（拿着手中的奖章追着他）爷爷，爷爷，刚才我让叔叔教我念这上面的几个字，可是他怎么看了一会儿就生气了呢，然后还跑出去了，是不是我做错什么事了？

李卫国　（盯着李海生手里的奖章）这个你从哪儿找来的？

李海生　（得意）早晨的时候，奶奶打开那个小木头柜子拿东西给妈妈，我看到的！

庞春梅　（歉意）我都没有注意他拿出来了！

李卫国　（接过李海生手里的奖章沉默了一会儿，自言自语）我就知道这一天总会来的，哎！（取下鼻梁上的老花镜，摸了摸李海生的头）你没做错什么，乖，进去玩吧。

〔李海生笑着跑进了卧室。

范青楚　（接过奖章，仔细看）爸，这奖章怎么了？

〔李卫国看着李海生在卧室里的背影，镜头模糊，出现了当年的小巴特尔，带着陌生的怯意的眼睛特写。

李卫国　（匆忙拿起电话，拨打电话）（话外音：喂，李局好）喂，小周啊，你今天在单位值班，有没有见到巴特尔回去过？

小　周　（话外音）有呢，他刚刚来过走了，我听他们组的人说好像请假去哈密了。

李卫国　嗯，好，我知道了，谢谢你啊，再见。

小　周　（话外音）没事，再见。

〔李卫国挂断电话后眯着眼睛，眉头紧锁地靠在沙发上。

范青楚　（疑问）爸妈，怎么回事啊？

庞春梅　（看了看李卫国，知道他不太想说）青楚啊，你嫁到我们家也六七年了，现在成冰也不在了，有些事其实连他也不知道，都过了这么多年了，你爸爸也不太想再提这些事，不过今天就跟你说说吧。

〔镜头闪回，90年代初期的哈密，新旧建筑杂陈。

庞春梅　（画外音）嗯，那是很多年前了，你爸还年轻的时候，有一回一个犯人因为家里太穷了，所以晚上抢劫下班回家的女孩，（镜头重现大汉和女孩的黑白影像）女孩大喊大叫的，所以那个犯人可能是恐惧，失手把女孩给杀了，然后他就跑了，局里派你爸和另外一个同事去办这个案子，（年轻时候的李卫国和另外一名警察，穿着老式的警察制服在街巷之间穿行、打听）他们在哈密找到了那个犯人，那是个蒙古族大汉。

（画面闪回）

范青楚　（瞪大的双眼）蒙古族？

庞春梅　（意味深长地点头）嗯。

庞春梅　（画外音，画面闪回90年代，出现三人打斗）他很厉害，你爸和那个同事根本不是他的对手，眼看他就要跑了，你爸的同事在扭打过程中也受了伤，他让你爸赶紧开枪，（李卫国和受伤警察试图施救）没想到打中了要害，（手术室外医生摇头）送去医院后还是死了。

（画面闪回）

范青楚　（难以置信地）难道——这个人——和巴特尔……

庞春梅　（叹气）他就是巴特尔的亲生父亲，之前我们一直告诉他的是他的爸爸也是一名警察，在执行任务的时候牺牲了。刚才小海手中拿的就是你爸当年因为那个案子拿的奖章，当年那是大案。他应该是知道了，所以才会跑了，刚电话里小周说了他去了哈密，哎！他应该会恨我们吧。（抹眼泪）

范青楚　（抽了一张纸递给庞春梅，搂着庞春梅的肩膀并且看着李卫国）爸妈，事情我大概听明白了，你们也别太有心理压力，以我对巴特尔的了解，他不会恨你们的，你们养育了他这么多年，他是一个明事理的人，再说了他自己也是警察，这些事情他是能想明白的，给他几天时间自己静一静。放心吧！

庞春梅　你说的这些我知道，我倒没什么，就是你爸他现在虽然嘴上不说，但我知道他心里的苦，他现在退休了，本该享清福了，结果呢，一个儿子不在了，另一个也走了，还不知道会不会回来。

李卫国　行啦，别说了。（站起身走向卧室）

范青楚　爸……

李卫国　我没事，睡觉去了，你也带小海去睡吧，看着他别又把被子踢了。

范青楚　嗯，好。（扶起庞春梅）那你们就快休息吧，有什么事明天再说。

〔范青楚背影，面对着父母卧室缓缓关闭的门，镜头慢慢进入范青楚和李海生卧室，李海生趴在床边上，一条腿已经爬上床，一条腿还站在地上，已经睡熟。

〔李家客厅。范青楚的手，递给李卫国一只削好的香梨，李卫国接过。

范青楚 爸、妈，这段时间家里出了这么多事，你们心里一定不好受，我想跟你们商量一下，我们一起到新平乡去待一段时间，大家换个环境也能换一种心情。乡下嘛，空气比较好，对你们的身体也有好处。

李卫国 你的这个想法是不错，那你的工作呢？

范青楚 没事的，爸，我都想好了，我在这里当私人舞蹈老师也有几年了，我把这边的工作辞了，那边非常缺老师，我到了那里可以在小学里当老师，等到海生上三年级的时候我们再回来，我也可以继续教舞蹈。您二老如果不愿意去，那我定期回来看你们；如果愿意，在那边种种菜养养花，就当是换个环境养养生。

李卫国 我们俩还是陪着你和小海，彼此也有个照应。

庞青梅 （打量自己的家，有点不舍）也——好，过几年再回来也好。

范青楚 嗯，那巴特尔……

李卫国 （沉默几秒）我会给他留封信的，就说你换了工作，我们跟着你住一段。

〔咖啡馆，没有什么顾客，沿街的窗户百叶窗都合着，阳光仍然透过缝隙照进来，钢琴盖合着，看不到服务员。镜头拉近，最里面的角落里，对坐着二人。再拉近，一杯丝毫没动的花式咖啡，还有一杯喝了一半的黑咖啡。

范青楚 （花式咖啡背后，坦然直视镜头）不知道我哥有没有跟你说起过，我要离开这个城市了。

〔镜头转向王子轩，探究地看着范青楚。

王子轩 （惊讶）什么？去哪里？我好久没见你哥了，不知道这件事。

范青楚 （优雅地端起咖啡）哦，也是临时决定的。家里发生了这么多变故，（啜一口）我想陪爸妈和孩子出去散散心。（小心翼翼地放下咖啡杯）

王子轩 是去旅行吗？

范青楚 不是，我们要去乡下，我在那里的小学支教，具体哪里我就不好说了。

王子轩　（急切地）那你要去多久？我会联系你的，或者去看看你也可以。

范青楚　（淡淡地）不用了，那里信号不太好，交通也不是很方便。

（王子轩正准备接话，被范青楚打断）

范青楚　（再次直视王子轩，诚恳地）我约你出来跟你说这些，我想你心里应该也明白，多为你自己想想吧，我给不了你什么……

王子轩　（稍微挥手）你不用说，我自己心里有数。哪天出发？我去车站送你们。

范青楚　（犹豫）后天。

王子轩　（稍停）好。

〔两个人都没有再说话，静静地喝着咖啡。

〔李家门口，大门紧锁，王子轩默默地站在那里。

王子轩回到家，在门口的信箱内拿到一封信。

王子轩家客厅，他坐在沙发上看着手中的信。

（画外音）子轩，当你看到这封信的时候，我已经走了，（一家四口坐在长途大巴上，庞春梅带着微笑靠着李卫国闭眼养神，李卫国看着窗外，似有感慨；李海生拿着儿童柯达相机对着窗外拍照，范青楚拥着他指着窗外解释什么）原谅我没有告诉你我真正离家的日期，或许只是不想留下什么吧，不知道什么时候会再见面，但我希望我们都能过好彼此的生活，一切都会好起来的。谢谢你这段时间的照顾，我很感激。望保重！（四人站在新疆北疆农村普通的院落里，阳光很好，还有几个乡亲在搬东西，二老欣喜地看着院子里的果树，李海生对着地上的小鸡仔欢呼雀跃，范青楚看着镜头，脸部特写，慢慢充满了生机）

〔镜头闪回，王子轩拿着信呆坐在客厅的沙发上。

〔镜头特写，风尘仆仆的巴特尔，在哈密的十字路口，镜头从彩色的景转换到黑白的当年街景，再转回到彩色的当下。巴特尔在公安局翻看卷宗，脸色平和；巴特尔拿着女孩的照片，问农舍前的一位老者，老者摇头；巴特尔拿着全家福，镜头落在李卫国脸上。

空荡荡的李家客厅，茶几上的信，巴特尔撕开信，躺在自己卧室床上。

〔大巴车，独自坐着的巴特尔望着窗外，一望无际的戈壁，从日当午到晚霞满天。

〔新平乡小院的门口，巴特尔站在那里，院门被一双手推开，李卫国和庞春梅聊着天转向镜头，玩耍的李海生抬头看向镜头。

李海生 （尖叫着朝镜头扑过来）叔叔，你回来啦。

〔李卫国和庞春梅迟疑地站起来。

巴特尔 （张开双臂，抱起冲过来的李海生）小海，有没有想叔叔啊？

李海生 可想了，叔叔有没有给我带玩具啊？

巴特尔 （放下李海生，从脚边的包里掏出一个奥特曼递给了他）当然有啊，叔叔怎么会忘了你呢。新出的奥特曼，喜欢吗？

（李海生立刻拿去给二老）爷爷奶奶，奥特曼！

〔镜头慢慢移动向李卫国的脸，带着歉意；庞春梅的脸，哭了。

李卫国 回来啦！

巴特尔 （抱住庞春梅，二人特写，庞春梅只到巴特尔胸前）妈，您看您，哭什么啊。（转身拥抱李卫国）爸，让您担心了，是我太鲁莽了，但我们还是和以前一样，是相亲相爱的一家人，我会和嫂子一起好好照顾你们，照顾小海。

庞春梅 回来就好，回来就好。我这就去做点好吃的，你和你爸先聊着。（转身走进房间）

李卫国 （擦擦眼角）青楚刚给孩子们上完课，应该就在不远处的田边散步呢，你去找找她吧！

巴特尔 嗯，好，我先把东西放下。

李卫国 来，给我吧。（拿过巴特尔手中的包进入房间）

〔企业给贫困小学捐款捐物捐书活动。

王子轩在捐款感谢信中看到了范青楚支教的学校，他打电话，挂了电话跑向汽车，满脸期待地发动。

〔新平乡小学校长办公室。

王子轩 （着急）陶校长，麻烦问一下这里有没有一位范青楚老师？

陶校长 （新疆土话）你是（读 si）说前段时（读 si）间新来的那

（读 nei）个支教老师（读 si）吧？

王子轩　嗯，没错。

陶校长　她刚上完课，应该出去了，你可以到外面找找她……

王子轩　（没等陶校长说完话就准备出门）谢谢您啊。

〔地点：田野边

范青楚低着头慢慢地走在田野边，时不时地低头闻一闻花香。她直起身，背后出现了巴特尔，巴特尔静静地看着她的背影；巴特尔后方，王子轩从远处跑了过来，范青楚似乎感觉到了什么，她转过头看到了二人。三人定格。

范青楚　（亲切平和）你回来了。

巴特尔　（展开微笑）嗯，刚从爸妈那儿过来。

〔王子轩来到二人身边。

王子轩　（略带喘息）青楚……

范青楚　（平淡）你也来啦？

王子轩　我得知你在这里立刻来找你了。（看看巴特尔，巴特尔一直看着范青楚，没有移开眼睛）

范青楚　（稍带欣喜）你们看，这里的景色多美啊！呼吸着乡间的空气感觉整个人都变得很轻松。来到这里之后，我突然发现自己以前的眼光似乎有些太狭隘了，甚至有时候会去追求一些过于缥缈的东西，就像现在的你们一样。（转向巴特尔，像对弟弟那样）巴特尔是想要替成冰照顾我，对吗？

巴特尔　（直面范青楚，微笑）是想要照顾你，但不是替代我哥。

范青楚　（转向王）子轩呢？是真的喜欢我，还是只因为这么久心中的一个执念？

王子轩　（似乎被提醒了，认真想）我没有想过。

范青楚　（望向天空）这段时间啊我又梦见成冰了，梦里他就在我前边不远处，却怎么也靠不近，只能远远望着，但是我觉得他始终是笑着的，我醒来脑海里有了这段舞蹈，献给成冰，也送给你们。

（悠扬的音乐声起范青楚跳起了舞，巴特尔和王子轩静静看。镜头慢慢拉远，人越来越小，田野越来越广阔。）

范青楚　（画外音）世界那么大，我们现在都还年轻，不是应该做些更有意义的事吗？我听过一句话"有什么样的眼睛，你就会看见什么样的世界",我相信,当我们放下眼前这些一直纠结的事情,一定会有更美好的世界在等着我们。我希望如果将来有一天我们三个人再来到这里,那时的我们一定会如今天的太阳一般明媚。

（剧终）

第五编 | 《我们正青春年少》演出专辑

新疆大学"不忘初心、牢记使命"主题教育红色历史剧《我们正青春年少》专场演出（2019 年 9 月 23 日、25 日）

大型红色历史剧《我们正青春年少》的剧情从林基路烈士由延安到迪化（今新疆乌鲁木齐）担任新疆学院教务长开始，在舞台上再现了他为各民族学生们讲述毛泽东同志《论持久战》中的军事思想，激发大家对抗战胜利的信心；展现了林基路"教用合一"的教育思想是如何引导学生投身抗战宣传并献身革命；还原了各民族群众踊跃捐款捐物支持抗战的爱国主义壮举。最后一场表现了烈士们的狱中斗争和壮烈牺牲的历史图景。剧中涉及多位革命者如毛泽民烈士、俞秀松烈士、杜重远烈士、祁天民烈士、乔国仁烈士，以及李云扬、茅盾、赵丹、朱旦华等在新疆的革命活动及其历史贡献，舞台呈现了"学生马克思主义学习小组""林基路辅导学生学习《共产党宣言》""到南北疆去宣传抗日""林基路的革命爱情"等画面。

1938 年，受党的委托，林基路从延安到迪化担任新疆学院教务长，他改变了新疆学院学生颓靡不振的精神状态，模仿抗日军政大学校训，为新疆学院写下"团结　紧张　质朴　活泼"的八字校训，在课程中增加了马克思主义理论、《共产党宣言》、《论持久战》等内容，教育学生要以成为一位革命者作为自己的学习目标，并通过九个月的工作，为新疆学院赢得了"抗大第二"的美誉。

为更好宣传抗战，林基路组织学生排练话剧，并请来茅盾和赵丹指导话剧的创作和演出，赵丹带领维吾尔族女学生参与新疆学院的话剧宣传，在中共党员朱旦华的支持下，省女中、民族女中和新疆学院的学生一起走上街头宣传。学生们在集市上演出抗战名剧《放下你的鞭子》，林基路通过演讲鼓励各族人民为抗战捐款捐物，并带领学生和民众一起高唱《在太行山上》。

林基路受到新疆人民的爱戴，引起了盛世才的不满，在省女中校长办公室，围绕着"女生应不应该参加社会活动"，盛世才夫人——女中校长邱毓芳与教务长朱旦华发生激烈争论，在这场关乎年轻人的斗争中，朱旦华赢得了胜利。但是省政府下达了政令严禁男女生同台演出，并将林基路调往库车任县长。临行前，林基路鼓励同学们坚持学习马克思主义理论，坚持"教用合一"的思想，把自己的学业和人生与国家的命运和党的事业紧密联系在一起，到南北疆去宣传抗战，宣传革命。同学们请林基路讲讲他的革命爱情，并与他一起朗诵《共产党宣言》以互勉。

暑假里，同学们组成了南北疆工作组，在校门口整装待发，其间女生们来送行，并告知已有人在林基路引荐下先行赶赴延安；少数民族同学的家长参加了驮工队远赴喀喇昆仑山运送抗战物资，给同学们以极大的鼓舞；同学们唱着林基路为新疆学院所作的校歌《我们正青春年少》意气风发的上路了。但两名党员学生始终没有出现在队伍里。

和林基路一起被捕的学生们在狱中经受了严酷的考验，他们以林基路刻在"老虎凳"上的诗作鼓励自己绝不屈服，带着与林基路一起为共同的理想和信念坐牢的自豪壮烈牺牲。

全剧以《囚徒歌》和林基路遗言结束。

剧名《我们正青春年少》取自新疆大学的校歌名，校歌由林基路本人作词，共产党人陈谷音作曲，自二十世纪四十年代初传唱至今。

《我们正青春年少》首演海报

剧情简介：

1938年，新疆学院的师生，
掷头颅，洒鲜血，
筑自由之塔，铺光明之路。
你是否愿意穿越历史，
触碰那些依然温热的灵魂？

《我们正青春年少》首演戏票正面

纪念"五四运动"100周年《我们正青春年少》专场演出海报

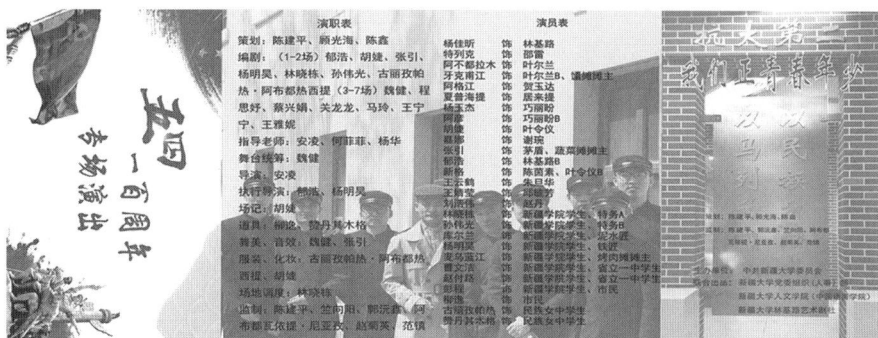

纪念"五四运动"100周年《我们正青春年少》专场演出节目单正面

纪念"五四运动"100周年《我们正青春年少》专场演出节目单反面

纪念"五四运动"100周年《我们正青春年少》专场演出戏票正面

纪念"五四运动"100 周年《我们正青春年少》专场演出戏票反面

林基路初到新疆学院，组织同学们参与建校劳动，号召"清洁我们的精神"

林基路给学生们讲《论持久战》

林基路邀请茅盾和赵丹到新疆学院排演抗战戏剧

林基路亲自指导新疆学院学生上街演出抗战名剧《放下你的鞭子》

在林基路演讲后新疆各族群众积极献款献物支援抗战

林基路动员各族群众为八路军募捐冬衣和马匹

林基路动员女中学生参加抗战演出，首开新疆男女同台演话剧风气

共产党员朱旦华（毛泽民烈士夫人）（左）为女学生演抗战剧与
女中校长邱毓芳（盛世才夫人）（右）据理力争

林基路与陈茵素的革命爱情

林基路带领学生学习《共产党宣言》

新疆学院各族革命学生跟随林基路在狱中牺牲

继承烈士遗志，朗诵林基路遗作《囚徒歌》

《我们正青春年少》首演后，林基路之子林海洪将军发表
《演好烈士故事就是"不忘初心"》的观后感